学習障がいのある児童・生徒のための外国語教育

その基本概念、指導方法、アセスメント、
関連機関との連携

Teaching Languages to Students with Specific Learning Differences

Judit Kormos and Anne Margaret Smith

ジュディット・コーモス
アン・マーガレット・スミス
［著］

竹田契一
［監修］

飯島睦美　大谷みどり　川合紀宗
築道和明　村上加代子　村田美和
［訳］

明石書店

日本の読者の皆さまへ

　本書が日本語に翻訳され、日本の言語教育、教員養成、そして特別支援教育関係者の皆さま、また日本語教師の皆様にお読みいただける機会を得られましたことを心から光栄に思います。本書を通して、教育関係者の皆様の間で、学び方の違いやそれらが言語学習に及ぼす影響についての意識が高まり、さらには言語を学ぶことに何かしらの困難を感じる学習者を支援する教師の皆さんの手助けができるように願っています。

　我々が本書の中でお示ししたとおり、学び方の違いは一般的にみられるものであり、読み、書き、綴り字の習得に困難を持ち、さらに学校での学習に困難を持つ学習者は、少なくとも10人に1人の割合で観察され、その比率は世界中概ね同じくらいであると思われます。しかしながら、教師がそういった学び方の違いにどのようにかかわっているのか、また他の多くの学習者と異なる学習者をどの程度受け入れ、認識し、そして支援しているのかについては、国や文化によって異なっています。ゆえに、多くの状況において、子ども、成人、そして言語学習者がしばしば適切な支援を受けることなく悩み苦しみ続けています。本書の翻訳は、日本の教育現場における教師の姿勢や慣習を変えることへの一つのステップとなるでしょう。

　我々は、ディスレクシアといった読みの困難を含む学び方の違いが全ての文化や言語に存在することを知ることは大変重要なことである、と確信しております。たとえ日本語の表記体系がアルファベットでないにしても、単語は音を認識することを通して理解されるので、読解の発達は、その音を操作する子どもたちの能力に影響されます。短期記憶力もまた読みや書くことの学習、他言語の獲得に重要な役割を果たしています。よって、子どもやこういった言語分野や認知力において困難を抱えている青年期以上の学習者は、日本語の読解力向上や英語学習において、困難を感じるかもしれません。しかしながら、日本語の表記体系のその本質がゆえに、学習困難は日本語の読み書き能力において顕れず、子どもたちが英語の学習を始めて、ようやく明らかになることもあります。

日本では、英語力が大学入試の合否に大きく影響するものであったり、どのような仕事に従事できるのかを決めるものであったりするので、英語力は特に重要です。よって、子どもたちが困難を経験していることをできるだけ早期に気づき、彼らが取り残されないよう効果的に支援する必要があるので、日本における英語教師の責任の大きさは無視できません。本書は、教師が学習困難を示す信号を見つけ出し、個々の学習者がそれぞれの能力を発揮することができるようにインクルーシブな教室環境をいかに整えることができるのかについて実用的なアドバイスをしています。また、学び方の異なる言語学習者の英語力上達を支援する特別な指導方法も提案しています。我々は、教育関係者の皆さまが本書を有益に感じて下さった上で、異なった学び方を持つ学習者にとって有効な言語指導方法は全ての学習者にとって有効であるという考えを共有できることを願っています。

　2017年2月

Judit Kormos

（ジュディット・コーモス）

序　文

　言語学習は、ある人々にとっては容易で全く努力を要しないものである一方で、多くの学習者が言語習得に苦戦している。その要因は様々で多岐にわたるが、言語学習を特に困難に感じる人々は、一般的な学習方法が他の大多数の学習者と異なる人たちである。ある国では、こういった学習者たちは、学習障がいがあると考えられているが、本書では、こういった学習者をある技術や能力においてなんらかの障がいがあるととらえるよりも、むしろ異なっていると認識することによって、彼らをより理解して、彼らが言語学習の場においてうまくやっていくことを手助けすることができることを提示している。およそ 10％の学習者に特異的な学習方法の違い(Specific Learning Difference: SpLD)が顕出されている。言い換えれば、彼らは文字に関する技術の習得（ディスレクシア）、数（算数障がい）、運動協調性（統合運動障がい）、注意の持続（ADHD）そして社会性（アスペルガー症候群）に関する困難を抱えている。これは、20人のクラスにおいて、SpLD のある学習者が少なくとも 2 名は存在するということである。

　言語教育分野では、こういった生徒は第二言語能力の獲得は不可能なものとして考えられ、外国語学習が免除され、言語学習に費やされる時間を母国語力の養成に使ったほうが得策であると一般的に考えられている。多くの言語教師たちが SpLD のある学習者のニーズに対応できる教育的技能を持ち合わせないと感じるがゆえに、このような履修免除が学習者とその保護者に勧められている。しかしながら、母国語以外の言語使用能力が、読み書き能力と算数能力と同様に重要である今日のグローバル化社会においては、こういった慣習は、SpLD のある学習者にとっては、深刻な不利益となっている。他言語の利用可能な知識の欠如は、SpLD のある学習者から教育における公平な機会を、仕事上、またはおそらく私的な日常生活からも奪っているかもしれない。よって、言語教師は、SpLD のある学習者を見て見ぬふりをし続けることはできず、彼らにとっての言語学習の必要性を無視することはできないのである。

本書は、言語教師が、SpLD のある学習者に対して、効果的にかつうまく指導することを手助けすることを目的としている。この目的を達成するためには、教師たちは、SpLD の本質とそれらが一般的な学習過程と第二言語習得のメカニズムにどのような影響を及ぼすのかを理解する必要があると確信している。それらの強みと弱み、これらの学習者が学習や日常生活において直面している困難に気づくことは、支援し、手立てを施す教師の態度と行為を改善したり、教室環境を調整するための前提となる。加えて、言語教師は、言語学習において成功をもたらす教授技術やアセスメントの特別な方法と技術に精通すべきである。また言語教育は、より広い社会的、教育的状況に組み込まれているので、言語教師は、障がいを特定することや告知することやある教育機関から別の教育機関に移行することに関する一般的教育上の問題についても気づくべきである。

　本書は、異なった言語学習状況や様々な学習者タイプを念頭において書かれている。我々は、背景の異なる学習者が暮らす国の言語で通級指導を受けるような場合と同様に、他言語が教室で外国語として教えられる状況を扱うことを目的としていた。また、我々は成人と同様により若い学習者の指導に関する問題も議論している。本書は、熟練した言語教師対象の研修教材や、初任教員対象の長期研修内容にも組み込むことが可能である。また、各章はそれぞれ、継続して行われる専門家研修プログラムや個々による自己学習にも活用できる。

　本書では、障がいに対する異なるいくつかのとらえ方を反映している一連のディスコースを調査することから始まり、続いて、ディスレクシア、統合運動障がい、算数障がい、ADHD そしてアスペルガー症候群の本質と主な特性に関して十分に議論し、それらが言語教育にもたらす特異的な影響について分析している。一連の SpLD があたかも別々の困難さの原因であるかのように論じられて、命名されているものの、実際には、一つの SpLD が別のそれと区別できることは、あまりないことを心にとめておくべきである。確認できる一つの障がいの特性を示す多くの人々が、別の特性を示すことはよくあることだ。ある SpLD の間で併発する確率は、およそ 70％であろう。このために、本書では、学習者が示すある特定

の認知的障がいのいずれも示せるように、SpLD という用語を使っている。時々経験されるある特別の困難さ、例えばアスペルガー症候群に関連する社会性に関する困難さなどに焦点をあてるために、SpLD の一つに特化して言及することがある。先行研究が報告された箇所では、その研究範疇を示すものとして、その著者が使用する用語が尊重されている。読者は、本書においては、他の SpLD よりもディスレクシア傾向により留意が払われていると感じられると思うが、これは、ディスレクシアに一般的に関係する困難さ、例えば、音声と視覚情報処理上の困難さなどが言語学習に最も直接的な影響を及ぼすであろうという事実のためである。

　本書の他の箇所で、こういった困難さを経験する言語学習者の典型的な遍歴を図示している。これは、識別とアセスメントの過程を網羅しており、それは集約した情報の開示と共有が続くべきものである。この情報は、教室経営で行われ得る手立て、SpLD のある学習者がうまく学習できるようにする指導技術とアセスメントの実施において活用される。最後に、あらゆる教授場面において、学習者が次の教育レベルまたは、職場へ進むように奨励されるべきである。言語発達は、学校種の移行時において、学習者の選択肢に影響をあたえるものであるため、これは、言語教師にとって主たる問題である。よって、そのことは、最終章で、SpLD のある学習者と共に働くことに特に触れながら、深く探られている。

監修者の言葉

　発達障がいが背景にある読み書きが苦手な子どもの場合、単なるケアレスミス、うっかりミスでできないのではなく、大脳機能が関係する中枢神経系の障がいが原因であることが多いのが特徴である。この場合、「ゆっくり、繰り返し教える」という学校、家庭で使われている一般的な方法ではその効果に限界がある。LD の定義は、教育的定義と医学的定義では若干意味合いが異なっている。LD は、教育的な定義と呼ばれ、聞く、話す、読む、書く、計算、推論の学習の基礎となるスキルで相応学年より遅れがある場合をさしている。聞く、話すはコミュニケーションの障がいの領域をさし、読む・書くは、読み書き障がい（dyslexia：ディスレクシア）をさしている。計算は算数の基礎となる計算にかかわるスキルをさしており、推論は数学的推論をさしている。

　LD の中の「読み書き」のみに限定した分類は、読み書き障がい（ディスレクシア）と呼ばれ、読み書きの基礎となる文字から音へ変換のシステムに問題があるために、文字と音（音韻）が対応するひらがなの読み書きに障がいが生じ、単語や文章がスラスラ読めないという現象が起こってくる。その原因として①音韻意識、②ワーキングメモリ、③処理速度が関与すると言われている。ひらがなの中で特殊音節と呼ばれる長音、拗音（2 文字表記で 1 音）、促音（文字表記はないが拍がある）や助詞（「は」を「wa」と読む）など読みに特殊ルールが含まれている読みで特に失敗が多い。うまく読めないと書けない（読みと同じように書く）ということが起こってくる。日本語のひらがなが、特殊音節や濁音半濁音、長音を除き一文字一音対応のものが多いため、読み書き障がいが起こりにくい特徴をもっているが、軽度の読み書き障がいは、漢字の読み書きや英語の読み書きに課題がでやすい。

　また、読みには問題がないが、文字の書きに問題をもつものを書字障がいと言う。書字障がいは、文字を書くために必要な視覚認知の弱さや書きに必要な微細運動の問題、鏡文字などを書く場合には、左右障がい（主に左利き）とも関連している。読み書き障がいと書字障がいでは、原

因が違うために、指導法も異なってくる。

　LD の場合には、ひらがなの読み書きだけではなく、文の読解や作文など高次レベルの内容も含み、より広い概念で学習上の問題を捉えようとしている。

　読み書き障がいや LD の指導は、文章の読みや書き、計算を何度も繰り返し練習するというような方法では問題が改善しにくい。読み書きを構成する基本的な認知である音韻意識へのアプローチや、音・文字変換のスピードをあげる指導、書字指導は、左右障がいへの指導、視覚的認知への指導など、背景にある認知の弱さを考慮した指導を行う必要がある。日本語の場合の具体的な指導では、読み書き障がいの指導は、音韻意識を育てる必要がある。指導法としては、言葉の中に含まれる音を削除する音削除課題、言葉がいくつの音から構成されるのかといったモーラ分解課題、拗音や拗長音、促音などの特殊音節などの音韻ルールを整理して教えるなどから始め、無意味綴りの中に埋め込まれた単語を選び出す、短文の文節に区切りを入れてから読むなど、音レベル、単語レベル、短文レベルと段階をあげていく。一方、書字障がいの指導は、視機能トレーニング・視知覚トレーニング、文字の書字を運動感覚として覚える、補助線の利用などで視覚認知の弱さを補う必要がある。また、日本語の場合には、ひらがなよりも漢字に書字障がいが起こることが多く、習得するべき漢字の数が多いために、習得が追いつかない場合が多い。書字障がいが重篤な場合には、書字にこだわらず、パソコンなどの代替手段を使うことで、書字へのストレスを減らすことを考慮していくことも必要となってくる。

　平成30年から小学校5・6年生では英語が成績評価の対象になることから、LD/Dyslexia の児童生徒への効果的な学習指導が緊急課題となっている。米国や英国では、LD/Dyslexia は学習困難の主要なタイプとして認知されており早期から Phonic などの適応例として特別指導の対象となっている。したがって一人ひとりの特別ニーズに沿った個別指導、グループ指導が幼児期から行われている。日本語の場合、一文字一音に対応しているため仮名文字のみであればフィンランド語のように透明性が高く学習も容易と考えられる。しかし漢字があることにより音と文字

の対応が複雑化し学習がより困難となり英語と同じく透明性の低い言語になっている。

　LDがあるため日本語もままならない状態の児童生徒に英語教育が入ったときの混乱を担任が冷静に整理して適切な対応できるかが疑問である。英語教育導入が不登校の引き金にならないためにも早急な対応が必要である。

　本書は、こういった日本の英語教育が直面している課題に多くの示唆を与えてくれるものとなっている。

2017年8月

竹田　契一

訳者代表の言葉

　本書の翻訳は、我々のある強い思いから始まった。それは、日本の英語教育現場で目の前の学習者たちのつまずきや学習者が抱える難しさをどうにかしてあげたいと日々努力をなさっている先生方を支えたい、そして、学習者の取りこぼしをできるだけ防ぎたいという思いである。

　言語学習、英語学習上の困難に関係する様々な分野が網羅されている原著に出会い、この内容を教育現場の多くの先生方と共有したいと願い、翻訳作業がスタートした。あれから1年が経ち、ここにこうしてようやくお届けすることができた。

　小学校での英語学習が本格的に始まるこの時期、英語教育にかかわる者が、早急に対応しなければならない喫緊の課題がある。それは、いままで中学校で英語学習が始まると、ある一定数の学習者が陥っていた英語学習のつまずき、不得意感が、単純に小学校へ移行されるといった状況を回避するという課題である。

　本書でも述べられている通り、英語学習でのつまずきは、母国語習得の過程においてのつまずきで予見することが可能である。早い段階で、教師がその信号に気づき、適切な手立てを施すことができたら、中学校で英語を苦手とする学習者を減らすことができるかもしれない。また、たとえ苦手意識が残ったとしても、それが自尊心にほころびをもたらすほどのものではなくなるだろう。

　本書では、学習障がいといったものが、社会の中でどのように扱われているのか、その状態を示す表現が各分野で異なっていること、さらにその表現が社会の中での学習障がいのとらえられ方を規定していくものとなることから、注意深く思慮深く言葉を選ぶ必要があるといった周辺事項から、学習障がいそのものの定義、言語学習における学習障がいの手立ての方法、そのアセスメント、校種間の連携や社会へのつなぎなど、言語教育のみならず難しさを抱え、学習方法が異なる学習者を取り巻く事項についても触れられている。

　この一冊で、特別支援教育的視点をもった言語教育に関して、基本的

な知識を得ることができるものと期待している。

　あのアインシュタインは、「教育とは、学校で学んだことをすべて忘れてしまった後に残っているものだ」と言った。私たち全ての教育関係者は、教材や指導事項そのものを目の前の児童、生徒、学生に流し込んでいるのではない。教材や指導事項を通して、社会に出てからの生きる力の土台となるものを築く作業の支援をしているのである。その土台作りには、学習者それぞれの方法がある。セメントを使うものもいれば、木枠を使うものもあり、レンガを使うものもあり、そんな様々な方法がよりうまくいくように、我々は少し手立てをしてあげる必要もあるだろう。そのために、我々教育関係者は、目の前の学習者の土台作りの違いに「気付く目」を持ち、さらには、その違いに応じた様々な手立ての入った「引き出し」を持たねばならない。それこそが、教師のミッションであり、醍醐味であるはずだ。

　簡単なことではない。決してない。しかし、あきらめることはできない。なぜなら、その重要性に教育関係者の多くがすでに気付いているからだ。焦ることなく、ともに知識とスキルを共有しながら、歩みを止めず、前に進みたい。

　監修にあたってくださった竹田契一先生には、ご無理をお願いした。ある日、竹田先生の勤務先を訪問し、「先生、是非監修をお願いいたします。英語教育と特別支援教育が融合する一つの契機となると確信しています」とお話をさせて頂いた。竹田先生は、こちらの強い思いを受け止めて下さり、大変ご多忙の中、監修の役を引き受けて下さった。ここに改めて心から御礼を申し上げたい。

　また、明石書店の大江道雅様、清水聡様には、大変ご面倒な作業を根気強く進めて頂いた。本著の翻訳には、英語教育、コミュニケーション学、特別支援教育と多様な研究分野を専門とする大学教員がかかわった。よって、当初は、訳語一つ一つをとってみても、その訳語のあて方も様々であった。それらを丁寧に拾い上げて頂き、一冊を通して統一感のもて

るものとして頂いた。その膨大な作業に心から敬意と感謝を表したい。

2017年8月

訳者を代表して　飯島睦美

略語	語句	日本語訳
ADHD	Attention Deficit Hyperactivity Disorder	注意欠陥・多動性障がい
EST	English as a Second Languages	第二言語としての英語
I C T	Information and Communication Technology	情報通信技術
L1	First Language	第一言語
L2	Second Language	第二言語
SEN	Special Education Needs	特別支援教育
SENCo	Special Education Needs Coordinators	特別支援コーディネータ
SLI SLIs	Specific Language Impairment Specific Language Impairments	特異的言語障がい
SpLD SpLDs	Specific Learning Difference Specific Learning Differences	特異的な学習方法の違い *
SpLD SpLDs	Specific Learning Difficulty Specific Learning Difficulties	特異的学習困難**

〔* **訳注〕
『特異的な学習方法の違い（Specific Learning Difference: SpLD）』
『特異的学習困難（Specific Learning Difficulty: SpLD）』
　上記２つの違いについては37頁で言及しています。

目　次

第1章　教育における障がいのとらえ方

第2章　ディスレクシアとは？

第5章　判定と公表

第6章　学び方の違いへの配慮

第7章　言語教授のための指導法

第8章　アセスメント

第9章　移行と学びの進捗

教育における
障がいのとらえ方

（注1） ディスコース（discourse）：談話、論議；言葉が使われている状況や場面

　本章では、「障がい」が議論される分野、場面、文脈、場所によって、そのとらえられ方と語られ方、ひいては使われる言葉が多岐にわたることに言及されている。

　本書では、この幅広い概念をそのまま伝えるために、和訳をあてず、「ディスコース」と訳している。

はじめに

　この章では、障がいの――特にディスレクシアに関係する――いくつかのディスコースを、今日の最も有力な傾向を明確に認識し、それらの根拠がどこにあるのかを知るために、詳しく考察する。本書を通じて、議論される内容によって様々なディスコースが使われている事実が明らかになるであろう。教師が言葉をどのようにつかうべきであるのか、また、どのようなディスコースが選択されるべきであるのかを議論することが、本章の意図するところではない。読者が言葉のもつ影響力の大きさをきちんと認識し、様々な状況に応じた適切なディスコースを考えることができるようになることが、最も期待されることである。最も重要なことは、拮抗するいくつかのディスコースの相対的評価を決める責任はどこにあるのか、そして教師がどのように言葉を選ぶのかということが彼らの前にいる学習者に対してどのような影響を与えるのかをこの章において議論する。

　政治家と戦術家らは、戦時において言語が世論を左右し、軍の士気を高めるという重要な役割を果たすことを知っている。英国の新聞社が湾岸戦争での戦況を伝えるためにどのような用語を使用したかを調査した結果、例えばガーディアン紙（1991）は、「英国軍が敵を"鎮圧した"、"排除した"、または"鎮圧した"」と記述している一方で、「イラク軍は、（そのターゲットが何であろうと）"破壊したり"、"殺害している"」と伝えた。さらに明らかなことは、英国のジャーナリストが、セキュリティを理由とする'ガイドライン'のもとで働いている一方で、イラクのジャーナリストは、'検閲'を受け、他国のジャーナリストらが参加できた'記者会見'とは真逆の'プロパガンダ（国家などが組織的に行う主義・教義などの宣伝）'がその報告内容に加えられたのである。我々が状況を理解しようとする際に、選択される言葉が与える影響力の大きさは明らかなことである。このことは歴史を通して事実であり、特に障がい教育分野では、よく述べられてきた。

　社会のあらゆる側面について論ずる際、我々は使う言葉を選択しなけ

ればならない。我々の言葉の使い方は、その分野でのディスコースとしてとらえられる。ディスコースというのは、特に教育現場がおかれているような社会政治的な範囲ではある特定の機能を果たすが、さほど大きな意味を伝えることはない（Allan, 1999）。Murray（1998）は、教育現場でのディスコースを会得することが、教員であることの社会的なアイデンティティを身につけ、教育分野に同化されるプロセスの一部であることを指摘している。それは、新米教師がコミュニティへ入ることが認められることを可能にし、彼らの考えを整理し、入ってくる新しい概念を理解できるようになる。

> ……ディスコースは、社会的に条件付けられると同時に、社会的構成物である - それは状況、知識の目的、及び人々の社会的アイデンティティと、人々とグループの間の関係を作り上げている。それは、社会の現状を維持し、再生することに役立っているという意味において、またその現状を変えていくことに寄与しているという点において、社会を構成していると言える。ディスコースは社会的産物なので、権力という重要な問題とかかわってくる。言説実践——言葉を使うことは、主要なイデオロギーの影響があるかもしれない——すなわち、それらが物事を表現したり、人々を位置付ける方法を通して、例えば、社会階級、女性・男性、民族／文化的多数派と少数派の間の不均衡な勢力関係を生み出し、再生するのに役立つ（Fairclough & Wodak, 1997:258）。

　明確かつ侮辱的でない用語を使いたいという願望は強いかもしれないが、全員が合意できる表現を見つけることは容易ではない。'障がい'という用語でさえ、それ自身端的に定義することはできない。英国の平等法（Great Britain, 2010）において、障がいは、'通常の日常的な活動'がどう定義されるかにもよるが、'通常の日常的活動を実行しようとするあなたの能力に、かなり長期にわたって不利な影響を及ぼす身体的または精神的な障がい'（ディスレクシアを含む説明）と定義される。多くのディ

スレクシアのある人々は、障がいがあると——専門的に——分類されると大変驚く。というのは、彼らは、他の多くの障がい者のグループと共通して言えることだが、自分の障がいを個性またはアイデンティティが定義する特徴としてというよりも、彼らの人生にわたって続く外的障壁と見なしているからだ。国連障がい者の権利条約の中で、「障がいの概念は、進化途中である」（UN, 2006）と認識され、その定義は、社会がその認識を変更したり、またより多くの障がい者が声を上げられるようになり討論に参加できるようになるにつれて、変更を余儀なくされるだろう。

　世の中で優勢なディスコースは、権力者、例えば政策立案者や専門機関などの興味や関心をそのまま反映し、助長される傾向にある。一方、その他のディスコースは、抑圧され、権力を持たない者たち（この場合に、障がいのある生徒と彼らの家族と支持者）のために、この権力を持つ組織に対して訴え、再び議論を持ちあげることに努めるのだ。代わりとなる用語が社会に受け入れられるには時間がかかり、態度や姿勢が変わるには通常より一層の時間がかかる。Corbett が言及するように、障がいにかかわる言葉は、「いつも動く砂の上に建てられ、波が一連の言葉を洗い流してしまい、新しい形が作られる」（1996: 70）。ディスコースが我々の社会において果たす役割を確立するためには、言葉と思考の関係を考慮することは重要である。

言葉と思考が互いに与える影響

　言語が、我々の考えをまとめることにおいて果たす役割は、言語学者、人類学者、及び心理学者によって議論されてきたが、その議論は言語と思考の関係の本質に関して分かれている（Slobin, 2003）。簡単に言うと、問題は言語が根本的に我々の世界観を決定するのか、それともそれを反映するかだけなのか、ということだ。

　言語決定論者は、我々の世界観は我々が学ぶ第一言語によって形成されるので、我々の第一言語が叙述する術を持たない物には気づくことはないだろうと主張する。この主張は、異なる言語での色用語の研究によって例証される。いくつかの言語は、色スペクトルを二つの部分（明るい

と暗い）に分ける。また、三つの種類（明るいと暗いの中間で「赤」を表す用語を持つ）に分ける言語もある。ほとんどの既知の言語は、スペクトルを最大11の別個の色用語に分ける。英語は、11の用語を持っている言語の一つである（Dowman, 2007）。議論すべき点は、より少ない色用語しかない言語を第一言語とする人々が、英語話者が叙述する色のバリエーションに敏感でないことである。それは、彼らが微妙な色合いのバリエーションに気づくことができないと言っている訳ではなく、色知覚は本質的に言語が決定しない生物学的現象である。しかし、色に気づくとすぐに我々は、それを名前のある最も近いカテゴリーに割り当てて、それらの用語を用いて説明する。比較的広い範囲の基本色彩語を持っている英語話者でさえ、形容詞(明るい/暗い/空色の/濃紺の/ロイヤルブルーの)を使って、青色であると評される多くの色合いを区別する必要がある。それは、英語話者が色を見ることができないということでなく、彼らはそれらを示す確かな用語がなく、そのためにそれらを青色という用語のもとに一緒に分類してしまうということなのだ。しかし、他の言語コミュニティと対話することによって、英語を話す人は、新しいアイデアまたは概念に気づくかもしれず、もしこれらの概念がそれなりに重要であると考えられれば、適切な用語を新たに採用することもあり得る。したがって、この点において決定論者の立場は弱いと考えられる。

　一方、言語的相対論者は、赤ん坊と幼児は彼らの言語が上達するずっと前に思考を創りあげなければならないと主張する。よって、我々の思考は言語使用によって決定されるというよりは、言語使用から独立しているということは明らかなようだ。彼らの議論は、使われた言語がそれを使っている言語コミュニティにとって何が重要であるかを考察することである。これが示される一つの領域は、親族関係の用語である。婚姻の慣習が厳密に取り決められていて、結婚相手の候補が家族の一方の系統から来ることはできるけれども、他方から来てはならないといった風習のある文化において、母親の親族対父親の親族などの区別を認識すること、つまり彼らに異なった方法でラベル付けすることは重要になってくる（Hage, 1999）。これは、ほとんどの英語圏のコミュニティでは結婚相手は一般に親族以外で見つけるので、英語にはあてはまらない。他

の例では、きょうだいのうち年上、年下を表す用語の違いがある。そこでは、個人に支払われるべき服従の程度が厳密なヒエラルキーに従って変わる。再び、これはほとんどの英語圏のコミュニティでは当てはまらない。話し手が'おば'という用語を使ったとき、彼女が親より若かったか、より年上であったかどころか、父または母の姉妹のことなのか、おじの妻であるのかを尋ねることは稀である。英語話者が、'おば'と呼ぶ女性が彼らとどういう関係であるかに気づいていないということではなく、日常的な発言において指し示すことは文化的な重要性を持っていないということであり、したがってその言語はそのために必要な用語を持ち合わせないのだ。

　おそらく言語が思考に対してより大きな影響力を及ぼすか、逆に思考が言語に対してより大きく影響するのかを最終的に結論付けることはできないだろう。人がその生涯にわたって言語を使い続けるとき始まる周期的なプロセスである（図1-1参照）。しかし、この章で重要なことは、言語の習慣的使い方を意識的に変えていこうと努力することが、身の回りの世界に対する考え方に影響することがあり、さらに我々が関係する人々の考え方にも影響するということである。

ディスコースの中に
反映されている障がいのモデル

　英国初の学校心理士である Cyril Burt（1913年任命）は、当時の不十分なテストを使って測定されたものの、IQ に従って人々を分類する方法を開発したことで最もよく記憶されている。

言語使用　　　　　　　　　世界認識

図1-1　言語は我々の周りの世界観を作り上げると同時に反映している

IQ が 50 またはそれ以下と計測された人々は、'精神薄弱' として分類され、70 の IQ を持つ人々は、'発達が遅れている' と考えられ、後に、'教育上知能が低い' とされた。1959年（英国）精神保健法は、これらの子どもは '教育不可能である' ── 教員に教授力のある教師となるようにというプレッシャーを与えるよりも、生徒に対して教授可能な学習者であるようプレッシャーを与える品位を傷つけるラベル ── と規定したのである。1970年、これらの用語は公式の用法から消えたけれども（Rogers, 1980）、このようなディスコースの中で訓練されてきた教師たちが全ての子どもが教育を受けることができるかもしれない、受けるべきであるという考え方を容易に受け入れるとは考えにくい。ただ考えられるのは、用語の変化は、教育分野、医学分野の専門家ら（完全に会得できるわけでなくても）のほうが一般の人々より受け入れられ得るということだ。このことにより、保護者と教員、教育心理学者と生徒の間の意思の疎通が困難になった可能性が十分ある（Norwich, 1990）。素人にとって理解し難い言葉を使用することは、専門家の力とその専門家がサポートしようとしている人々の無力をはっきりと示すものとなる。このことは、ディスレクシアと関連しているディスコースがどう発展したのかを追跡する次章の中で散見される共通のテーマである。表1-1 には、重要な用語のいくつかが列挙されており、ディスレクシアに関する医学の分野でのディスコースからより包括的なディスコースへの変遷が示されている。しかし、そのうち明らかになるであろうが、新しいディスコースが導入されると前のものが消えるというわけでは決してない。

　医学の専門家や一般の人々の間で、ディスレクシアと呼ばれる症状を正確に定義することは難しい（これの詳細については第2章参照）。おそらくこのためにある一連の異なる表現が、ディスレクシアのある人々が経験する特定の困難さを示すために長年使われている。これらのいくつかをここで見てみよう。他の分野で一見平均的な知能の人々が、スピーチ、音楽、または数表現を操作することにおいて困難を経験することがあると文書で報告されてから130年以上になる。最初の発見は、ドイツ人医師である Adolph Kussmaul が、1878年、彼の患者の1人が他の認知的には正常であるにもかかわらず、読むことができないと診断した際の

第1章　教育における障がいのとらえ方

表1-1 ディスレクシアに関するディスコースの中での年代的変遷

時代	起こっている問題	ディスコース	典型的な用語
19世紀後半	個人的問題	医学 　症状としてのディスレクシア	診断 治療／世話 症状 障がい
20世紀後半	社会的問題	法律 　障がいとしてのディスレクシア	合理的配慮 差別 義務／権利
		社会 　特異性学習障がいとしてのディスレクシア	環境がもたらす障害 差別の廃止
21世紀	問題ではなく多様性	教育 　特別支援教育としてのディスレクシア	認定 特別支援教育コーディネータ インクルージョン 支援
		包括的 　様々な違いのある学習方法としてのディスレクシア	個々の違い 多様な観点 完璧に利用可能であること

ことであるとされる（Kirby & Kaplan, 2003）。 彼はこの状態を '失読症' と呼び、すでによく知られていて記録されていた視力障がいと関係付けた。これは多くの人々が比較的よく知っている用語であろう。それから5年後、ドイツの眼科医Rudolf Berlin は、人々が読む能力を失った状態を表すのに、'ディスレクシア' という用語（'困難' と '言葉' というギリシャ言葉から）を創り出した（Wagner, 1973）。この用語（医学を専門としない一般の人々には間違いなくあまり馴染みのない）は、Hinshelwood によって1917年に提案された '先天的失読症' という用語に取って代わり、学習における発達的な違いを表すために使われている（Ellis, 1993）。現在では日常的には使われなくなったこの状態を表す用語は、Samuel Orton のいう '鏡像知覚'（'歪んだ記号' としてそれは文字どおり解釈可能）である（Orton, 1925；Hallahan & Mercer, 2005）。これは現在、読み手がテキス

トが歪んでいたり動いていたりしているととらえる特異な視覚障がいの現象を表す。'識字障がい' や '特異性学習障がい' や '特異的な学習方法の違い' といった 'ディスレクシア' と同じ意味で使われる他の用語については、次に議論する。

医学分野でのディスコース

上記で言及されているように、1970年代まで英国で使われた障がいのある学習者に関連する用語（障がいの全ての範囲を網羅するもの）の大部分は、今日容認できないものである。1950年代と1960年代における '低能' と '精神薄弱' といった表現は、学ぶことを難しくする事態への理解不足とそうラベルを貼られた個人に対して敬意が払われていないことを表している。診断が医師の手の中にあり、それは外界から観察できる個人の弱点がベースとなっているので、その学習者が他のクラスメートのようにできないことが強調されてしまい、その結果、こういった学習者たちを '不具者' や '障がい者' と特定してしまったのである。こういった障がいの医学的モデルは、身体的または認知上の異常に着目しており、英国の教育制度の中で多くの発展を特徴付けた。隔離された特殊教育が必要であるとする前提は、生徒自身のためとより広いコミュニティのための隔離と同じであると言える（Oliver, 1990）。ディスレクシアは、いまだに特に北アメリカでしばしば '読字障がい' と称される。それは、人類の歴史において比較的最近になって、読みを学ぶことが我々の社会の中心になってきた活動というよりも誰もができるのがあたりまえの '正常な' 活動であるという前提を示すものである。

ディスレクシアや他の学習方法の違い（SpLDs）の診断は、通常開業医というよりも教育心理学者などの専門家によって行われる。彼らは、認知的プロフィール（詳細について第5章参照）において、誰が重大な不一致（すなわち '異常'）を持っているのかを決定するために、統計分析を使う。異なる認知機能（例えば視空間及び音韻論の処理）は、偏差値、信頼区間、及びパーセンタイルと一緒に、指数として表示される。これは、生徒の教育的な経験を数値に変え、多様性と個性といった人間個々の要素を無視することになる。公的な診断報告書は、多くの人々（特に、

読字を煩わしいと感じるディスレクシアのある人々）が、わかりづらいと感じる科学的言語を使って統計的発見が文書化されたものである。ラテン語とギリシャ語に依存する科学的言語の使用は、専門家が実際に'対応しようとしている'人々から、専門家を逆に引き離すこととなっている。それは、ディスレクシアがあるのか否かを決定する権威を強調することとなり、誰がカリキュラムにおける通級的指導または合理的配慮を受けることができるかどうかを決定する際には、強力な門番としての役割を与えることとなる。

　医学的モデルが、まだ非常にしばしば他より際立っているもう一つの点は、ディスレクシアが何であるかを記述することにある。ディスレクシアは、時々、異なる個人の中で様々な症状を示す点で'症候群'と表される。風邪の症状と類似していると言えよう。ある風邪の患者の症状は、鼻水、咳、及び悪寒である一方、別の患者の症状は、喉の痛み、頭痛、及び高熱であったりする。2人は異なる症状を経験するけれども、共に'風邪'と診断できる。これは、ディスレクシアの複雑で多様な症状について考える際、非常に有益であるかもしれない。他の方法では説明しづらいかもしれない。しかし、ディスレクシアは病気ではなく'治癒される'ことがないことを心に留めることも重要である。

　しばしばディスレクシアと併発する特異的な学習方法の違い（SpLDs）があるが、これらは第3章でより詳しく議論される。ここで、ディスレクシアや他の SpLDs が、しばしば注意欠陥・多動性障がい（より一般的に ADHD と称される）と自閉症（OCD）などの発達障がいとよく呼ばれることには注目する価値がある。とても否定的な用語である'障がい'は、学び方が違う人々がたどってきた発育の'異常'を強調し、認知面における混乱を示唆することで、彼らを判断してしまっている。

　1980年代以来、障がいのより社会文化的観点をもつモデルが広まり、関連するディスコースがより身近になってきた。しかしながら、我々の一連のディスコースから医学モデルが消えることは決してない。そして、いまだディスレクシアの診断への言及を耳にしたり、教育における合理的配慮を行う基準として医学的分析が使われることは一般的である。

法的分野でのディスコース

　ここ 30年の間に、英国や、ディスレクシアなどの隠れた障がいがある人々を含めうまく生活をしていくために支援を必要とする学習者のいる国々において、認知が広がっている。それは、良い意味でまた通常教師と生徒両方に等しく歓迎されることだが、この支援は、これらの学習者がある部分で不能であるという考えに基づいている。法律関係でのディスコースは、何かの問題がありそしてその問題は個々の学習者の中に存在するものであるという確信を支持するものである。1981年の英国教育法は、英国内において法律上の規定を設け、'同年齢の他の学習者よりも学習上かなり大きな問題を抱えていたり' または '一般に同年齢の子どもたちに提供されている教育的資源を利用することができない、またはそれを難しくするような障がい'（DES, 1981）を持っているような学習者を、'特別な教育的ニーズ'（'SEN'）を持つ学習者と定義した。これらの定義は、ある学習者が、'SEN' のラベルを引き寄せてしまうほどかなり逸脱している程度の能力であることを想定している。またそれは、学習者というよりも一般に提供される教育環境のほうが不具合であるかもしれないということを伝えることもできていない。

　この立法が根拠とする法的議論は、責任、権利、及び義務などの概念を用いている。学習上難しさを経験する学習者に提供される法的保護は、一般にこれらの個人とその擁護者によって歓迎されるけれども、21世紀では、温情主義は奇妙なことに時代遅れのようだ。障がい学習者教育と関連する '特別' という言葉の使用は、ある人々によっては、あまりにもセンチメンタルであると考えられている(Corbett, 1996)。米国では、'例外的である' という用語がどう定義されようが（本当にそれがそうであるならばだが）'正常でない' ことを示すイギリス英語の '特別' という言葉と同様な意味で使われ始めている（Winzer, 1993参照）。 これら両方の用語は、普通より良く、それゆえに望ましく、または尊敬されるべきことを意味する可能性を持っているものの、あまりにもしばしば、一般的に '普通' であることや '主流' であることより劣っており、結局は落伍者を表す婉曲語として使われている（Barton, 1997）。法曹界で一般的に使

われている用語を分析すると、障がいモデルが全ての条項に適切で、これが文献に共通する使用言語であり、そして学校と政治団体で定着している。

　この議論は、教育制度における彼らの経験にもよるが、様々に学習者に影響している。支援が必要となる教育システムの不均衡についてあまりにも深く考えず、追加の支援（テクノロジーまたは専門家による授業という形で）を通して、こういった機会が与えられていることを感謝している人もいるかもしれない。一方で、彼らが受けているサポートのために、自分自身では何もうまくすることができないと考え、生涯にわたって持続する'学習性無力感'（MacIntyre, 2005）を増幅させる人もいるかもしれない。障がいのある人々が何の権利を持っているか、どのような条項が、彼らが人生において成功することを可能にするのかを社会が規定し、決定することは望まれていることは間違いない。条項が発達上の違いに関する医学的定義によるものであることは不運である。それは、問題があり助けられなければならないのはその個人であるという排他的考えを永続させるだけである。

> 障がいがある人々に対する差別という不当性は、社会的に創り上げられたものであると考えられる。そして、ひいては社会構造的考え方をもたらす。しかしながら、法律が医学的に定義される障がいにのみ適用されるものである限り、出生時の事故を扱う医学症例に限定され、弱い識字力の社会的原因を追究するものではない。

社会構造上でのディスコース

　社会的に作られた障壁としての障がいの見方は、この20年間で広く受け入れられてきたものである。国連障がい者の権利条約（2006）は、このモデルを支持し、障がい者の人々を他者と対等の立場で社会に参加することが妨げられるような精神的、知的、または感覚的障がいがある人々と定義する（p.4）。このモデルの議論は、個人というよりも社会や

環境の中にある不能にする要因を重点的に考えている。'ディスレクシア'という用語は、個人が学習の中のある特定の分野で問題に直面するかもしれないことを示す表現'特異的学習困難'（SpLD）と共に使われる。これは彼らの弱点と同様に学習者の強みを認めようとする試みであるけれども、その用語は詳細な部分を表していない。これらの生徒は、一つの分野の学習または一つの特定の要素の中で学ぶことにおいて苦労しているようである。このことが意味するところを考えると、おそらく、空間認知（例えば、車の駐車）または数値（例えば、納税申告書）を処理することにおいて、我々のほとんど全てが何らかの'特定の学習困難'を持っていると言えるだろう。Booth ら（1992）は、学習におけるほとんどの困難は、主に、物理的環境、集団行動、教職員や生徒の態度、使われている教材や資料そして政府の方針といったいくつかの要因が教育制度の中での相互に関係することから起こっていることを示唆している。すなわち、学習者が経験する困難は各自の本質的な特徴ではなく、教育システムが異なった形で組織されたならば、（ちょうど、境界より広かったら駐車するのが容易であろうように）困難はなくなることであろう。

'特異性学習障がい'を経験する生徒にとって、追加的支援は、立法に従って利用可能とされるべきである。これは、前の節で触れたテクノロジーや専門家による指導が行われることであり、それは教育に関する法律で定められる責任である。この支援は、主担当の教員がクラスの全体に提供する指導に追加で提供されるものであり、それを受け取る生徒によって様々な方法で与えられる。こういった支援に心を開き、それが自分たちがうまくやれることを可能にしてくれると気付いている者もいれば、特別な支援を受ける必要があることを恥ずかしいと思ったり、そもそも授業についていくために一生懸命勉強をしなければならないので、その他の支援を受ける余裕はないという学習者もいる。追加の支援を受けていない生徒の中には、支援を受けている生徒たちは優遇されていると感じ、これが同じクラスの中で壁を作ってしまうことにもなるかもしれない。いずれにせよ、ここでの障がいのディスコースは、学習への制度上の障壁を認識し解決策を提供することに努める障がいの社会文化的なディスコースに基づいている。困難を経験する個人がいて、この人たちが他の

大多数の人々のための制度を利用可能とするために、何らかの手立てが行われなければならないと認めているのである。

教育現場での障がいのディスコース

　教育機関では、障がい者法を遵守する責任は比較的深刻にとらえられており、それは学校や大学の教育方針の重要な部分となり、明文化されている。教育現場においての障がいのディスコースは、すでにこれまでに述べたモデルの折衷案として分類される。学習者は、個々に顕れている障がいの種類を診断する資格を持つ専門家によって評価される。その方法は国によって異なるものの、英国においては専門家や学習者を擁護する人々（そして学習者自身など）によって構成される委員会によって議論され、特別支援教育に関する計画書が策定される。これによって、専門教員による追加的な支援についてどのような手立てが行われるべきか、さらに学習者が通常学級において教育を受けるべきかまたは'特別支援学校'（障がいがある学習者だけのための隔離された機関、そしてより制限されたカリキュラムが与えられる機関）に通うことで利益を得るかどうかが決定される。

　進路を選ぶ際、重度で複雑な健康上や学習上の障がいがある生徒（または彼らに代わる両親または保護者）らは、専門の教職員や設備が整っている小規模の組織が彼らの学習ニーズをより的確に満たしていると信じて、'特別な'教育的ルートを選択することもある。このよい例として、Bajkb & Kontra（2008）によって報告されているハンガリーの聾者グループが挙げられる。彼らは、口話での語学教育を行う環境では順応しにくいと考え、それよりも手話を多く使って指導を行う教員と小さなグループで英語を学ぶことを好んだ。しかし、障がいと学習方法の様々な違いがそんなに複雑でないため、友人と一緒に教育を受けることを好む多くの生徒がおり、これらの学習者のために合理的な配慮がなされる必要がある。

　'取り込まれるということ'（インクルーシブ教育）は、物理的な空間と設備を共有するだけでなく、友人と同じカリキュラムと課外活動が全ての学習者に提供されるということである。実際、障がいのある学習者

が完全に取り込まれるというよりも‘統合されること’はしばしばある。すなわち、彼らは、出席することは認められるけれども、他の学習者がする活動を行ったり、設備の全てを利用できることは期待できないのである。

多くの教育機関が、包括的なシステム（インクルーシブ教育システム）を実践するために努力している一方、外部の団体によって設定された基準に合わせようとする傾向がある。よって、方針やディスコースは表面的には取り込まれているものの、概念の定着や制度を自由に使うことを示す根本的な変化はほとんど見られない。これが法令に導入され、今では障がいのある生徒教育の方針を表す‘正しい’用語である‘インクルージョン’という用語の状況である。しかし、‘包括的な’教育政策を実施するために、それが何を実際意味しているかについて様々な理解があるように思われる（Lindsay, 2003）。

Hamre & Oyler（2004）によれば、米国では、インクルーシブという用語が全員が完全に利用可能である教育を提供する状況のある学校というよりも、障がいのある生徒に対してそうでない生徒と同じ場所において教育を提供しようとする学校と大学について言及するためにしばしば使われると言っている。したがって、それは‘インクルーシブの指標’において設定されているよりもずっと狭い定義となる（Booth編, 2000）。このことは、Dyson（2001）によって観察され、実際統合を意味するために彼が使う‘**責任あるインクルージョン**’が文献の中でも求められている。この状況では、障害のある生徒とその他の生徒が設備を共有できているものの、互いに有意義な交流ができているわけではない。重要な点は、‘インクルージョン’を行う組織のニーズに適応する個人にある。Barton & Tominson（1984: 79）は、多くの場合、意志決定を左右するのは、しばしば教育的目標というよりも財政的考慮であり、‘政治的なレトリックが実行に取って代わる’と示唆している。Gray（2000）は、1997年の英国の政策提案書‘全ての子どもたちに満足を：特別支援教育の要求に応えること’が、インクルージョンを状態としてではなく、経過としてとらえていると指摘している。それによれば、特に、その用語が乗っ取られ、意味が崩壊しているので、これまで本当に包括的精神性を達成し

ている教育機関に疑念を投げかけている。

　第一言語能力や基本的計算能力習得の中で、追加の集中的な教育を提供するために、何人かの学習者をいくつかのクラスから取り出すことで、半包括的なアプローチを実施する組織がある。残念なことに、必須でないと考えられているのは第二言語または外国語のクラスであるので、これらの生徒は彼らの世界観を広げる機会をはく奪されてしまっているということになる。生徒の学習スタイルに適応させられるように計画された専門家教育を提供するために、SpLD のある学習者のために別個の言語クラスを実施することもあり得る。これは、これらの学習者にとって有益であるかもしれないが、後の章でも触れるが、SpLD のある学習者のために役立つ指導テクニックは通常 SpLD とは全く関係のない生徒にも有益である。よって、実際に同じ集団で教育を受けることは、全体にとっても効果的なことであるかもしれない。

　インクルージョンは、その最も純粋な形で全ての学習者が適応できるように教育制度を整備し、再構築するように求めており（Clough & Corett, 2000; Frederikson & Cline, 2002）、そのようになれば、'通常学級' にいる障がいのある学習者を、全ての学習者が利用可能な教育に参加させたり、統合するという考え方を超えていけると思われる。このことは、次の節でより詳細に論じられる。

インクルーシブな状況でのディスコース

　教育の真のインクルーシブなモデルの中では、'追加の支援' は必要ではないだろう。全ての教師が、クラスの全てのメンバーを含めることを目標として教えているので、'専門家教師' は必要とされていない。教材は、様々なフォーマットで作られるであろうし、したがって、個々に特別に対応する必要がない。だれでも補助的テクノロジーを利用することができる。全ての学習者が、カリキュラム全てを利用するできることは当然のことと考えられているので、インクルージョンの問題を議論する必要が全くない。もちろん、個々の学習者は、様々な方法で授業を経験するであろうし、ある分野について他の分野より難しさを感じるかもしれない。人間の中の多様性を無視することはできず、これにより環境、シラ

バス及びカリキュラムが作られ、このようにして全員が完全に利用可能となる。このユートピア的シナリオが提起するであろう問題は、いかに品位を傷つけたり蔑視するような言葉を使わずに、仲間より大きな難題を経験している生徒の経験を議論するかである。

　現在、失読症、自閉症、不注意、またはADHDなどの特異的学習困難（SpLD）をもつと考えられている生徒のために、MacKay（2006）は、'特異的な学習方法の違い'（これもまたSpLDと略される）という用語を使うことを提案している。まさに世界を認知するには様々な方法があるとするこの捉え方は、学習者の個性を肯定的に認めている。本章及び続く二つの章で詳細に論じる特異的な学習方法の違いをもつ学習者について述べる場合、SpLDのある学習者に言及する際にこの考え方に従う。Booth（2000）らによれば、'学習困難'より'参加と学習への障がい'という表現のほうが好ましいとし、それは、問題が個人というよりも学習者の環境にあるということを示していると言う。この用語と'特異的な学習方法の違い'の両方がまぎれもなく全ての学習者への包括的な態度を反映する一方で、批評家らは、この表現は障壁と違いが教室内で困難の経験につながることを認めようとしない現実を指名している、と指摘している。

　この曖昧さは、Dysonによって'違いのジレンマ'として説明された。(2001: p.26) 彼は、類似点を強調することと違いを知ることのバランスを維持することが、過去及び現在における教育方針の本質的な機能であると断言している。問題は、MacKayが均一性と画一性を混同させると特徴づけているもの（2002: p.160）を避けることである。学習者がどの感覚器官が最も情報をとらえやすいのかを彼ら自身が発見できるように、学習者に様々な形での情報を提供することは公平なことである。同じ方法で全ての学習者を扱い、彼らの個性と彼らの発達的な違いを無視することは公平ではない。例えば、語学教育において、違う学習スタイルを持つ生徒が不利にならないように、教師が様々なタイプの活動を用い、期待、挑戦のレベル、及び提供される支援の程度で区別することは非常に重要である。これらの違いのために生徒が経験するかもしれない困難は、認識され、もしも実践的な方法があるとすれば、命名される必要がある。

これを達成するために、我々は現在、この章の中で触れられてきた一連のディスコースを離れ、我々が利用可能な用語に立ち戻る必要がある。

ラベル付けと自己意識

ラベル付け（'賢い'または'分裂的な'など）を通して、あてはめられた特徴を呈している個人の症状は、特に Becker（1963）や Rosenthal & Jacobson（1968）によって、'ラベリング理論'の発展のもと考察された。この理論の前提は、客観的に識別される性質がないけれども、むしろより権力のあるメンバーがある行動がどのように気づかれるべきであるかについて合意し、それに応じてラベルを貼り付けるということだ。生徒を、特定のグループ（例えば'ディスレクシア'または'アスペルガー症候群'）に分類することによってラベルを付ける人々は、そのカテゴリーの特徴である行動の要素を認識し、その時実際に実証的証拠を確かめることにより、これらの要素がグループ全体に観察されることを明らかにするかもしれない。さらに、そうラベルを貼られた人々は、自分自身がそのラベルが示すように行動することを意識するようになり、最終的にこれらの行動をとりはじめるのだ。これは教育において肯定的な力であるかもしれない。教師が目の前の生徒に多くのことを期待すれば、これらの生徒はより成功する。しかし、よりしばしば、障がい（失読症など）を持つとラベル付けをされて分類された生徒は、彼らがその障がいと関連する困難の全てを経験しているように考えるかもしれない。それは負の効果と言える。このため、どのようなラベルを付けられるのかによって、生徒の今後の進路や目標達成に影響することを恐れ、正式なアセスメントを受けることを嫌がる教師や保護者がいる。

スコットランドから MacKay は、'特別な教育的ニーズ'という用語が、立法から取り除かれ、スコットランド立法は'明白に、障がいのある生徒を認知している'と報告している（2002: 159）。しかし、Bradley, Dee & Wilenius（1999）が示すように、障がい者のインプットなしで定義を公式化することは、障がいのないコミュニティのためではない。世界保健機関は、現在、障がいを「障がいのある人とその人が遭遇する環境と

周囲の人々の態度の障壁の間のインタラクションから生じる結果」と定義している。広域的な障がい権利団体、障がい者インターナショナルはこれを医学的欠陥モデルよりも障がいの社会的観点により傾くこととして受け止められている（Mulcahy, 2005）。　これまでに言及されているように、国連障がい者の権利条約（2006）は、その文書に使われている定義の視点で認識を強めている。というのは、それは国連参加国の障がい者の間で行われた議論から生まれたものであったからだ。

　Florian他（2004）は、学習者を障がいの一つの主要なカテゴリーに割り当てることが誤解を招き、不正確で、それが教育システムの中ですでに流行している誤った概念を拡大しそうであると主張する。これらのラベルの使用において、非常に大きな注意が払われることが確かに必要である一方、これらの違いを明確に認めることは、学習者、教師、及び家族のための実用的なレベルにおいて、いくつかの有益な結果をもたらす。我々がまだ完全にインクルーシブ教育システムを確立させているわけではないので、そういったラベルを使うことが学習者が教室内で経験している困難を記述したり、学習が進むことを可能にする支援や対策の供給を始めることにつながる。多くの国で、個人が障がいを正式に認めたその結果として、法の保護を要求できる。そして資金調達もまた利用可能となる。同様のことが学習者と第一言語が同じ言語教師にも言える。学習者がわかりにくく、難しいと感じる目標言語の特徴を予期し、それらに慎重にアプローチすることができるのだ。しかしながら、本質主義を避けて、障がいのある学習者（また同じ障がいのある学習者でさえ）が、母国語が同じ集団が等質でないのと同様に、等質のグループを形成することはないことを心にとどめておくことは重要である。

　社会的レベルにおいて、ある種の困難に当てはまるラベルのタイプを知ることにより学習者やその家族は力付けられ、同様の経験をしている他人と連絡を取ることができ、それにより価値のある支援のネットワークを構築することができ、彼らにラベルをつけた専門家から独立した自身のリサーチを行うことができる。これが単にラベル付け文化を永続させていることは議論すべきことではあるが、Farrell（2011）が示すように、我々は多くの基準に基づいて分類される社会に暮らしていることを心に

留めて、学習者も教師もそのラベル付けのシステムに組み込まれている
ほうがよいだろう。

　評論家の中には、障がい者の人々に、自己確立への彼らの権利を主張
し（Bolt, 2005; Corbett, 1996）、また極めて多様なグループを統合する
ための手段として、これまで人格を傷つけるようなものと考えられてい
た用語を再度利用するように提案する人もいる（Beresford, 2005）。この
提案の妥当性は、支配的なディスコースに挑み、コントロールを‘専門家’
から取り戻すために、そのような戦略を使って他の少数グループ（同性
愛者と少数民族など）が成功を収めた事例によって擁護される。アスペ
ルガー症候群の人々のための１人の著名な支持者が自身を‘Aspie’と称
し、この用語は非公式なインターネット上での議論においてしばしば使
われている。（Willey, 2009）。しかし、アスペルガー症候群でない人々（‘定
型発達’とも称される）がその用語を使うことはまだ適切ではない。新し
い言葉がより広く使われるようになり、もともとの言語共同体から拡が
るのには時間がかかるけれども、今日のグローバルな電子メディアの使
用は言語発展のスピードを上げそうである。

　Corbett は、我々に、‘聞き慣れない音は聞くのに時間がかかる’こと
を思い出させてくれる（1996: 74）。用語が変わっても態度そのものに変
化がないのであれば、新しい用語が単に従来の考えに付属しているにす
ぎず、現状が保存されるので、現在の用語の変化にはあまり意味がない。

優勢なディスコースへの挑戦

　前述した用語の中には、役に立たたない無神経なもので21世紀の公
式の会話では使われることのないものがあると思われるが、それは、今
日好まれて使われている用語が、将来我々の子孫によって人を傷つけた
り不適切な用語とみなされることはない、ということではない。この章は、
違いと障がいの用語、そして問題を抱える学習者をどのように表現する
ことが最善なのかということが教育現場において数十年にわたって議論
されている主題であることを示した。英国における‘通常’教育において
現在使われている用語は、‘特別な教育的ニーズ’と‘学習障がい’であり

(Clough & Corbett, 2000)、そのどちらも議論において有益な役割を果たすために、さらなる定義を加える必要がある。北アメリカで最も一般的な用語は'学習障がい'と'読み障がい'である。英国の16歳以降の教育では、状況を明確化しようとする試みにおいてすでに'障がい'という専門用語を使うことへ移行している。組織の中には、'専門家による指導'と'合理的配慮の手立て'をそれらの障がいのある学習者に提供することを積極的に実践し、それらの文書の中から'支援'という言葉を段階的に廃止している組織もある。これが、これらのサービスを利用する学習者たちの態度や自己像に影響するかどうかは明確ではない。それは、障害者の権利を訴える運動家たちをなだめるように意図された単なる粉飾運動であるかもしれない。しかし、起こるどのような変化も、使われる言語への意識を引き起こし、その会話が具現化する潜在的な態度への影響を促進することに役立つ。

　教師は、しばしば他の教育専門家と生徒の間を取り持つ仲介者としての役割をもち、両者間のメッセージ伝達を行う必要がある。この重要な役割には、ある程度の翻訳技術が関係しており、様々な生徒からの聴き取りにうまく対応するために、異なる分野における流暢さを必要とする。同時に、教育現場へ包括的なアプローチが反映されるように強力な言葉を使うことを決める責任が教員にはある。もちろん、我々の教育制度の支配的で温情主義の面に挑むような言葉の使い方を促進する責任は、教師だけによってもたらされるものではない。それは、この分野の研究を行い発表する研究者、毎日の臨床において言葉を使う開業医、そして用語の対象となる学習者とその家族の間で(これらは、分離された集団でなく、いくつもの役割のうち一つ以上を持っている個人を含んでいるということを心にとめながら)、共有されなければならない。たとえ我々がどのように考えようとも、インクルーシブな環境にとって有益であるこれらのとらえられ方を広める努力を同時にする一方で、我々自身の言葉の使い方を振り返り、現存する用語に依存していることを知ることは必要である。

　次章では、普通ディスレクシアと考えられる特異的な様々な学習方法を理解し、この大変複雑な現象を細かく定義することの難しさについて考える。

●ディスコースは、広く一般的な態度を具体的に示す。それらは使用者の考え方を反映しさらに影響する。

●現在障がいと関連している主要なディスコースは、障がいの医学的モデルと社会的なモデルを反映しているが、多くの代替となる使われ方がある。

●医学的分野のディスコースでは、障がいを個人の中にある異常と表現し、医学的介入を必要とする。

●社会的分野のディスコースでは、障がいは、社会や障がいがある個人が他の人々がしていることをやりづらくする環境によって引き起こされた障壁として表現する。

●個人が、社会と環境の障壁を打破するために合理的支援という形でサポートを受けるべきであるかどうかを検討するのに、法律分野でのディスコースでは医学用語を活用する。したがって、不利な立場の個人の権利を促進するために、（法律分野と医学分野における）ディスコースを活用する。

●教育現場において採用されているディスコースも、また折衷的ディスコースで、他の分野からの用語が使われるが、異なった方法で使われる。

●真に包括的な教育制度のディスコースでは、追加の支援や合理的手立てに言及する必要はない。というのは、全てのカリキュラムが完全に利用可能なのである。しかし、個人の特異的な学習方法の違いが彼らの学習に影響を与える方法を議論することができることは重要である。

●可能ならば、学習者は彼ら自身の難しさを検討する過程に含まれるべきである。

●教育のプロとして、他の教育者、同僚、学習者、そして彼らの保護者とのコミュニケーションを円滑にするために、我々は、全ての使われ方を利用できることが必要である。

●教育のプロは、どういった言葉を選択し使うのかということ

と、他者にその言語使用を考察することを推奨することによっ
て、障がいに対する態度を決める役割を担っている。

演習問題

1．言語学習者が学習の際に経験するであろう困難を論じる際
　に、異なったディスコースでの長所と短所は何か？
2．生徒支援や学習改善に関係する機関や国の教科書を見てみ
　よう。どのディスコースが見つかるか？　使われているのが、
　一つでない場合、それはどういった理由か？
3a．ディスレクシアやあなたが知っている言語における特異
　的な様々な学習方法で使用されている言葉について考えよう。
　どのディスコースが最も適しているか？
3b．他のディスコースに適する、新しい代替となる用語や古
　くあまり使われなくなった用語を知っているか？　他に比べ
　てなぜそれらは好んで使われるか？
4．この本を読み進める中で、著者が異なったトピックを議論
　している時、複数のディスコースを網羅していることに注目
　し、異なった使われ方がいかに互いに補填しあっているのか
　を考えよ。
5．Chanock（2007）のディスレクシアの分野に関する論文を
　読み、いくつのディスコースを発見しているか調べよ。それ
　らの間の違いをどう特徴付けるか？

推薦図書

Chanock, K. (2007). How do we not communicate about dyslexia? – The
　discourses that distance scientists, disabilities staff, ALL advisers, students,
　and lecturers from one another. *Journal of Academic Language and Learning*,
　1 (1), 33–43.
Corbett, J. (1996). *Badmouthing: the Language of Special Needs*. London: Falmer
　Press.

第**2**章

ディスレクシアとは？

はじめに

　この章では、ディスレクシアが何であるかを議論する。この章全体を
SpLD の議論に充てる理由は、様々な SpLD の中で、言語学習に最も深
刻な影響を及ぼすのがディスレクシアであるからである。本書の冒頭に
おいて指摘されているように、様々なタイプの SpLD は、しばしば互い
を区別することが困難であったり、また併発することも珍しくない。し
たがって、この章では、ディスレクシアが言語上どのような形で表出す
るのか、また読解における困難との認知的関係を考察するだけでなく、
ディスレクシアを持つ生徒の長所と短所を概観することにする。

　ディスレクシアを定義することは、簡単な作業ではない。もし一般の
人に尋ねたら、その人は、子どもたちによく観察される読解上の困難で
ある、と答えるだろう。特別支援教育の教師は、ディスレクシアは子ど
もたちが適切な指導にもかかわらずどのように読むのか学習できない場
合である、と答えるであろう。教育心理学者は、ディスレクシアを子ど
もたちの認知力からは想定できない読みの困難と説明するだろう。これ
らの定義は、ディスレクシアの個人が読みにおいて困難を持つことを示
唆するようであるけれども、この章で見ていく通り、ディスレクシアは、
スペリングや一般的な情報処理スキルにも影響しているかもしれない。
実のところ、ディスレクシアの成人たちは、読みのスキルについての目
立った問題はなく、主として記憶と注意の難しさに苦労しているのであ
る。ディスレクシアの深刻さには様々な程度がある。それゆえ、ディス
レクシアの生徒は、しばしば異なった長所と短所のプロフィールを示す。
ディスレクシアの定義は問題が多いだけでなく、この章で論じられる通
り、その原因は不可解である。ディスレクシアの主要な理論では、音韻
処理における障がいがディスレクシアの主たる原因であると考えられて
いる。また、神経学的、遺伝学的要素がディスレクシアの発症にかかわっ
ていることも分かっている。しかし、ディスレクシアの最近の理論では、
ディスレクシアは読み関連のスキルにだけ表れる具体的な学習障がいで
あると広く信じられていることに異論を唱えている。ディスレクシアは、

学習方法の違いを生み、それは、運動制御、注意の保持、知識の自動化において問題を引き起こすかもしれないと議論されている。

ディスレクシア研究の歴史的概観

　ディスレクシアという言葉は、1884年に、ドイツの眼科医であったRudolf Berlin によって、読む能力を喪失したものの他の全ての知的機能はそっくりそのまま残っている神経学的状態を説明するために造られた。同じようなケースは、それ以前‘失語症’という用語で、Adolpf Kussmaul によって紹介されていた。失語症とディスレクシアが1960年代までは区別なく使われてきたが、その後、ディスレクシアが一般的な読字障がいをラベル付けするのに使われるようになった（用語の発展については第1章を参照）。最初のディスレクシアのケースに関する記述は、後天性ディスレクシア、つまり脳傷害の結果として読む能力を失った時に起こる症状であった。発達性ディスレクシア、すなわち幼年期に読むことの学習の際の問題と読みのスキルの未発達は、英国の医師であったPringle Morgan によって初めて研究された。そして、一見優秀な知的能力にもかかわらず、読み学習に失敗した14歳の少年のケースを説明した。

　ディスレクシアについての体系的研究は、グラスゴーの眼科医であったJames Hishelwood によって、1917年に始まった。彼は、ディスレクシアの症状を最初に記述しようとした。米国では、神経科医であるSamuel Orton が読みの困難を持つ多くの患者の研究を行った。彼は、これらの人々の主な問題は、文字b と d を混同したり、単語の中の文字を入れ替えたりするなどの‘記号のねじれ’と関連していると主張した。彼は、ディスレクシアが視覚処理上の問題によって起こされると結論付けた。ここまでに触れた研究者が示す通り、この分野の初期の段階において、ディスレクシアは、医学上の問題であるとされて、読み障がいの研究のほとんどは医師によって行われた。ディスレクシアについての一般の人々の認識は、米国そして英国においては1960年代初頭に広まり、ディスレクシア研究は、教育心理学者に引き継がれた。読みに関する理論が、ディスレクシアの原因を説明することにおいて利用され

た時、また音声上の障がいがディスレクシアの主な原因であるとされた時、ディスレクシアの原因調査における大きな進歩がみられた（例えばVellutino, 1979年の研究）。1980年代まで、ディスレクシア研究は、教育心理学、言語学、発達認知心理学、神経言語学、神経心理学、及び遺伝学といった多くの学問分野で行われている。ディスレクシアがいかなるものかということについての我々の知識は、決して完全ではないけれども、科学研究の違う分野からの洞察は、我々がディスレクシアの原因を理解し、ディスレクシアの生徒を支援する適切な方法を見つけるのに役立つであろう。

ディスレクシアの定義

　ディスレクシアは、その定義において、四つの面が考慮される必要があるので、定義しづらい。その四つの面とは、行動面、認知、生物学上、そして環境面である（Frith, 1999）。行動のレベルにおいては、ディスレクシアは、読みの困難という形で顕れるという一致した見解がある（しかしながら、以下にあるように、読みの困難は、ディスレクシアの唯一の症状ではない。Nicloson & Fawcett, 2008 を参照）。しかし、ディスレクシアの行動の定義はいくつかの理由により不十分である。まず第一に、読みの困難は、ディスレクシアのみならず多くの要因によって引き起こされる。リーディングテストの成績の悪さだけがディスレクシアを判断する十分な基準ではない（Frith, 1999）。二つ目に、年齢と練習を重ねるにつれて、ディスレクシアのある人々のリーディングスキルは改善し、読みの困難の深刻さは、減少する傾向があるけれども、スペリングの困難などの他のディスレクシアの問題は依然として解決されない（Frith, 1999）。読み障がいに関連した行動レベルのみでディスレクシアを定義してしまうと、ディスレクシアは子どもがいつか抜け出せる症状ということになってしまう。

ディスレクシアをリーディングテストの成績で定義すること
は、体温の上昇ではしかを定義するようなものである。しかし
ながら、上昇した体温は単に伝染したことを示すものであり、
病気そのものではない。体温が下がることは普通よいことであ
るが、それは病気の治癒ではない。ディスレクシア研究におい
てこれまでに蓄積されてきた全てのことが示すものは、ディス
レクシアは学校にあがれば生じ、大人になれば治るような病気
ではない。それは、一過性の子どもの悩みではなく、一生涯続
く難題である（Frith, 1999: 209）。

　定義の難しさは、認知のレベルから始まる。そこでは、読みの困難に
ついて、ディスレクシアの人たちの認知的機能に関する説明が必要とな
る。これらの説明は、ディスレクシアと一般的な学習障がいとの違いを
説明する必要があり、ディスレクシアを ADHD などの他の SpLD と区
別できなければならない。生物学上のレベルでは、ディスレクシアの機
能的な原因を理解し、効果的な手立てを開発していくために、特異的認
知機能の神経的／遺伝的原因をさらに説明することが必要である。長い
間、子どもが、読みを習得することに失敗してようやくディスレクシア
と診断されてきたので、これは特に重要である。子どもが失敗を経験
するまで待つということは、深刻な情緒的問題とにつながるかもしれず、

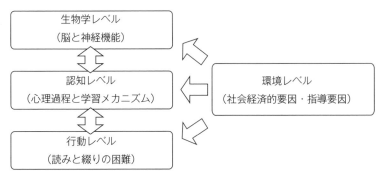

図2-1　ディスレクシアの段階図（Frith, 1999改訂）

ひいては学業成績の低さにつながるかもしれない。幼い年齢での手立てと支援は非常に重要であり、神経学における発見に基づいた適正なスクリーニングの方法が開発されないならば、貴重な時間が浪費されることになりかねない（Nicolson & Fawcett, 2008）。社会的、文化的経済力と不適切な読書指導を発達性ディスレクシアの影響と区別するために、活字にどれだけ触れているか、家族の中での読み書きに対する姿勢、読書指導の効果といった環境要因が考慮される必要がある。

> 今や、子どもたちが読みを学ぶのを手立てするのに、早期に介入すればするほど、その介入はより効果的（対費用効果）になる（多くの違う介入が明らかに効果的であると同時に）という明確な証拠がある。「待って失敗する」診断方法に取って代わることが、間違いなく中心となる問題であろう（Nicolson & Fawcett, 2008: 17）。

1990年代までの国際的に教育分野を支配していたディスレクシアの定義は、主にIQテストによって測定された生徒の知能と達成度テストの結果との差異に基づくものであった。ディスレクシアを概念化した例は、1968年の世界神経学連合による定義である。それによれば、「発達性ディスレクシアは、通常の教室での学習にもかかわらず、彼らの知的能力と同一基準である（著者らによる強調）読み、書き、綴りといった言語技術の習得ができない子どもたちの障がいである」と述べている。ディスレクシアを障がいとみなすことは、1960年代における医療分野でのディスコースの特徴であり、第1章で議論された通り、ディスレクシアは普通でない状態ということを暗に意味している。IQと読みの習熟度間の差異に基づいた定義は、ある民族や社会集団に対してIQテストが持つ偏見的性質のために、さらにその定義においては、ディスレクシアのある生徒らを蔑視していることが分かり、深刻な批判を受けてきた（Fletcher他, 2007参照）。この定義に関するさらなる問題点は、ディスレクシアを診断するために、IQテストの成績と読みテストの成績の違いが、かなり大きいものである必要があったことである（Miles &

Haslum, 1986)。その結果、ディスレクシアがあってもIQスコアが定型発達の下位層に属する生徒を特定し損なってきた。

差異を基準とした定義が批判を受けた後に生じた主な問題は、全般的知能に触れることなくして、読みの困難を識別することがどう可能であるかということであった。可能な解答の一つは、意外性の概念を導入することであり、すなわちディスレクシアは十分な認知スキル、適切な社会経済状況、及び高い質のリテラシー教育にもかかわらず起こりうるということである。1990年代におけるディスレクシアの多くの概念は、意外性を適切で高い質のリテラシー教育に生徒たちが反応することができなかったこととみなした（介入への反応モデル—Fuchs & Fuchs, 1998）。この概念を説明する定義は、米国精神医学会（1994）のそれである。発達性ディスレクシアまたは特異的読み障がいは、通常の指導、十分な知能、及び社会文化的な機会にもかかわらず、効率的な読みのスキルを取得することの予期できない、特異的でかつ持続的な失敗と定義されていた（著者らによる強調）。この定義はより詳細で、ディスレクシアの診断についてより正確な予測をするけれども、それはまだ行動の定義であり、それはディスレクシアである個人の潜在的な認知学的かつ神経学的の特徴については触れていない。この定義の別の問題は、読みの難しさの責任を教育機関から個々の学習者に転嫁していることだ。

より最近のディスレクシアの定義には、認知学的及び神経学的機能における特異的な違いが含まれている。今日におけるディスレクシアの最も有力な定義の一つは、米国の国際ディスレクシア協会（IDA）の定義である。それは、生物学的、認知、行動、環境といった四つの全てのレベルを統合しようとする試みをしている（表2-1参照）。この定義は、今まで存在する最も詳細なものの一つであるけれども、それはディスレクシアのある子どもたちの神経学的特徴への十分な洞察がされておらず、顕れるディスレクシアの行動に重点をおいている。この定義に関連して考慮すべき別の問題は、それが第一にディスレクシアを様々な学習方法の違いとみなすことなく障がいと説明している医学的定義であることだ。

定義に関連した他の問題は、ディスレクシアが次元的であり、'二者択一'条件ではないということだ。それゆえ、子どもがディスレクシア

第2章　ディスレクシアとは？

表2-1 IDA によるディスレクシアの定義の説明レベル

ディスレクシアは、もともと神経学的な特異的学習障がいである。	生物学レベル
正確でかつ流暢な語彙認識の困難、綴りと読解の困難によって特徴付けられる。	行動レベル
これらの困難は、他の認知力との関係においてしばしば想定されない言語の音声分野における欠陥に原因があることが普通である。	認知レベル
教室内での効果的指導を与えること	環境レベル

と認定されるテストでの打ち切り点は恣意的である。軽度から重度に及ぶディスレクシアの症状が表れ、時に症状はカモフラージュされることもある（Frith, 1999）。ディスレクシアの深刻さは、個々の子どもたちの音韻処理がどの程度損なわれているかといったような潜在的認知力による。ディスレクシアは、異なったサブタイプを持つかもしれない。例えば、読みが遅いだけの子どもたち（すなわち、読みの速さの違いがある）、正確に読み解けない子どもたち（つまり音声処理の問題がある）そして速さと音韻処理の両方に問題を持つ子どもたちがいるかもしれない（Wolf & Bowers, 1999）。ディスレクシアとしばしば関係している不注意といった他の様々な認知方法の違いもまた読みの困難の深刻さに影響しているかもしれない。結局、高い質のリメディアル教育と、リテラシー活動が高く評価されている支援体制のできた家庭環境といった教育的要素が、ディスレクシアが顕れるのを緩和するかもしれない。

> 　ディスレクシアの途切れのない能力タイプ理論は、読み能力は読み能力のレベルを定義する連続体に沿って生じるものだという考えに基づいている。それゆえディスレクシアになるリスクにも段階性がある。それらの段階は、子どもたちが生まれつき持っている読みに関する認知的能力の特別な組み合わせや、家庭や学校環境がその子どもの認知的強みに基づいて活用しているか、そして認知的な弱さを補おうとしているかによって変わる（Vellutino 他, 2004: 4）。

基本的な学習メカニズム

ディスレクシアや次の章で触れる他の関連した学習方法の違いを理解するために、我々は、学習に関係する基本的認知のメカニズムを知っておく必要がある。以下において、記憶と読みといった様々なスキルを習得することに関係しているメカニズムの構造を示す。

記憶は一般的に二つの主要な部分 ── 長期記憶とワーキングメモリ ── に分けられる。長期記憶はその名前が示す通り、人が生涯の間に獲得した知識、スキル、及び習慣のための貯蔵庫であり、二つの主要な部分 ── 宣言的記憶と手続き記憶 ── から成る (Ullman, 2004)。宣言的記憶は、イタリアの首都がローマであるといった事実や出来事についての知識を蓄える。一方、手続き記憶は、運動、認知スキルと習慣を保管する場所である。宣言的記憶は二つのさらなる部分に再分される。意味記憶は、犬が毛のある四つ足の動物であるという概念など、これらの概念を連想させる記憶痕跡と関連する意味と同様に概念を含む。エピソード記憶は、一時的に行われた出来事や人生において経験したエピソード ── 例えば犬に噛まれたといった経験 ── のための貯蔵庫である (Tulving, 1972)。

ワーキングメモリは、長期記憶への入り口である。情報は、長期記憶の中で符号化される前にそれを通過する。今日、ワーキングメモリの最も広く受け入れられている概念は、Baddeley & Hitch (1974 ; Baddeley, 1986) によって開発されたモデルである。その中で、ワーキングメモリは、単なる記憶装置ではなく、情報処理と操作が行われるモジュールとも考えられている。ワーキングメモリのモデルはモジュール、コンポーネント、及び情報の送受信といった用語を使うけれども、我々はワーキングメモリを脳の区切られた部位としてとらえるべきでない。それは、むしろ、インプットまたはアウトプットを行う準備のために情報を処理することにおけるある瞬間のアクティブな長期記憶の複雑なネットワークの一部として概念化するべきである (Cowan, 1999; Craik, 2002; Engle, Kane & Tuholski, 1999)。

ワーキングメモリは、その容量は限られており、通常、１ないし２秒程度の間、情報を維持することができる（Baddely, 1986）。入って来る情報を処理する際、情報の記憶痕跡は非常に早く薄れてしまうが、入って来る刺激のいくつかの要素が長期記憶において統合され符号化されれば、それは学習が行われたということができる。学習においてワーキングメモリは重要な認知構成要素であり多くのスキルと能力に影響していることが発見されている。次に述べるように、ワーキングメモリの容量は、SpLDs のほとんどのタイプにおいて重要な役割を果たしている。

　ワーキングメモリモデルは、音韻ループ（音韻的短期記憶とも呼ばれる）と視空間スケッチパッドの二つのモダリティ別サブシステムを管理する働きをしている中央実行系マルチコンポーネントメモリシステムから構成される。視空間スケッチパッドは視覚的及び空間的情報を扱う一方、音韻ループは音の操作と保持に特化している。中央実行系は、注意力の制御やシステムや計画を通して情報の流れを指示するといったいくつかの機能を持つ（Gathercole, 1999）。

　音韻ループは他のワーキングメモリ要素に比べ、最も研究が進んでいるとされる。このサブシステムは、数秒間情報を保持する音韻貯蔵庫と他の機能の中で薄れゆく情報をリフレッシュする構音リハーサルから成る。リハーサルプロセスは心の中で言葉にしたスピーチと似ていて、リアルタイムの中で起こり、結果として即時記憶（一定数のアイテムの後では、最初のアイテムはそれがリハーサルされる前に薄れる）の制限された容量の中で行われる。音韻ループの働きの最もよい例は、人が電話番号を覚えようとする時である。紙片に書き留める前に数字を忘れないように、我々はそれを何度も繰り返し続ける。音韻ループの容量は、連続した数（数唱）や語の即時の復唱を含む問題によって測定される（Baddeley, 2003）。音韻短期メモリ容量の最も広く使われているテストの一つは、様々な長さの無意味語を繰り返す無意味語復唱テストである。無意味語は当該言語で存在していない言葉であるけれども、音韻規則に対応している。音韻短期記憶力における違いが、リテラシースキルの獲得や数学的能力のある点に重要な結果をもたらすことを次に示す。

　学習における基本的メカニズムの一つは、単語認識の自動化など特定

のスキルの自動性の発達を含んでいる。我々の注意力は限られているため、多くのスキルを効率的で素早く、容易に、そして正確に実行するために自動性が必要である。テキストを読むなどの複雑な活動を行っている時は、同時進行する全てのプロセスに注意を払うことはできない。ほとんどの人間の行動は、自動化と制御化されたパーフォーマンスの組み合わせとなっている。例えば、我々は母国語で何かを読む際、自動的に単語を理解して、その語に関連する意味を検索し、そして文構造を処理する。だが、テキストの意味を理解するために、意識をして背景的知識を活用し、前に読まれた情報の断片を思い出す必要がある。この後者のプロセスは意識的にコントロールされた処理の例である。自動処理は、一般的に素早く他の作業と並行してでき、努力することも不要で、能力も必要とせず、意識せずに行えるものである。それらは一貫した実行の結果であり、プロセスからの干渉に服するものではない。一方で、コントロールされた処理はしばしば遅く、非能率的で、ワーキングメモリ容量に制限されており、努力を要するものである（Schneider & Shiffrin, 1977）。

　自動化の発達にはいくつかの理論があるが、ここでは、SpLDs と関連した認知的特徴を理解することにおいて直接的な関連を持っているものだけを説明する。自動性の理論の二つの主要なグループ ── ルールベースとアイテムベースのアプローチ ── がある。自動化へのルールベースのアプローチは、自動化の発達を事実に基づく知識のプロダクションルールへの変化とみなす。それは**手続き的知識**と呼ばれる。英語で読むことを学ぶ場面から例をとるならば、子どもが、'sh' のアルファベットの組み合わせが [ʃ]音を表していることを教えられる時、彼／彼女はそれを事実または宣言的知識として蓄えるであろう。そして実行し続けることによって、この知識は、「二つの文字、s と h を見れば、[ʃ]と発音しなければならない」といったプロダクションルールに変換される。最終的に、この規則は、意識的に注意することなしで自動的に適用されるようになる。自動化へのルールベースのアプローチは、この変換がどのように行われるかを説明しようとするものである。自動化発達のアイテムベースのアプローチは、問題解決策を学ぶことにおいて、処理

メカニズムが、メモリにおける一つのユニットとして蓄えられており(例えば人は4×5を計算する際に、4を5回加算しないけれども、解法は覚えている)、一つのアイテムとしてメモリから取り出されると主張する。

　熟練したパフォーマンスの発達の最も有名なルールベース理論は、Anderson(1983)のACT(思考の適応制御)とACT-R理論(思考の適応制御-改訂)(1995)がある。Andersonは、自動処理の発達が量的な変化、すなわち速度が上がることだけではなく、処理の本質における質的修正も含まれることを主張した。自動化のパフォーマンスの発達における二つの重要なプロセスは、合成と手続き化である。合成と手続き化は、知識の編集のサブプロセスを構成し、そこで前者が処理のより小さなユニットからマクロな産出物を創造し、後者が全体として産出されたものを埋め合わせることになる。マクロな産出物の作成はチャンキングと呼ばれる。それは、ワーキングメモリにおける処理を手助けするためにアイテムをより大きなユニットに変換する心理作用のことを意味する。これの最も簡単な例は、電話番号の暗記である。ワーキングメモリは一度に5－7つの情報を保持することができるという事実がある。そのため、人は関連性のない1桁の数字の長いリストである電話番号を覚えようとする際に、このリストをより大きなユニットに分割する傾向がある。そうすることによって、一連の数字をワーキングメモリに保持しやすくするのだ(例えば246192236は246-19-22-36と分割される)。手続き化のプロセスは、一旦産出が自動化されると、最初の宣言的知識を思い出すことができなくなる理由を説明できる。例えば、英語での現在完了形を使うべき状況においてその文法を明示的に教えられた第二言語学習者は、これらの規則の適用が一旦自動化されると、正確な規則をおぼえていないかもしれない。図2-2は、理論を図示したものである。

　Logan(1988)のインスタンス理論は、スキル獲得のアイテムベースのモデル例である。Loganは、全ての学習が宣言的学習から手続き的学習への変換を含むわけではないという問題を提起した最初の人である。Loganは、自動的処理がメモリ検索と等しく、すなわち、アルゴリズムの使用が記憶から解法を検索する一つのステップに代用されると仮定した。例えば、初歩の読み手は、はじめは一文字ずつ読み解こうとするが、

読みの技術が上達するのに伴って、音韻的分析にもどることなく、ただ語句を見ることで自動的に認識できる。すなわち、この理論の中で、問題が繰り返し解決されるならば、解法が一つのユニットとして蓄えられて、問題に遭遇した際に思い起こされることが推定できる。練習によって、問題とそれらの解法の

図2-2　スキル獲得理論

記憶痕跡の間の関連がより強くなり、検索は当然加速する。Logan（1988）は、また、ルールベースの処理とメモリ検索の間に競い合うものがあり、二つの異なる処理のスピードが、どれが適用されるのかを決定すると主張した。Logan のインスタンス理論は、数学的操作によって最もよく説明できる。子どもが最初に、6 × 3 などの掛け算の演算をすることを学ぶ時、アルゴリズム 6 + 6 + 6 を使うであろう。練習によって、遅かれ早かれ、解答を覚えるであろうし、アルゴリズムを適用する代わりに、記憶から解答を検索するであろう。記憶検索は、そのスピードがアルゴリズムのスピードを越えた時に行われる。

読みのプロセスと読みの学習

　ディスレクシアの読み手の困難を理解するためには、読みがどのような働きをするのかを調べる必要がある。読みは、情報の理解を助けるために、いくつかのプロセスが並行かつ自動的に働いている複雑なスキルである。読みのスキルは、テキスト全体の情報内容が読み手に理解される前に、単語認識や文理解といった低階層にある読みのプロセスが自動化される必要があるといった点において階層的である。下位の読みプロセスの主要な構成要素は、速くて効率的な単語認識である（Perfetti, 2007参照）。

　単語を認識するためには、読み手は異なった処理メカニズムを統合する必要がある。つまり、正字処理（文字の認識）、音韻処理（語の形式を音韻的に活性化する、文字を音に変換する、文字を組み合わせて音節を作る）語彙や語に関係する統語情報へのアクセス、そして接頭辞や接尾辞など

のついた語を理解するための形態上の処理といった処理メカニズムである。より上位の読みのプロセスには、テキストモデルの創作、つまり、関連する背景知識に基づいて、テキストの情報内容やテキストに表されている情報を読み手が理解することを手助けする状況モデルを処理することが含まれている（Kintsch, 1998）。

　ディスレクシアの一般的なとらえ方では、音韻処理の問題は、ディスレクシアのある生徒たちが経験する読みの困難の中心となっているとされている（次を参照）。これらの問題が単語認識の段階で現れるので、ここで詳細に単語認識プロセスを説明しよう。単語が認識される方法は二つ、非語彙経路と語彙経路がある（Nicolson & Fawcett, 2008参照）。非語彙経路（図2-3中の経路2b）において、書かれた単語は、一文字ごとに解読される。読み手は、文字を音に変換し、その音を単語の音韻形式を作るために組み合わせることを通して、語の意味を理解する。これは、初心者の読み手や未知の単語を読む際の一般的な読みの処理である。もう一つの読みの経路が存在し、それが音韻分析を飛ばしており、語彙経路と呼ばれている（図2-3中の経路2a）。語彙経路において、読み手は単語の視覚的形態を一つのまとまりとして認識し、それをより小さな要素に分解することなしで語彙形態として認識する。熟達した読み手は、このように書かれた単語を認識するのである。

　読みの困難を理解するためには、子どもたちがどのように読みを習得するのかを考慮することも重要である。読みの学習に関しての最も影響力のある理論は、Firth（1986）によって提唱されている。彼は、アルファベットを用いる言語において、子どもたちが読みスキルを獲得するために三つの段階を経ると主張した。まず、子どもたちは一つのかたまりとして、自分の名前やよく通る通りにあるスーパーマーケットの名前といった2、3の単語が読めるようになる。これは、ロゴグラフィック・ステージ（logographic stage：単語の全体的形状に対して命名する段階）と呼ばれ、図2-3中の経路2a に相当する。この段階では、子どもたちはアルファベットをまだ知らず、単語を一つの単体として処理している。次のアルファベティック・ステージ（alphabetic stage：単語を文字へと分解し、音韻化する段階）では、子どもたちは視覚的に認知した単語を文字

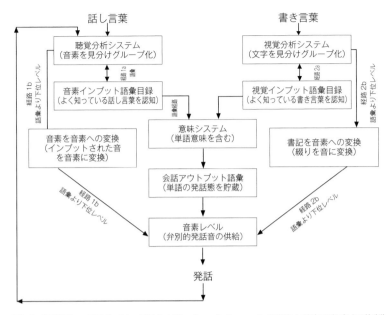

図2-3 単語認知モデル（p.44 図3.1.1 Nicolson & Fawcett, 2008より許可を受けて複製）

へと分解し、そしてその文字を音へと変換し、その音を組み合わせて単
語の音韻表象を作り上げる（図2-3中の2b参照）。次の段階へ進むためには、
これらのプロセスの中で、高い自動化のレベルに達している必要がある。
既述のスキル獲得理論から、子どもたちは教室での明示的な指導を通し
てアルファベットの知識を習得し、十分な練習によって知識を手続き化
し自動的にそれを使うことができるようになる。ディスレクシアの子ど
もたちが音韻処理において困難を経験するように、彼らにとって最も困
難なのはこの読むことを学ぶ段階である。彼らが読みの次の段階へ進め
るようになるためには、より多くの練習と同様により明示的な説明が必
要である。

　Frith（1986）理論の最終段階は、正字法ステージ（orthographic stage：
音韻化をせずに意味に結びつける段階）であり、ここでは、子どもたちは
もはや一文字ずつ単語を処理することはせず、単語を文字の連続体のよ
うなより大きなかたまりとしてとらえこれらを音節に変換する。読み手

はその書かれた単語が形態素、接頭辞、及び接尾辞などのより大きなチャンクからどのように構成されているのかという知識を活用する必要があるので、これは正書法の段階と呼ばれる。図2-2 において、これは経路2a と経路1a からの追加の音韻分析を含む。ディスレクシアの子どもたちは音節意識が低いために、この学習を困難に感じるかもしれない（以下参照）。

　Nicolson and Fawcett 理論（2008）では、単語が視覚的にロゴグラフィック・ステージ（logographic stage）での処理と同様に一つのかたまりとして自動的に認識される読みの習得における別のステージが提案されている。この発達段階は既述した Logan のインスタンス理論（Instance theory）（1988）（自動化されていない場合は、アルゴリズムやルールに基づいてタスクが行われる。しかし、自動化されると、タスクは過去の事例を検索することによって遂行される）に基づく記憶ベースとして理解される。自動化発達のインスタンス理論は、熟達した単語認知では、二つの経路があるかもしれないことを説明している。音韻符号化処理の経過に基づくものと単語形態の認識に基づく瞬時記憶に関するものの二つの経路である。音韻符号化処理が知らない単語やあまりよく分からない単語を読む際に呼び起こされるかもしれない。ところが、記憶ベース処理は、かなりよく知っている単語の場合に機能する。この二重の処理経路により、なぜディスレクシアの人々がよく知っている単語を簡単に認知できるのに、あまりよく分からない単語に遭遇した際に、読みの困難が顕れるのかが説明されている。

ディスレクシアの行動的徴候と認知の関係

　幼年期におけるディスレクシアの主な行動的徴候は、記憶と構成における問題と同様に、読みと綴りの困難である。すでに指摘されているように、ディスレクシアの徴候はその重症度において様々であり、全ての症状が全ての個人に顕れるわけではない。読みの困難は、まず単語認識に顕れ、文字を音に変換する際の困難さによって引き起こされると考えられる。ディスレクシアのある子どもたちは、実在する語の認識と同様

に、非単語のデコーディングにも問題を抱える傾向がある。この問題に関しては、以下でより認知に関する詳細な説明を行うが、ここでは単語認識の本質について簡単に述べる。あらゆる書記体系は、それが中国語であっても、発話音に関係した情報、言い換えれば音韻的情報を利用している（Goswami & Bryant, 1990）。

　アルファベットと音節の書記体系は、発話がかたまり（すなわちアルファベットシステムの中の音素と音節システムの中の音節）において表されることができるという考えに基づく。したがって、子どもが読み書きを学ぶ時に、彼らはまず次の二つの基本的な事ができるようにならなければならない。話し言葉を関連するかたまりごとに分解し、特定のかたまりが書字（正書法で）においてどのように表されているかを知ることである。アルファベットの書字システムの場合、後者のプロセスは音素－書記素マッピングと呼ばれ、そのプロセスがディスレクシアの学習者にとって最も深刻な問題を引き起こす（Vellutino 他, 2004参照）。これらの困難が、単語認識の遅れや不正確さという結果につながっている可能性がある。

　ディスレクシアの問題の本質に影響を及ぼす別の重要な要素は、子どもたちが読みを学ぶ言語そのものである。イタリア語、ドイツ語、またはハンガリー語などは、比較的簡単な音－文字変換規則で予測可能な書字体系で、それは透明な正書法（transparent orthography：各文字が一つの音素に規則的に対応）と呼ばれる。英語とフランス語などの他の言語においては、音素－書記素のマッピングは複雑で、予測不可能であり、これらの正書法システムを習得することは、ディスレクシアのある子どもに深刻な問題を起こす可能性がある。書字システムにおける違いの結果として、読み困難は異なる言語で様々な状態で顕れ得る。イタリアまたはドイツのディスレクシアの子どもたちは、読みは遅いけれども大体正確な読みができるかもしれないのに対して、母国語が英語であるディスレクシアの子どもたちは、流暢さと正確さの両方の点において、読みにおける困難を表す可能性がある（Paulesu 他, 2001）。

　ディスレクシアのある子どもたちが困難を経験するもう一つの主要な分野は綴りである。特定のディスレクシアのケースにおいては、綴りに

みられる困難さが、読み書きの困難の唯一の症状かもしれない（Frith & Frith, 1980; Snowling, 2008）。単語認識と同じく、綴りは話し言葉を音素に分割し、これらの音素を文字または文字の組み合わせに変換することが必要である。視覚的に単語をひとかたまりとしてとらえたり、そのほかの文脈上のヒントによって認識するような視覚情報処理のメカニズムは、読みにおける音韻意識の欠如を補っているかもしれないが、これらの補填はライティングにおいては使われない。それゆえに、綴りの問題はディスレクシアと相互的関係にあることが多く、さらに読み成績に基づいたディスレクシアの診断基準を満たしていない、落ちこぼれる可能性のある生徒のケースにおいてもしばしば確認されている。

　我々は、ディスレクシアの学習者たちは単語を音に分解し、音と文字の対応規則を学ぶことにおいて困難を持つことを示してきた。その両方に音韻処理がかかわっている。しかしながら、音韻処理は読み書きにだけでなく音声知覚と音声生成にも関係している。研究結果によれば、ディスレクシアのある人が、口頭で提示情報を処理する速さと正確さの両方において、困難を示すことが示唆される（Bowers & Swanson, 1991; Wolf 1991）。ディスレクシアの子どもたちは、音識別において（Adlard & Hazan, 1998）、そして単語復唱テストにおいて、ディスレクシアでない子どもたちより（Miles, 1993）かなり劣っていることが発見された。これら両方の課題は音韻的短期記憶に関係しており、音韻的短期記憶は更なる情報処理のために言語情報を鮮明に保つことを手助けしている。Baddeley（1986）は、音韻的短期記憶が、長期表象が構築される間見慣れない音韻形式を蓄えることによって、新しい単語学習で重要な役割を果たすと主張した。そしてそれは短期記憶と語彙の長期の保持との直接的連結を予期するものである。音韻的短期記憶と音韻処理の障がいは、結果として一般的な発話の遅れ、聴き取りにくい発音、発話速度の遅さ、そして理解語彙と表現語彙の乏しさとなる（Lundberg & Hoien, 2001; Scarborough, 1990, 1991; Snowling, 2008）。ディスレクシアの子どもたちが慣れ親しんでいる語彙サイズは、ディスレクシアでない同級生たちより小さいだけでなく、イメージを呼称する際に、語を思い出す時間がもっとかかるかもしれない。表2-2 は、ディスレクシアのある生徒

表2-2　ディスレクシアのある人によって経験される言語的困難の概要

単語を音韻単位に分割することの困難
音素―書記素の対応における困難
単語認識の困難
読み速度の遅さ
綴りの難しさ
語彙量の少なさ
単語想起の遅さ
構音上の困難
音韻的短期記憶に言語材料をとどめる上での困難

たちによって経験される言語的困難さの概要である。

　我々のディスレクシアに関する議論の終わりに再度議論することになる SpLDs についての研究での主要な問題の一つは、ほとんどのディスレクシアのある人が読み書き関連のスキルに困難を示すだけではなく、些細とみなされることもあるが、他の認識機能の分野における異なるタイプの違いも示すことである。研究の結果から、ディスレクシアのある人々のワーキングメモリのスパンが通常よりも小さいことも示唆されている（Jeffries & Everatt, 2004）。これにより、例えば、なぜこれほど多くのディスレクシアの子どもたちにとって掛け算表を暗記することや算数そのものが困難になったり、算数障がいとみなされるのかが説明できる。ワーキングメモリ容量の低下によって、ディスレクシアのある人々が複数の情報の断片を同時にワーキングメモリに保持することが困難になる。ワーキングメモリの保持は数学だけでなく、より長いテキストを読んだり聞いたりする際に必要となることも多い。注意力維持の問題は、ADHD と正式に診断されていなくても、ディスレクシアの子どもたちや成人においてしばしば起きることである（例:Fletcher 編他, 2004; Snowling, 2008）。注意持続時間が限られていることにより、一般的な学習の場面で難題を起こし、読み書きに関する内容にかかわらず、一般知識や技術を習得することにおける問題をもたらすこととなり得る。インプットへの注意力は、新しい情報を得るための必要条件である。注意を集中させることの困難のために、ディスレクシアの人は、長い間新しく入って来る刺激に集中することができず、新しい知識を取得するために繰り返し提示されることが必要かもしれない。注意力はアウトプットの

表2-3　ディスレクシアのある人によって経験される非言語的困難の概要

ワーキングメモリスパンの容量の少なさ
算数及び掛け算表暗記の困難
手書きの困難
粗野な運動協応の問題
注意力維持の問題
時間調整と業務計画の困難
新しい技術の自動化の困難

監視においても必要なことから、ディスレクシアの生徒がたとえ関連した知識や技術を習得していても間違いをしやすい。注意力の問題は、締め切りを守ること、学業を調整し時間管理することにおける困難の原因となるかもしれない。

　ディスレクシアのある子どもたちや成人らは、しばしば運動技能に困難を持つと考えられている（Nicolson & Fawcett, 2008参照）。繊細な運動技能は手書きのために必要であり、そのことは、多くのディスレクシアのある子どもたちの手書き文字の読みにくさの説明となる（Miles, 1993）。自転車に乗ったり泳ぐ際の困難といった運動協調性の問題も、ディスレクシアのある子どもたちに観察されている（Augur, 1985）。最終的に、Nicolson & Fawcett（2008）は、ディスレクシアのある子どもたちは新しいスキルを習得する際の自動化が遅い傾向にあるという証拠にまとめている。

　これまでに次のことを指摘してきた。適切な指導、家庭でのサポートと練習により、読みや綴りの困難は減少するかもしれないが、ディスレクシアの青年や成人は、ワーキングメモリ、注意力、運動協応に関する他の問題に悩み続けることになる。その結果、読み書き以外に関する困難が、幼少期を超えた言語学習者たちを教える教員にとって重要な信号であるかもしれない。そして、これらの困難は、読みや綴りの問題よりも教室においてはより注意を必要とするかもしれない（困難の概要については表2-3参照）。

ディスレクシアの認知学的、神経学的説明

　上述された読み及び読むことを学ぶモデルに基づくディスレクシアの原因について最もよく知られている認知理論は、音韻障がい仮説である（Stanovich, 1988; Vellutino, 1979）。その名前が示唆するように、音韻障がい仮説では、ディスレクシアは潜在的な音韻的処理問題すなわち障がいのある音韻認識によってひき起こされると仮定する。音韻認識には、音節と音素の知識の二つのレベルがある。音節の知識は、単語を音節に分解する能力や単語の中の音節の操作を必要とする（音節を削除したり、加えたりすること）。音素の知識は、音を区別し、操作して、単語を音に分ける能力に関係する（つまり、音を削除したり、加えたり、入れ替えたりすること）。音韻障がい仮説は、研究を通して広く支持されている。それによれば、非単語の読み、非単語の復唱、音韻区別、文字認識、文字や音を単語から削除したり加えたりするといった音韻意識を必要とするタスクにおいて、ディスレクシアのある人々はそうでない人々に比べて、成績が劣るということが示唆された。ディスレクシアのある人々の音韻意識の弱さへの支援で、特に音素知識においてこれまで多くの介入的研究が行われてきた。そこでは、音素意識の訓練を通して読みのスキルの大幅な改善が達成された（Vellutino他, 2004参照）。音韻情報処理スキルが困難であることは、ディスレクシアのある人々がなぜより低レベルの読み技術、特に単語認識において問題を抱えるのか、そして彼らがなぜ綴りと音声知覚に問題を抱えるのかを説明付ける（図2-4参照）。ディスレクシア研究者の間では、読みの潜在的な認知的原因は音韻処理における障がいであるということが共通の認識となっているようだ。しかし、問題は音韻性の障がいがディスレクシアの唯一の原因であるかどうか、他にどのような潜在的な神経学上の問題がディスレクシアの読み困難を説明できるのかということである。音韻障がい仮説は、ディスレクシアの子どもたちへの改善プログラムの設定に役立っており、子どもたちが音と文字の対応を習得する助けとなり、音韻意識を改善させることができた。

音韻障がい仮説を修正したバージョンが、いわゆる二重障がい仮説であり、それは、音韻処理上の問題に加えて、命名速度の障がいが発達性ディスレクシアに関与すると仮定している。ある研究結果では、ディスレクシアの子どもたちが、明らかにディスレクシアでない子どもたちと比べると、単語命名タスクのスピードがかなり遅いことを示している（Denckla & Rudel, 1976）。ディスレクシアのある学習者の場合、処理スピードの問題が指摘されるかもしれない。Wolf & Bowers（1999）では、命名速度と音韻処理にかかわる困難は、ディスレクシアの読みの困難における二つの独立した要因であると主張した（図2-5参照）。彼らは、読みの困難を経験している生徒たちが次の三つのグループに分けられることを示すことによってその理論を主張した。それは、速度の上で問題がある生徒たち、音韻情報処理において問題がある生徒たち、そして最後に最も深刻なものとして、音韻処理と命名速度の両方に障がいのある生徒たちである。

　二重障がい仮説を試験した研究のほとんどが、ディスレクシアの人の

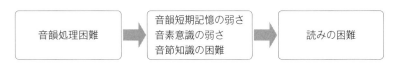

図2-4　音韻障がい仮説の説明図

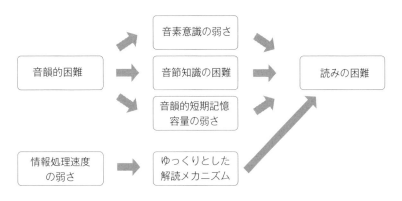

図2-5　二重障がい仮説の説明図

大部分が速度と音韻処理の両方に困難を持っていると示したことは、注目されるべきである（例　Lovett 他，2000; Pennington 他，2001）。これらの発見は、二重障害仮説（命名速度と音韻処理がそれぞれ独立した要因であるとする点）は他からの批判に耐えうるものではないかもしれないということを示唆しているようだ。しかしながら、子どもたちがフォニックスによる支援に加えて文字と単語認識の流暢性のトレーニングも受け始めるようになったことから、この仮説は読みの改善に重要な結果をもたらしたのである。

　ディスレクシアの競合する認知理論は、運動協応上の問題（統合運動障がい）、一般的な言語処理上の問題（特異性言語障がい）、及びADHDといった他の学びの違いとディスレクシアが共起することが多いという観察に基づく。したがって、ディスレクシアは学びの違いが顕出されたものであると議論されるかもしれない、そしてそれは読みにだけ限定されるものではない。Nicolson & Fawcett（1990）は、新しいスキルの自動化の困難はディスレクシアのある子どもたちが人生の様々な段階で経験する困難の中心となっていると仮定している。彼らの見解では「ディスレクシアのある子どもたちは徹底した練習によって自動化されるはずのあらゆるスキルの自動化に困難を抱えるだろう」としている（Nicolson & Fawcett，2008: 29）。Nicolson らによるディスレクシアの概念を図式化したものが図2-6 である。これまでに述べられてきた自動化理論を考慮す

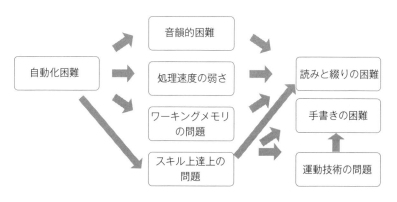

図2-6　自動化障がい仮説の図

るならば、その仮説では、ディスレクシアの子どもたちが一般的なスキルの手続き化において困難を持ち、これらの子どもたちは音韻処理のみならず繊細または大きな運動スキルにおいても、熟練したパーフォーマンスの段階に自動的に達することが難しいことが主張されている。

　Nicolson & Fawcett はその仮説を支持する神経学モデルも発展させている。このモデルは小脳障がい仮説と呼ばれ、脳の特定の一部である小脳が手続き的学習を管理し、小脳の機能障がいがディスレクシアの人々が異なるスキルを習得する際に示す様々な症状に関与していると主張する。Nicolson & Fawcett の仮説は、ディスレクシアの認知的原因は音声処理障がいであるという仮説と矛盾はないものの、それは方法論的観点において批判されている（Ramus他，2003参照）。しかしながら、以前は疑う余地なく音韻障がい仮定を支持していた Snowling は、最近の論文（2008）で「音韻障がいのみだけでは読み書きの困難を説明するには不十分で、読みの失敗に陥りやすいのは、言語困難を含む複数の障がいを抱えた子どもたちである」（p.142）と認めていることは特筆に値するだろう。行動遺伝学分野における最近の研究では、学び方の違いが認知機能だけでなく一般的機能にも具体的な影響を及ぼし、認知処理の単一のモジュールに限定された学び方の違いはまれである、としている（Plomin & Kovas，2005）。

> 　最近のデータによれば、音韻的障がいがディスレクシアを説明するのに必要または十分であるかどうかを論点とすることは適切ではない。この種の議論は、障がいの定義のための恣意的な分断となる。もし、ディスレクシアが継続して分布する次元のものとみなされれば、その次元に属する人々は、音韻的能力がより劣っていることは十分あり得る。しかし、彼らは、他の認知的な障がいも同様に抱えている傾向にある。これは、特定の障がいがあることを否定しているのではない。実際、純粋に障がいのある個人は、我々の研究での発見が明確にする実験標本として集められることがよくある（Snowling，2008: 153）。

ディスレクシアの別の神経学理論では、読み書き困難の原因を、入力される発話を理解することにかかわる大脳皮質での視覚と聴覚の刺激処理における困難と関係付けている。ディスレクシアの人々においては、大細胞性視知覚と呼ばれる視覚及び聴覚信号を伝える脳の中の経路の一つが損なわれているかもしれないことが発見された（Livingstone 他，1991）。大細胞性視知覚が、視覚と聴覚の刺激を処理することを司っているという事実がゆえに、ディスレクシアに関する二つの異なる理論が展開された。その一つは、視覚経路が影響される（大細胞性視知覚仮説）というものと、もう一つは、聴覚経路が特異的な機能をしている（大細胞性聴知覚仮説）というものである。大細胞性視知覚仮説は、Lovegroveの実験に基づくもので、その中でディスレクシアのある人々は白い背景に書かれた黒字印刷を読むことにおいて困難があるということが発見された（Martin & Lovegrove，1987）。大細胞性聴知覚仮説は、ディスレクシアのある子どもたちは、聴覚の刺激処理が遅いと主張する。これらの理論のどちらも、十分な実証による裏付けがなされていない（Nicolson & Fawcett，2008参照）。

　最終的に、我々は、ディスレクシアには遺伝的な要因があるかもしれないことに言及する必要がある。ある研究症例によれば、ディスレクシアの親またはきょうだいのどちらかを持っている男児は、ディスレクシアである可能性が50％であることを示唆している（Gayán & Olson，1999）。遺伝子研究の進歩により、ディスレクシアの要因であるかもしれない潜在的な遺伝子を識別することができるようになった。ディスレクシアの家系のリスクは、その診断において非常に重要であるけれども、環境要因が遺伝学上の知見を覆すこともしばしばある。したがって、読み書きの活動が支援されて、子どもの認知力発達のために最適条件を創り出す家庭環境は、ディスレクシアと関連した読みの困難の深刻さを和らげるかもしれない。一方、家族の中のディスレクシアの影響が累積しているかもしれないことに注目することには価値がある。ディスレクシアの両親が子どもたちに必要な読み書きと学問的な支援を提供できないことは事実としてあり得ることで、そのため子どもたちは読み書き困難に陥りやすいのかもしれない。さらに、ディスレクシアはしばしば、

雇用の可能性を低くする原因でもあり（第9章参照）、これは、家族の社会的また経済的な状態に悪影響を及ぼし、リスクの高い子どもたちの読みの発達に関する問題を助長させることになるかもしれない。

　この章では、我々はディスレクシア研究の歴史とディスレクシアのいくつかの定義について概説した。ディスレクシアの可能性のある認知的原因について議論し、これらを一般的な学習理論と読み発達のモデルと関連付けた。ディスレクシアの行動的徴候についても詳細に述べた。ディスレクシアは主に読み書き技術に関する問題と関連するが、ディスレクシアが単に読みや綴りの困難といった形でのみ表出されることは稀であることを指摘した。したがって、教師はまた、これらの学習者が学業の他の面において、そして彼らの私生活において直面している問題に気づく必要がある。次の章では、しばしばディスレクシアと併発する学び方の違いについて触れる。

重要項目のまとめ

- ●ディスレクシアの最善の定義は国際ディスレクシア協会のそれであり、それによれば、'ディスレクシアはもともと神経学的な特異的学習障がいである'という。それは正確でかつ／または流暢な単語認知と綴りと文字理解力のなさといった難しさに特徴付けられている。これらの難しさは一般的に他の認知力や効果的な教室内での指導とはうらはらにしばしば予想外の言語的音韻障がいに起因している。

- ●ディスレクシア研究における主流では、認知レベルにおいて、ディスレクシアの原因は音韻意識の弱さにあるとしている。

- ●ディスレクシアは、読みや綴りに限定されない学び方の違いの一つのタイプである。読み書き問題はしばしば不注意、知識や問題の手続き化と自動化における困難、及び大きなまた繊細な運動技能に関する問題といった認知機能の他の分野と関連している。たとえ、ディスレクシアの生徒が、読み書き困難をどうにかして解決しても、全体にかかわる彼らの学び方の違いが無くなることはなく、それは生涯にわたって彼ら

に影響し続けるだろう。

●ディスレクシアは次元の問題であり、'全てかゼロか' といったものではない。ディスレクシアの困難は、深刻さの様々な程度であり、ディスレクシアは様々な他の学び方の違いと関連しているかもしれない。それは、ディスレクシアの個人が非常に異なる強みと弱さを見せるかもしれないことを意味している。

●ディスレクシアは、教育、家族、及び社会的、経済的状況の中で考慮される必要がある。読み書きの問題の早期発見と改善は、彼らの学習上での成功を確保するだけでなく、失敗から来るネガティブな感情の経験を避けることも、ディスレクシアのある子どもたちにとっては重要である。読み書き活動における、そして子どもたちの情緒と認知発達のために協力的な雰囲気を作りだすことにおける家族の支援は、子どもたちの将来と学習の成功のために、ディスレクシアの影響を減らすことにおいて重要な役割を果たす。不利な社会環境においてディスレクシアのリスクがある子どもたちには、教育機関からの追加支援が必要である。また、特定の社会的かつ文化的なグループの中で、過剰にディスレクシアと診断されないように大いに留意されなければならない。

演習問題

1．あなたの国では、ディスレクシアの定義はどのようなものが使われているか？
　　診断と第二言語を教えることのために、この定義が意味するところを議論せよ。
2．語学教師が生徒がディスレクシアを持っていると考えられる信号は何か？
3．ディスレクシアの徴候についてこの章で示されたディスレクシアの異なった理論を議論せよ。

第2章　ディスレクシアとは？

これらの理論はどの徴候を説明しており、どれがそれらに
　　よって説明されていないか？
　4．ディスレクシアのある子どもたちを持つ親にインタビュー
　　せよ。親は、日常生活や学校での子どもの経験に関して、ど
　　のような困難について触れるか？
　5．ディスレクシアの成人に、かつて子どもの頃、学校や日常
　　生活において経験した困難について、また成人期まで持続す
　　る問題について、インタビューせよ。

推薦図書

Frith, U. (1999). Paradoxes in the definition of dyslexia. *Dyslexia*, 5, 192–214.

Shaywitz, S. (2003). *Overcoming Dyslexia: A New and Complete Science-based Program for Reading Problems at any Level*. New York: Alfred Knopf.

Vellutino, F.R., Fletcher, J.M., Snowling, M.J. & Scanlon, D.M. (2004). Specific reading disability (dyslexia): What have we learned in the past four decades? *Journal of Child Psychology and Psychiatry*, 45, 2–40.

学級の中での学習障がい

はじめに

　この章では、これまでの章で出てきた、ディスレクシア以外の障が
いからくる学習の困難さについて取り上げていく。近年の英国における
SpLD の定義に基づいて、協調運動障がい、計算障がい、そして ADHD
について紹介する。また、アスペルガー症候群で LD でもあるという人
もとても多いことから、本章ではアスペルガー症候群についても説明し
ていきたい。特異性言語障がい（SLI）は読みの場面において、ディス
レクシアと非常によく似た症状を表し、ディスレクシアとの判別が難し
い場合があることから、特異性言語障がい（SLI）特有の特性について
も紹介していきたい。

　SpLD は、併せ持つケースが非常に多く、これらの障がいに共通する
原因について様々な仮説が議論されてきた。第 2 章では、Snowling（2008）
による近年の知見を引用した。彼女は、学び方の違いは、必ずしも単一
の認知処理過程に限られるものではないようだと議論していた。本書の
序論でもまた、SpLD とは異なるタイプの学び方の集合体であり、とて
も複雑であると考えると説明した。したがって、本章では、それぞれの
SpLD と関連のある特定の困難さについて簡潔に記述するが、それらが
単独で現れることは滅多にないということも忘れてはならない。

特異性言語障がい（SLI）

　特異性言語障がい（以下SLI とする）は、ディスレクシアとの判別が
難しい場合がよくある。SLI は言語の理解と表出に問題があるとされて
いるが(APA, 1994)、ディスレクシアと SLI には重複する部分も多くある。
その理由として、SLI の生徒の多くは、読み書きに関する部分でも苦労
することが挙げられる（Tallal他, 1998）。SLI の人の多くは、音韻処理や、
複雑な文章を文法的に正しく表出することに困難さがあり、語彙も少な
い傾向にある。SLI の最も顕著な傾向として、文法の習得の遅れや、不
完全さがみられる（例えば、動詞を過去形にできなかったり、is が省略され

るなど）（Leonard, 1998）。ディスレクシアのある人は、この文法形態については年齢相応に習得していくことができており、この文法習得部分が、ディスレクシアのある人と SLI の人との大きな違いの一つとされている（Joanisse他, 2000）。しかしながら、ここで注意したいのは、幼少期に SLI と診断された人でも、成長と共にこれらの困難さを克服し、SLI の診断基準を満たさないようになり、読解上の問題も解消されたと診断される人も少なからずいる（Bishop & Adams, 1990）。それでもなお、SLI の生徒が読み書き学習において直面する問題は、ディスレクシアのある生徒の問題と類似しているものである（Kamhi & Catts, 1986）。

SLI の診断基準は、米国心理学会（1994）によって、受容表出混合性言語障がいという用語のもとに構築された。言語の理解及び表出のテストで、標準的な平均値よりも著しく低い点数しか取れない場合、その人は SLI であることが考えられる。基準ではこの条件に加えて、他の障がいがないことなど、多数の条件が含まれているため、他の基準にも合致する必要がある。例えば、聴覚障がい、中耳炎の既往歴、神経機能障がいの徴候がないことや、口腔の構造及び口腔運動機能に異常がないことなどが、基準に含まれている（Leonard, 1998）。これらの診断的特徴に関しては意見の一致がみられるが、次の二つの、SLI のための追加基準については、広く論争の的となってきた。非言語面の知能が年齢相応であるという点と、相互的な社会性に関する問題がないという点についてである（Leonard, 1998）。第 2 章ですでに指摘した通り、知能検査は社会的・文化的に偏りがある可能性があり、知能検査の点数の差異から判断する診断基準は、問題を含む可能性がある。また、SLI の人たちは、例えば心的イメージを操作する課題、仮説テスト、非言語的な論理的類推など、非言語的な認知課題でも低い成績となる可能性がある（Leonard, 1998）。このことは、言語が思考に影響を与えて（第 1 章参照）、認知的な発達を促すという事実に起因するのかもしれない。言語発達の遅れが、認知機能に顕著な影響を及ぼす可能性もあると考えられる（Johnston, 1991）。言語とは、人間関係の構築や維持に使われる社会的な道具でもあるため、言語の理解・表出が困難な SLI の人は、社会生活でも不利益を被る可能性がある（Gertner他, 1994）。このような社会的、言語的

表3-1 SLIの生徒が抱える困難さの概要

音韻処理の困難さ
文法習得の遅れまたは誤り
語彙の少なさ
非言語的な認知課題の困難さ
社会性の問題

な読み書きの困難さは、大人になるまで継続することもあり、ディスレクシアのある生徒と非常によく似た困難さの原因となる可能性も考えられる（第4章参照）。表3-1にはSLIの生徒の潜在的な困難さの概要を示す。

　SLIの出現率は約7％である（Tomblin, 1996）。その他のSpLDと同じく、SLIは女性よりも男性に多くみられる。SLIは遺伝的なものであるといわれている（Leonard, 1998）。SLIが同じ家族内で起こることが多いことから、「言語のための遺伝子」があるという憶測につながり、SLIの人はその遺伝子に障がいがあるとされてきた。しかし実際には、「言語のための遺伝子」ではなく、SLIに共通した遺伝的要因があるのではないかということが指摘されている（Pembrey, 1992）。一方で、SLIの人の約30〜60％は、近親者に同様の問題を抱える人がいないと報告されている。これはつまり、SLIの発達は、例えば保護者から何気なく受けている情報入力なども関係しており、遺伝的要因だけでなく環境的要因もあるのではないかということが示唆されている（Leonard, 1998）。

協調運動障がい

　協調運動障がいは、体の動きがうまく調整できなかったり、注意や集中の力が欠けていたり、発話の困難さなどがみられる。協調運動障がいは、運動の発達の遅れまたは障がいであり、言語や知覚・思考の問題に関係していると定義されている（Dyspraxia Foundation, 1987）。協調運動障がいはディスレクシアと同じくギリシャ語であり、運動の苦手さを表す言葉である。LDの特殊なタイプとしての協調運動障がいは、1987年に米国精神医学会で初めて取り上げられ、「発達性協調運動障がい」として米国では現在でも広くその言葉が使われている。しかし、近年の心理学用語としては、発達性協調運動障がいと、協調運動障がいは同じ

ではないとされている（Dixon & Addy, 2004）。発達性協調運動障がいは、主に、体の動きの調整が難しいとされていることに対し、協調運動障がいは、体の動きを考えたり構成する部分が難しいとされており、遂行の部分の難しさではないとされている。一つの動きをする時、三つのプロセスが協調していくことが必要となる。まず、動くきっかけとなる刺激に反応する（例　「コップを取って下さい」と頼まれる）。次にどう動くかを考え、動きの順序を整理する（例　手を挙げて、グラスをにぎり、持ち上げよう）。最後に、動きを実行にうつす。Addy（2003）は、協調運動障がいの人の場合、「どのように動くか計画し、その行動を実行にうつす」という部分であり、運動の協同作用の部分が阻害されていると指摘している。

　協調運動障がいは5％の割合で発症するとされており（Boon, 2000）、男性のほうが女性の4倍の発症率であるとされている（Portwood, 1996）。研究では、ディスレクシアの2人に1人は協調運動障がいがあるとも言われている（Montgomery, 2007）。また、まれに、協調運動障がいは、微細運動機能のみに影響するとされるものや、小学校に入学すると協調運動障がいのみ診断されるという子どもも多いとの現状もある。

　小学校の学習場面においては、書字の活動場面で苦戦しているかどうかが協調運動障がいの最も分かりやすい指標となる。書字活動では、様々な情報（聴覚情報、言葉の音、視覚情報、文字の形など）を統合し、複雑な動きを調整することが求められる。協調運動障がいの子どもは、書字の場面で相当な努力を要すると言われており（Ripley他, 2000）、そもそも書字があまり得意ではないと言われている（Portwood, 1999）。ゆえに、協調運動障がいのある生徒は、他の言語を学習する際にも困難さを感じるようになり、さらにその言語が綴りの異なる言語であればその困難さはより深刻になるであろう。また、日常生活の中でも、食事場面でフォークやナイフを使ったり、あるいは服を着る時にボタンやファスナーを閉じたりなど、協調運動障がいの子どもにとって難しい場面はある。さらに、協調運動障がいは発話にも影響する。はっきりした発話のためには、微細な運動機能が必要となるからである。協調運動障がいの人の中には、流暢に話すことや言葉を繰り返す場面で、音を構成することに困難さを

感じることもあり（Boon, 2000）、外国語を学習する時の、音の違いを認識することや、発音、スピーキングなどに影響する可能性もある。

　協調運動障がいには、粗大運動の苦手さから、スポーツ、特に球技に苦手さがある人もいる（Portwood, 1999）。粗大運動の苦手さがあると、歩いていて物にぶつかったり、転倒しやすくなる。その他、協調運動障がいの人によくみられる特徴としては、感覚の統合の困難さが挙げられる（Ayres, 1972）。具体的には、自分の体とその周辺の物との関係を把握することが苦手である。例えば、目を開いていれば動けるが、目をつむった状態で同じ動きをすることが困難であったり、授業中、先生の話を聞きながら、同時にノートに文字を書くという作業が難しかったりする。彼らは図と地の認識も苦手であり、このことは危険を察知することの苦手さにつながっている（高さの認識や、深さの認識が正確でないことが関係している）（Portwood, 1999）。このような感覚の統合の困難さは、音や光への過敏さに起因している（Portwood, 1999）。その他の協調運動障がいの徴候としては、集中力と注意時間の短さがある（Boon, 2000）。5分以上座り続けていることが困難であったり、長時間、同じ活動を行うことが困難であったりする。主に、ADHD不注意優勢型の70％は協調運動障がいを併発しており、また、協調運動障がいの35％はADHDの混合型と合併していて、多動性や衝動性、不注意がある（Pauc, 2005）。Portwood（1999）は、学校生活を送る上での問題や、人間関係の構築の面においての困難さについて言及している（表3-2）。

　協調運動障がいの原因については、いまだ解明されていない。近年の

表3-2　協調運動障がいの生徒が抱える困難さの概要

書字の困難さ
日常生活の中の微細運動機能を必要とする行動の問題
正しい言葉の発音や、流暢な話の難しさ
球技の苦手さ
感覚の統合の難しさ
図と地の理解の難しさ
集中力と注意持続力の短さ
学校生活の難しさ
社会的なつながりを構築することの難しさ

傾向としては、協調運動障がいは「運動機能の関連領域の発達の遅れ」であり（Boon, 2000）、大脳皮質の神経の未発達によるものとされている（Portwood, 1999）。

　協調運動障がいの子どもの微細運動や粗大運動の機能の発達を促すプログラムは、理学療法士や作業療法士によりサポートされている。また、言語聴覚士による訓練も受けている。水泳やトランポリンは、運動の統合を促すのにとても効果的で、協調運動障がいの子どもの訓練によく勧められている。協調運動障がいの子どもにとって、体を動かす活動は、運動技術の向上につながり、運動の統合を部分的に改善することもできる。このような訓練を取り入れないと、運動で失敗ばかりを繰り返し、そのうち失敗する運動を避けるようになり、運動協調性の発達をより遅らせる要因になるため、適切な訓練はとても重要である。

計算障がい

　計算障がいは SpLD の一種で、算数の LD とも言えるものであり、仕事場面においては、時にディスレクシアよりも深刻な問題を抱えるとも言われている（Bynner & Parsons, 1997）。このタイプの LD は、特徴が多岐にわたるため、気づかれにくい。まず、計算障がいは、ディスレクシアや ADHD などと併発していることが多く、そのため認知的な背景も複雑であるため、計算障がいが単独の徴候であるかどうかを見分けにくいことが挙げられる（Gross-Tsur他, 1996；Ginsburg, 1997）。二つ目に、小学校の教師の力量不足により、算数の教え方が適切ではないため、子どもの算数のスキルが十分に発達していないという可能性も考えられる。三つ目に、算数の考え方はそもそも複雑であり、学習を進めるためには、数の概念、算数の手続き的なスキル、音韻的な短期記憶、ワーキングメモリ、注意の制御能力、課題解決のための方略などの、いくつもの認知能力を必要とするものである（Geary, 2004）。このことから、計算障がいの子どもの認知プロセスが一人ひとり異なっているだけでなく、背景にある要因が一つではないということが、気づかれにくさにつながっている（Ginsburg, 1997）。

近年、計算障がいに関する研究も活発になってきており、英国では2001年に SpLD に含まれるようになった（DfES, 2001）。英国における現在の計算障がいの定義は以下のように特徴付けられている。

> 　計算障がいは、算数の最も基本的な側面を含む学習障がいである。知覚、理解、または量的な概念、空間情報などの処理に困難さがある。計算障がいの生徒は、数の概念を理解することが困難であり、数の大きさの把握や、算数の手続きを学ぶことに問題を抱える。これらは、時間を伝えることや、価格の計算、現金の支払いなどといった基本的な活動に関係するものである。（p.5）

　英国の教育省が発行している小冊子によれば、SpLD のワーキンググループが、主に行動面について定義しており、計算障がいの徴候について項目を挙げている（DfES, 2001）。この中で、「純粋な計算障がいのある学習者は、認知面及び言語面においては平均的な力を持っており、数学以外の教科ではすぐれた力を発揮する」と述べられている。このことは、計算障がいは平均的な IQ の生徒であり、読みをはじめとする他の学習機能には関係しない、算数のみの学習障がいであるということを示している。5～8％の子どもは算数の学習に困難さを示しているという研究結果もあり（Geary, 2004）、計算障がいの人の内、約60％はディスレクシアも持ち合わせているとも言われている（Joffe, 1980）。

　計算障がいは、もともとは神経学的な側面から指摘されたことに始まる（Kosc, 1974）。近年の神経学的な研究によれば、計算障がいに関係する脳部位も特定されてきている（Dehaene他, 2003）。また、遺伝的な要因についても研究が進められてきている。Shalev他（2001）は、親またはきょうだいに計算障がいのある家族のいる子どもは、そうでない子どもと比べて、算数の困難さにつながる確率が10倍にも上がると報告している。

　先に述べたように、計算障がいの診断は、決して容易なことではない。長い間、計算障がいは、算数の成績と IQ テストの得点の差異によ

り判断されていた（Ginsburg, 1997）。この本の第2章で、ディスレクシアの診断の際の、IQとの差分により判断することの危険性について議論したが、計算障がいの判断においても同じく危険性が伴うものである。Geary（1990）は、米国の小学校で計算障がいと診断された1～2年生を対象に研究を行っている。この研究では、対象の子どもたちに、毎日20分の算数の授業時間を設け、分かりやすく適切な説明で授業を行った。1年後、多くの子どもに大幅な伸びが見られ、計算障がいの定義に当てはまらなくなったということである。この研究結果は、学習の困難さについて定義的に見るだけの問題点と、算数が苦手な生徒への分かりやすい説明の重要性について、着目するきっかけとなった（Ginsburg, 1997）。Ginsburg（1997）は、本当に学習に困難さのある生徒を見分けるためには、心理検査を実施するだけでなく、学校の授業でどのように学んでいるか、学級での様子の観察も重要であると述べている。

> ……学習障がいは、一般的な語彙の欠如が特徴的であるが、そのことについて周囲から理解されにくい。認知機能は「生まれ持ったもの」である。私たちには、日々の様子と認知機能を切り離して議論することはできない。子どもの失敗を理解するためには、その出来事に関する認知機能がどのように働いているのかをよく考え、特に学校生活において不安を取り除き、適切に過ごせるような環境を考えていくことが必要である（Ginsburg, 1997）。

　計算障がいの発達における認知的な側面について議論する際、そのような生徒が算数を学習する過程において、いくつもの処理のメカニズムと記憶方式を処理していく必要があると、Gearyは説明している。数の数え方を学ぶ時、生徒は数字の音韻を記憶し、それを生成していかなければならない。このプロセスには、音韻的な短期記憶と言語システムが関係してくる。このように、生徒が算数の問題を理解するには、言語システムも関係してくるのである。視空間システムもまた、算数の図形を学ぶ際に不可欠な要素である。ワーキングメモリは、算数の問題を解く

時の注意の操作と、計算途中の結果を保持し、次の過程に進んでいく際に関係してくる。また、算数の学習の中で、生徒は掛け算や足し算などを暗記して、自動的に処理していく側面も求められる。こういった計算の自動化は、算数の問題を解いていくためには重要な要素となってくる。以上より、算数の学習に困難さを示す生徒は、認知機能の問題を背景に抱えている可能性が大きいということができるであろう。Geary（2004）がまとめた、計算障がいに関するこれまで行われてきた研究結果によれば、算数の学習に困難さを示す子どもは、注意のコントロールと言語情報の処理に問題を抱えていると指摘している。このことは、計算障がいとディスレクシアの認知特性に共通する部分が非常に多いという理論を支持しており、この二つの学習障がいを併せ持つ子どもが多い理由を説明することができる。Geary（2004）によれば、計算障がいの子どもは、算数の学習の初期段階では、算数の手続き的な知識を習得するのに困難さを示すが、その部分については小学校で学習を進める間に改善を見せるとの見解を示している。

　計算障がいのある生徒は、外国語学習場面での数字や日付の学習に困難さを示すこともある。そういった問題は、やはり、言語情報の処理の問題に起因している可能性が示唆され、語順や文法の習得の困難さにもつながっていると考えられる。

ADHD

　SpLD の中でも、ディスレクシアを併せ持つことが多いのが、注意欠陥・多動性障がい（ADHD）である。米国心理学会（1994）と WHO（1994）の定義によれば、これまで述べてきた LD は、行動面全般には特に影響はないとされてきたが、ADHD は「行動の障がい」であると言える。注意機能は、認知機能の中でも中心的な役割を担っているものであるが、ADHD はその注意機能の欠如により、学習面に多大な影響を及ぼしている。ADHD の主な特徴は、障がい名にも表されるように、注意力、衝動性、多動性の三つの特徴が挙げられる（APA, 2000）。これらの特徴は、診断基準の一つでもあるが、幼児にはよくみられる特徴であ

り、下記に示すように、7歳までには明確になるものである。一般的には、それまでの生育環境が関係していると思われがちであるが、ADHDは生育環境が要因ではない。ADHDによる困難さは大人になっても継続するものであるが、その深刻さは大人になるにつれ和らいでくることもあり、幼少期はADHDと診断されていても大人になってからはその診断基準を満たさないレベルにまで落ち着くこともある（Barkley, 2006）。ADHDは人口の3〜7％の割合で発現すると言われているが、参考にする診断基準や社会文化的背景によっても異なるものである（Barkley他, 1990; Szatmari, 1992）。近年の、国別のADHDの発現頻度に関する研究（Barkley, 2006; Faraone他, 2003）によれば、ADHDによる学習障がいは西欧文化圏にしか存在しないと述べられている。この研究の中で、ADHDは現代文明の産物でもなければ、教員や親の子どもの不適切な行動への厳しい態度が原因な訳でもないということについても述べられている。

　統計的には、ADHDは女性よりも男性の方に多くみられる。男女に現れる比率としては、3：1〜6：1とも言われている（Barkley, 1997; Ross& Ross, 1976）。ADHDの診断基準や診断方法を丁寧に分析していくと、幼少期においては、女児の振る舞いのほうが穏やかであり、より男児の行動の方に目が向きやすいということがあり、そのこともADHDが男の方に多いとされることの背景の一つであると考えられる（Barkley, 2006）。

　多くの子どもや大人は、時には不注意になったり、衝動的になったり、活動的になりすぎたりする傾向を持っているかもしれないが、その程度が生活の質を著しく下げるようなものでない限り、ADHDとは診断されない。近年の文献などにより、ADHDが多面的であることが広く認識されるようになってきたが、診断と治療の目的のためには、SpLDとして判断されるべき徴候かどうかを見極めるためにも、カットオフ値は定められるべきである。SpLDの判断基準の一つに、社会や学校、あるいは職業に直結するような深刻でかつ持続的な困難さというものがある。過去13年間に渡り蓄積されてきた研究によれば、学業の不振さ、停学や退学につながるような問題行動、家庭や友人関係におけるトラブル、不

安、鬱、攻撃性といった、ADHD の長期的かつ有害な影響について報告されている（Barkley, 2006）。

　ADHD は、クリニックによる観察と同じように、教師や保護者から報告される行動の徴候をもとに判断されるものであるため、ADHD の診断基準と ADHD の症状の間には、高い相関がある。「精神障害の診断と統計マニュアルIV」（APA, 2000）によれば、ADHD の特徴は、注意の欠如に関する特徴と、多動性と衝動性に関する特徴の、大きく二つのグループに分けることができる（表3-3）。各グループの中からそれぞれ6つ以上の特徴が、2箇所以上の環境（例、学校と家の両方）において、少なくとも6か月間持続しているかどうかが指標となる。先に述べたように、7歳までに特徴が表れていることと、社会や学校での生活において、その特徴が多大な影響を及ぼしていることも診断基準に含まれている。ただ、年齢基準に関しては、やや問題点がある。まず、いくつかの特徴は、年齢により減衰していく（例えば、走り回ったり高い所へ登るといった行動は、青年期にとっては不適切かもしれない）。また一方で、一部の特徴は、一般的な幼い子どもの年齢相応の特徴と共通している場合もある（例えば、7歳児はどの子どもも課題を遂行したり活動するのに多少の困難さを持つ）（Barkley, 2006）。結果として、発達段階を考慮し、年齢相応の注意力の操作や行動について着目することが重要になってくる。また、少なくとも二つ以上の場面において、保護者、教師そして医師が納得するような明白な特徴をおさえるという基準自体が、結果として診断の妥当性を下げている場合もある（Barkley, 2006）。

　二つのカテゴリーにおいて、症状の現れ方をもとに ADHD のサブタイプが成立する。サブタイプについては、数々の議論が重ねられてきているが、ここでは、DSM-IV（TR）に記されている主要な考え方についてのみ述べている（サブタイプに関する更なる議論については Barkley, 2006 を参照）。ADHD の人は、主に不注意の特性を持つ人（ADHD不注意優勢型）、主に多動で衝動的である人（ADHD多動性-衝動性優勢型）、不注意と多動-衝動性の両方の項目で診断基準を満たす混合型の3種類のタイプがある。もし、不注意に関する項目で6つ以上該当しても、多動性-衝動性の項目が該当しなければ、その人は不注意優勢型と診断され

表3-3　ADHDの特徴（『精神障害の診断と統計マニュアル』医学書院，2002）

不注意の特徴
- a) 学業、仕事、または他の活動中に、しばしば綿密に注意することができない、または不注意な間違いをする
- b) 課題または遊びの活動中に、しばしば注意を持続することが困難である
- c) 直接話しかけられた時に、しばしば聞いていないように見える
- d) しばしば指示に従えず、学業、用事、職場での義務をやり遂げることができない（反抗的な行動または指示を理解できないためではなく）
- e) 課題や活動を順序立てることがしばしば困難である
- f) （学業や宿題のような）精神的努力の持続を要する課題に従事することをしばしば避ける、嫌う、またはいやいや行う
- g) （例えばおもちゃ、学校の宿題、鉛筆、本、道具など）課題や活動に必要なものをしばしばなくす
- h) しばしば外的な刺激によって、すぐ気が散ってしまう
- i) しばしば日々の活動で、忘れっぽい

多動性と衝動性の特徴
多動性
- a) しばしば手足をそわそわ動かしたり、または椅子の上でもじもじする
- b) 席についていることが求められる場面でしばしば席を離れる
- c) 不適切な状況でしばしば走り回ったり高い所へ登ったりする（注：青年または成人では落ち着かない感じのみに限られるかもしれない）
- d) 静かに遊んだり余暇活動につくことがしばしばできない
- e) しばしばじっとしていない、またはまるでエンジンで動かされているように行動する
- f) しばしばしゃべりすぎる

衝動性
- g) しばしば質問が終わる前に出し抜いて答え始めてしまう
- h) しばしば自分の順番を待つことが困難である
- i) しばしば他人を妨害し、邪魔する（例：会話やゲームに干渉する）

ることになる。また、多動性-衝動性の項目で6つ以上該当しても、不注意に関する項目で該当がなければ、多動性-衝動性優勢型となる。不注意優勢型の人は、物事に集中することや"選択的注意"（空想にふけっている、すぐ横道に逸れる、混乱する、物を失くす）に困難さがあり、情報の処理に時間がかかる（課題を遂行するのがゆっくり）ことがよくある（Barkley他，1990）。多動性-衝動性優勢型の子どもは、落ち着きがなかったり、もじもじしたり、そわそわしたりしていて、話していて突然話題が変わったりする様子が頻繁にみられる（Barkley，2006）。

　ADHDの特徴について詳しく調べる際、注意力について様々な視点から調べる。注意力には様々な側面があり、新しい情報や刺激に対する注意力、適切な情報を選択する能力、注意を分散させる力、注意を持続する力などがある（Hale & Lewis，1979）。ADHDの子どもは、"注意の

第3章　学級の中での学習障がい

持続”に最も深刻な困難さがあり、特に、単調で退屈なことが繰り返されるような活動に取り組まなければならないような状況では、その深刻さが増すという研究結果も報告されている（Barkley, 2006）。しかしながら、学校生活場面においては、子どもたちは単調な課題をこなしていかなければならず、このことが、なぜADHDが学業成就しにくいかということの裏付けとなっている。ADHDの大人もまた、仕事をする際の注意の持続の困難さや、容易に仕事から注意が逸れてしまうといった状況が報告されている（Murphy & Barkley, 1996）。注意制御の問題は、他の言語を学ぶ際にもはっきりと表れてくる。ADHDの学習者は、書字全般でケアレスミスが目立ち、特にスペルにおいてはそれがかなり顕著である。しかし、スピーキングにおいては、多少不正確さはあっても、口頭でのコミュニケーションを楽しみ、やがては流暢な会話能力を身につけていく生徒も多い。

　常にそわそわしていたり、話し過ぎたり、席についていなければならない場面で座っていられないといった子どもは、明らかに多動性だということができる。これらの症状は、成人になっても保持し続けていると報告されているが（Murphy & Barkley, 1996）、学校生活での目下の課題として、子どもが席につき長時間静かにしていなければならないという問題がある。衝動性については、教師の説明が終わる前に出し抜けに答えてしまったり、課題についてよく考えずに解決しようとしてしまったりして、結果としてケアレスミスにつながってしまうことがよくある。衝動性が高い子どもは、友人と話したり遊んだりする場面でも順番が待てなかったりするため、周囲からは、不作法であったり自制心が欠けていると思われてしまいがちである。また、彼らは待つことができず、結果がすぐに表れない課題に取り組むことが難しい。このような衝動性については、ADHDの症状の中でも最も広く認識されているように見えるが、実はその背景には、“行動の抑制が効かないということがADHDの根本にある”という理論が広く認識されるようになってきている（Barkley, 1997）。

　ADHDは遺伝性であるため、遺伝子に起因する。親がADHDであった場合、57%の割合でその子どももADHDであるという研究結果も

出ており（Biederman他，1995）、双生児であった場合は81％の割合で二人ともADHDであるという報告がされている。遺伝子研究によれば、ADHDを引き起こすDNAの部位も同定されている（Barkley, 2006）。また、脳機能研究においても、特異的な脳機能の使い方であったり、前頭前野の活動の減少などが報告されている（Zametkin他，1990）。ADHDは、ディスレクシアや計算障がいといった他のタイプのSpLDとの合併も多い。診断基準によれば、ADHDの子どものディスレクシア合併率は、8〜39％であり、計算障がい合併率は12〜30％であると言われている（Frick他，1991）。

　ADHDは、生涯ついてまわるものであるということを理解するのは重要である（Barkley, 2006）。ADHDの症状は、行動療法によりある程度は対処できるようになるため、保護者や教師が行動療法に同席することもよくある。ADHDの症状の辛さを軽減するには、投薬も効果的であるとされている（Connor, 2006、及び以下のADHDに関する国際合意表明を参照）。ペアレントトレーニングでは、注意力の改善、意見の衝突の回避、一つの活動から別の活動への移行方法、賞罰のシステムなどを導入するなど、様々なテクニックを通して子どもの自己制御力を向上させ、親子関係を改善させることを重視している（Anastopoulos他，2006）。教師が介入するプログラムの基本原則は、以下のとおりである。分かりやすく簡潔な指示を与えること、問題への迅速な対応、適切な行動に対して様々な報酬をローテーションさせる、子どもが課題に集中できるよう様々な刺激を用意しておく、問題行動には即座にフィードバックする、困難さを予想する、ADHDの子どもには音声的な注意も活用する、学習課題の調整、活動間の区切りをより頻繁にする、親との円滑なコミュニケーションを構築する（Pfiffner他，2006）。

　……この障がいに関して、神経学的また遺伝学的な側面からの報告が増加してきていることを、世界の科学者たちが認識している。障がいに起因する問題行動の研究、また投薬の有効性に関する研究と共に、多くのケースにおいて、複数の療法を用いてこの障がいを管理していくことが必要であることを示して

いる。教育や家族、社会適応と投薬を組み合わせて調整してい
くこともそうである。これは、社会評論家が定期刊行メディア
で述べているような、ADHD は詐欺であり、この障がいに苦
しむ人に投薬することは非難とまではいかないとしても疑問を
呈して当然であり、ADHD の行動上の問題は単に、テレビの
見すぎ、ゲームのしすぎ、食事や愛情に問題があり、家庭や
学校の教育の問題の結果でしかないとする、全くの非科学的な
意見とは、驚くほどの対照的なものである（ADHD に関する国
際的合意表明, 2002、*Clinical Child and Family Psychology Review*, 5,
p.90）。

アスペルガー症候群

　アスペルガー症候群は、自閉症スペクトラムの一種であり、ウィーン
の小児科医であるハンス・アスペルガーの名前が由来となっている。ハ
ンス・アスペルガーは、典型的な自閉症とは異なる特徴がある子どもた
ちの群を、アスペルガー症候群と名付けたとされている（Wing, 1981）。
彼の仕事は、長い間人々から認められずにいたが、1981年に Wing がア
スペルガー症候群に関する論文を発表し、その言葉が自閉症の分野に広
がった。アスペルガー症候群がそれまでの自閉症スペクトラムと異なる
という認識は、自閉症を再定義する方向に向かわせ、重度の自閉症から
マイルドなケースの自閉症までスペクトラム状になっているという定義
へと発展させた（Wing, 1981）。アスペルガー症候群は、社会性、創造性、
コミュニケーションに困難さがあると言われている。具体的には、共感
性の欠如、友人を作ること、比喩や冗談を理解することに困難さがあっ
たり、学者のような話し方をする、身振り手振りや非言語コミュニケー
ションが苦手、一つのことに没頭する、不器用でぎこちない動きなどが
特徴として挙げられる（Burgoine & Wing, 1983）。典型的な自閉症とア
スペルガー症候群は、どちらも社会性やコミュニケーションの面におい
て困難さを示すことや、一つの物事に興味を持ち深め、そのものに関

表3-4　自閉症スペクトラム障がいの分類　(Baron-Cohen, 2008 を改変)

タイプ	IQ	言語発達の遅れ	その他
アスペルガー症候群	85以上	なし	
高機能自閉症	85以上	なし	
中機能自閉症	71−84	あり／なし	
低機能自閉症	70以下	あり／なし	
広汎性発達障がい			上記と診断されないほどマイルドだが自閉症の特徴は多くみられる

しては学者レベルの知識を有するという点においては似ている（Baron-Cohen, 2008）。一方で、アスペルガー症候群においては、IQ が平均以上であり、言語獲得の遅れがないことが定義されている（APA, 1994）（表3-4 は自閉症と異なる点についてのまとめ）。

　英国における近年の統計によれば、自閉症スペクトラムは100人に1人の割合で診断されているが（Baird他, 2006）、1981年当初は1000人に1〜2人のみとされていた（Wing, 1981）。この人数の割合の変化は、自閉症がスペクトラム障がいであるという概念が広く知られるようになったことが背景にあり、診断基準も改善され一般にも専門的にも気づかれやすくなったことが関係している。アスペルガー症候群については、男性のほうが診断される割合が高く、女性の4倍とも言われている(Ehlers & Gillberg, 1993)。

　アスペルガー症候群は、生まれつきであり、遺伝的なものである（Gillberg, 1989）。これは、双生児研究やきょうだい研究において、特定の家族の中で高い発生率を示していることから、遺伝的であることが明らかにされている（Baron-Cohen, 2008）。近年の脳機能研究からは、アスペルガー症候群の人は、脳の大きさや構造、血流などが、定型発達の人と異なるということも明らかになってきている（Attwood, 1998）。

> 　アスペルガー症候群の人は、世の中を他の人と異なる感覚で見ている。彼らは私たちを、おかしい、不可解な人たちだと感じている。
> 　なぜ、自分が思ったことを発言してはいけないの？　なぜ、自分が思ってないことを、そんなにたくさん話しているの？

第3章　学級の中での学習障がい

なぜ何でもないことに対して、口うるさく言うの？　時刻表の話とか、英国全土の街灯の数とか、人参の種類とか、宇宙の星の動きとか、アスペルガー症候群の人がすごく面白いことについて話すのに、なぜイライラした態度をとるの？　なぜ、まぶしい光とか音とか匂いとか触感とか味とかに対して、金切り声を出さずに我慢してるの？　なぜ、社会的な地位を気にするの？　なぜ皆同じような態度で接しないの？　なぜ複雑で感情的な関係を持つの？　なぜ、お互いにたくさんの社会的な合図を送ったり受け取ったりするの？　それをどうやって解釈するの？　とにかく、アスペルガー症候群じゃない人は、なんでそんなに不合理なの？

（書籍『アスペルガー症候群：親と専門家のためのガイド』Lorna Wing's foreword to Attwood's（1998）p.9 より）

Wing の論文では、アスペルガー症候群の子どもから見た視点も描かれている。アスペルガー症候群の子ども一人ひとりは、社会生活の様々な部分に困難さを感じている。他人に興味が持てないことや一人を好むこと、視線が合わせられない、一方的に話をしてしまったりして適度に会話するということが難しい、他人が考えていることや他人の気持ちを読み取ったり想像することが難しい、といったことが挙げられている（Baron-Cohen, 2008）。そのほか、言葉の習得が早すぎたり、また言葉の裏の意味や、非言語的な意味を理解することの困難さなどの、コミュニケーションの困難さが、社会的な環境の中での不適切な言語使用につながっている（Attwood, 1998）。アスペルガー症候群の生徒は、外国語でコミュニケーションをとる際、社会的な側面に困難さを感じる。なぜなら、外国語の社会的そして実用的な習慣が母国語と大きく異なるからである。また、アスペルガー症候群の人々は、常動行動をとったり、一つの物事に異常なほどの興味を持つこともある。毎日の習慣が変化することを嫌い、いつもの日常の流れが邪魔されようものなら癇癪を起こすこともある。また、興味のある分野に対しては、必要のない部分まで記憶していたり、特定の分野において秀でた能力を示すこともある（例：

表3-5　アスペルガー症候群の生徒が抱える困難さの概要

社会的なかかわりの困難さ
社会的なつながりを構築することの問題
学者のような話し方
非言語的なコミュニケーションの難しさ
運動の統合の難しさ
会話を調整することの難しさ
毎日の習慣とは異なることが起こった時の対応力の低さ
聴覚過敏や視覚過敏

数学、機械、コンピューターサイエンスの分野など）（Baron-Cohen, 2008）。第二言語の学習に関しては、単語を記憶したり、文法を学んだりする部分においては得意であり楽しんで学習できる。しかし、言語特有の不規則な部分に直面すると、混乱してしまう。また、アスペルガー症候群の人は、音や触覚、色、においなど、様々な感覚に対して過敏性がある（困難さの概要については 表3-5 を参照）。

　ソーシャルスキルトレーニング（SST）などの介入場面では、明白な言葉かけを用いて、社会的行動や社会のルールを教える。日常生活や心を休めるためのセラピーは、学校教育場面や仕事、プライベートの充実にもつながっている。さらに、音楽療法や絵画療法は、非言語能力に直結するもので、成功体験を積み重ねやすいセラピーである（Baron-Cohen, 2008）。アスペルガー症候群の人に、ADHD や鬱病の徴候がみられる場合には薬の使用も有効である（Ghaziuddin, 2005）。

　アスペルガー症候群の子どもは、通常学級で学んでいることが多いが、彼らの学級の中での支援は容易ではない。Attwood（1998）は、教師がインクルージョン教育を進めアスペルガー症候群の社会性を磨いていくための段階について述べている。これらの段階には、衝突するのではなく協力し合うゲームであったり、教師が他の子どもとかかわる手本を見せたり、他の子どもの教室内でのふるまいを手本にしたりと、他の子どもとの交友関係を作れるような活動が含まれている。Baron-Cohen(2008)は、アスペルガー症候群の児童の得意分野について、他の児童も興味が持てるような活動を通して、対象児のことを知っていく機会を設けることを推奨している（例えば、対象児が興味のある電車の写真を見て、その名前を皆で教えてもらうなど）。さらに、対象児への報酬も、本人の興味の

あるものに関する活動を、報酬とすることも効果的であると述べている（例、課題を最後までやり遂げたら、電車の写真を見て勉強する時間を設けるなど）。このような活動は、アスペルガー症候群の細かい部分を気にする特性だったり、1人や平穏を好むという特性と同じように、こういった子どもたちの多様な学習スタイルを認めたり適応させたりするのにとても重要な役割を果たしている（Baron-Cohen, 2008）。Attwood（1998）は、休憩時間の重要性についても言及している。構造化されてない環境や、見通しの持てない環境では、アスペルガー症候群の子どもにとって更なるストレスを与えるため、休憩時間もしっかり管理することが重要であると述べている。アスペルガー症候群の子どもは、他の子どもと遊ぶよりも、1人で平穏に過ごす時間の方を重視している。

　この章は、SpLD や計算障がい、協調運動障がい、ADHD、そしてアスペルガー症候群といった、学級において教員が出会う、最も一般的なタイプの LD について述べた。このようなタイプの SpLD の一般的な特徴や実践、典型的な事例について様々な生徒について紹介した。次の章では、SpLD のある子どもの言語学習の過程について紹介していく。

■ 重要項目のまとめ ■

- ●計算障がい（算数の難しさ）、協調運動障がい（体の動きの難しさ）、ADHD、アスペルガー症候群が、ディスレクシアと重複しやすい SpLD である。
- ●SLI はディスレクシアととてもよく似た読み書きの特徴を示すことがあり、区別が難しい。
- ●SpLD の多く（協調運動障がい、計算障がい、ADHD）は、SLIと同じく 3〜7％の割合で存在し、女の子よりも男の子のほうがその割合が高いとされている。また SpLD は生まれつきで遺伝に起因するものである。療育や学習支援は効果があるとされてはいるが、困難さは大人になっても継続するものである。
- ●ディスレクシアと SLI、計算障がい、協調運動障がいは、重複することが多い。

●計算障がいは、学校や職場で困ることが多いが、計算障がいの生徒は、数の概念を理解し学んでいこうと努力している。

●協調運動障がいは、動きの概念化・計画・実行の際の問題に起因する。これは微細運動機能に影響し、発音に困難さが生じる可能性がある。また、書くことが困難であったり、フォークやナイフなどのカトラリーの扱い、衣類の着脱など、複数の動作の組み合わせが必要な日常の活動で困難さを感じることが多い。体育の授業やスポーツをする時にも、困難さを感じることがある。協調運動障がいの生徒は、体の複数の器官から入る情報を統合する作業に苦手さがあり、注意が持続しないこともしばしばある。

●ADHD には、不注意・多動性・衝動性の三つの特徴があり、不注意優勢型ADHD、多動・衝動性優勢型ADHD、混合型ADHD の三つのタイプに分かれる。不注意の特徴には、集中や選択的注意の困難さ、情報処理の遅さが含まれる。多動性は、落ち着きのなさ、そわそわする、話しすぎるなどとして現れてくる。衝動性があると、順番を待つ場面など、自己制御を適切に行うことの困難さを感じる。ADHD の子どもが通常学級に適応していくためには、教師の意識を高めることに加え、教師の介入プログラムが不可欠である。

●アスペルガー症候群は、高機能自閉症の中の一つのタイプであり、幼少期に言語の遅れが現れない人を指す。アスペルガー症候群は、社会的な交流場面において深刻な困難さを引き起こしたり、特定分野への強い興味、行動の繰り返しなどにその特徴が現れる。

演習問題

1．新しく言語を学ぶ時、計算障がいや協調運動障がいはどのような困難さを引き起こす可能性があるだろうか。またそのような障がいのある子どもや大人にとって、難しいと感じる

言語学習課題はどのようなものだろうか。

2．アスペルガー症候群において、他の言語を習得する上で特に難しいと感じるのはどのような部分だろうか。アスペルガー症候群の生徒が、特に楽しいと感じる言語学習課題はどのようなものだろうか。

推薦図書

Attwood, T. (1998). *Asperger's Syndrome. A Guide for Parents and Professionals.* London: Jessica Kingsley Publishers.

Barkley, R.A. (2000). *Taking Charge of ADHD. Revised Edition: The Complete, Authoritative Guide for Parents.* New York: Guilford Press.

Geary, D.C. (2004). Mathematics and learning disabilities. *Journal of Learning Disabilities,* 37, 4–15.

Grant, D. (2005). *That's the way I think: Dyslexia, Dyspraxia and ADHD Explained.* London: Routledge.

Portwood, M. (1999). *Developmental Dyspraxia, Identification and Intervention.* London: David Fulton.

第4章

言語学習における認知的、情意的側面

はじめに

　SpLD のある児童生徒にとって、外国語学習環境であれ第二言語習得環境であれ、新たな言語を学ぶことは困難である可能性は極めて高い。本章では SpLD に関連のある認知的要因が、どのように言語習得に影響を及ぼし、その難しさが言語習得の過程においてどのように動機づけや情意面に影響をもたらすのかについて述べる。以下での言語習得に関する認知的・情意的側面の議論は主に、教室における外国語習得者を想定しているが、論理的根拠及び研究は第二言語習得環境で授業を受けている学習者にもあてはまる。

言語習得は、どのような過程をたどるのか？

　SpLD のある生徒の言語習得過程を説明する前に、一般的に言語習得過程は、どのような段階・過程を踏むのかについて述べる。私たちは言語を学ぶ際には、第二言語であろうと外国語であろうと、多くの単語を学び、単語と共にそれぞれの意味、綴り（正字法）、発音（音韻論）も学ぶ必要がある。さらに、句、節、文を作る必要があり、発話する前に語順の規則を知る必要がある。言い換えると、統語論と形態論の規則を学び、最終的に、様々な種類の文章を作るために文の組み立て方を知る必要がある。これにより、より長い論文を読み、聞き、書き、話すことができる（これらの段階の詳細は Bachman & Palmer, 1996; Canale & Swain, 1980 を参照）。以上の言語習得における主要な段階は図4-1 の「言語能力の構成要素」図に示されている。

　一方で、言語習得は知識の習得のみによって成立しているわけではない。言葉を使うということは複雑なスキルであるため、話すには学んだ知識を如何に活用するかを知る必要がある。我々は、読み、話し、聞き、書く際に、上で述べた全ての言語知識を活用し、様々なコミュニケーションをとることができる。したがって、その言語の事実的、言い換えると宣言的知識を所有しているだけでは不十分であり、状況に応じてこの知

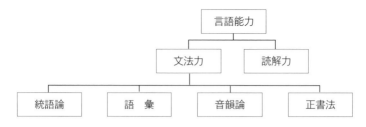

図4-1　言語能力の構成要素（Bachman & Palmer, 1966 参照）

識を的確に活用する必要がある。知識を活用する能力は**手続き的知識**と呼ばれている（宣言的知識がどのように手続き的知識及び自動的知識に変化するのかについては第2章を参照）。

　また、第二言語に関する知識及びスキルは全て明示的で意識的に習得されるものではないことは特記すべきである。第二言語習得、特に教室内での学習ではなく自然な環境や子どもの頃に学ぶことは**潜在的**（暗示的）学習を通して行われる。潜在的学習は、読書を通して語彙を習得するのと同じように、学習者が学んでいることを意識していない状況で行われる。学習者が学んでいることを意識していないということは、意識や集中を必要としないという訳ではない。潜在的学習が行われるためには、大量の情報を与えられ、複数回出会うパターンに気づき、一般化する必要がある。例えば、文章を読むことを通して新たな単語を学ぶためには、学習者はある単語を複数回読み、それに気づき、周りの単語や文章に基づき適切な意味と関連付ける必要がある（第二言語習得における明示的学習及び潜在的学習については、Hulstijn, 2003 を参照）。

言語習得における認知能力

　上記の全ての知識及びスキルを問題なく習得するためにはどのような認知能力が必要なのだろうか。言語を自然に習得できる人もいるが、多大な労力をかけたにもかかわらずうまく行かない人も数多く存在する。一般的に、言語の才能と言われるが、第二言語習得分野においては**言語適性**という単語を使用する。最初の言語適性テストを開発した Carroll は、言語適性を「言語習得にあたり、進捗の度合いをコントロールする

個人の特徴」と定義した（Sawyer & Ranta, 2001; 310 において引用された、1974）。この定義のとおり、Carroll の当初の言語適性の理論化においては、この認知的要素は学ぶ速度を予想するものであり、実際の第二言語習得の到達度を予想するものではなかった。Carroll（1981）は言語適性を四つの能力に分類した（p.105）：(1) **音素を解読する能力**：外国語の音を認識し、その音を表現する記号と関連付け、その関連を記憶する能力、(2) **文法的感受性**：文の構造における単語（あるいは他の言語的単位）の文法的役割を認識する能力、(3) **暗記能力**：音と意味の関連付けを速く、そして効率的に学び、その関連を記憶する能力、(4) **帰納的言語学習能力**：ある言語の法則を推論もしくは帰納する能力。Ehrman & Oxford（1995）は、外国語運用と最も関係するのは言語適性であると解明した。さらに Skehan（2002）も、学習者が第二言語の規則に関する明示的な説明を受ける機会は少ないとしている。また、習得過程で自然な環境においては、文法的感受性や帰納的言語学習能力のような言語適性の従来の要素は、第二言語の習得を促す可能性があると指摘した。結論として、言語適性及び言語習得の最終的な到達度の間には比較的高い関連性があり（Grigorenko 他, 2000 も参照）、言語適性は教室環境においても第二言語習得の成功に影響することを裏付ける証拠があると考えられる（近年の言語習得の適性に関する議論については Kormon & Safar, 2008 を参照）。

　第一言語（L1）・第二言語（L2）習得におけるもう一つの重要な認知能力は、音韻的短期記憶である。第 2 章において、音韻的短期記憶の機能及び読み書きの発達における重要性を説明した。音韻的短期記憶は自然な環境及び教室環境における第二言語習得の重要な要素でもある。Service 他（Service, 1992; Service & Kohonen, 1995）は、フィンランドの初等学校において最初の 3 年間の授業の中で、英語の擬似語を復唱する能力は英語習得達成度の予測要因であることを発見した。Papagno & Vallar（1995）は成人においても、音韻的短期記憶と単語習得能力は関連性があることを解明した。大学生を対象とした研究では Speciale 他（2004）が、音韻系列学習及び音韻的短期記憶力は語彙学習に影響することを示した。音韻的短期記憶は L2 の単語の習得を補助するだけでなく、統語構造の習得も補助する。Ellis（1996）は異なる言語単位（音素、

形態素、単語、文法構造）の順序を学ぶことは第二言語習得の重要な要素であることを主張した。音韻的短期記憶は順序に関する情報を記憶する役割があるため、統語論の習得は短期記憶力によって影響される。さらに、O'Brien他（2006）は音韻記憶及び他の言語でのスピーキング能力の間に関連性があることを示した。

　第二言語習得に影響を及ぼす可能性のある上記の要素の核に、母語及びL1の読み書きを十分に習得するためにも必要な基礎的認知能力がある。音韻的短期記憶に主に関連付けられている言語材料の記憶（第2章参照）は、L1及びL2の単語を記憶することを促す。音韻的短期記憶は、L1及びL2においても読むことや綴ることを学ぶためには必要不可欠な、音の解読及びそれぞれの音を単語や意味に関連付けることをも促す。言語的推論能力は文法的感受性や帰納的言語学習能力に関連しており、この二つは学習者が言語の規則及び規則性の発見を促すことで統語論及び形態論の習得において重要な役割を果たしている。ディスレクシアの音韻処理障がいについては、音韻処理システムの障がいに起因する、学習（方法）障がいの一つであると議論されている（Frith, 1985; Snowling, 2000; Stanovich, 1988; Vellutino, 1979）。数多くの研究は（Fletcher他 2006; Snowling, 2000）ディスレクシアのある生徒は音素意識及び単語認識において困難を感じ、一般的な読解力をもつ子どもに比べ、L1の語彙の幅が著しく少ないと指摘している。したがって、ディスレクシアのある子どもは、他の子どもに比べ言語適性試験において点数が低くなることが予測される。実際に、言語適性の実証研究によると、ディスレクシアのある学習者は、SpLDのある可能性が低い学習者に比べると、外国語の適性試験の全技能において一貫して点数が低い（Downey他, 2000）（図4-2参照）。SpLDのある学習者の音韻的短期記憶力は他の学習者に比べて弱い（Fletcher他, 2006; Snowling, 2008）。以下に述べるように、音韻的短期記憶の問題は、第二言語習得の様々な分野において問題を引き起こす可能性がある。

　Ganschowなどによる言語的符号化障がい仮説（Linguistic Coding Difference Hypothesis）では、「外国語習得の主な成功もしくは不成功要因は言語的なものである。つまり外国語学習に困難をもつ生徒は顕在的

に、もしくは潜在的に母語の学習に問題があり、それが外国語の習得にも影響する」とした（Ganschow他，1998, p.248-9）。母語の言語能力は外国語学習の基礎であることは広く認識されている(Spolsky, 1989)。一方で、SpLD のある学習者が外国語を習得する上で直面する課題は、主に母語の処理能力の困難から発生していることは確実であっても、言語習得に困難がある全ての学習者が SpLD があるわけではないことを認識する必要がある。SpLD がある可能性が低い学習者が、新たな言語を習得する際、つまずく主な理由は動機付けの低さや過度の不安などが考えられる（MacIntyre，1995）。

　ここまで、ディスレクシアが、第二言語習得に必要な認知能力にどのように影響するのかのみを議論してきた。他の種類の SpLD のある学習者が、どのように新たな言語を習得するかについてはほとんど実証的研究がない。一方で、Fletcher他（2004）の研究によると、計算障がいのある学習者は、音素意識及び単語認識テストが平均より低い点数であった。Jeffries & Everatt（2004）の研究においても、統合運動障がいや

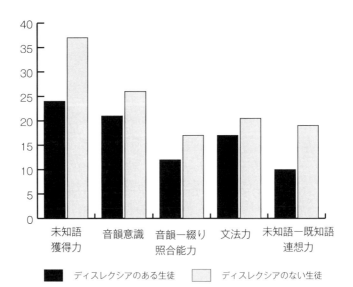

図4-2　現代言語適性テストの下位能力について、ディスレクシアの有無による比較
（Downey他，2000）

ADHD のような他の種類の SpLD のある子どもは、ディスレクシアがある子どもと非常によく似ている可能性があることを示唆した。したがって他の種類の SpLD のある学習者も同じく、言語適性テストにおいて点数が低く、言語習得において困難に直面する可能性があると予測できる。また、ADHD、ディスレクシア、計算障がいのある子どもは集中力の維持が難しいことが明らかになっている（Fletcher他, 2006; Snowling, 2008）。上記の通り、集中力は、明示的及び潜在的言語学習において重要である。したがって、学習者の集中力の欠如は第二言語習得の成功に影響する。これは言語の教授方法及び評価方法（第7章及び第8章を参照）にも影響する。最後に、SpLD の中の様々なタイプは複数が組み合わさって現れることがあり、さらに、その程度も異なる。第二言語習得の基本となる認知能力の違いとなって現れることを知っておく必要がある。

言語学習における情意要因

認知能力に加え、情意要因も、第二言語習得において重要な役割を果たす。モチベーション、言語習得に対する不安や自信は、一般的に言語学習成果に影響する情意要因として挙げられる。Dörnyei（2001）は「モチベーションは、なぜ人々があることを決断するのか、どれくらいそれを継続し、その活動をどれくらい維持したいと思っているのか、を説明する」（p.7）と述べている。新しい言語を習得する、などのような複雑な能力の習得は、努力の継続及び根気の強さ、さらに強い意志のもとに立てた目標がなければ実現はほとんど不可能である。結果として、モチベーションは言語学習の達成に非常に大きな影響を及ぼす（Dörnyei, 2005参照）。言語学習に関する不安は、教室における「言語学習過程の特異性から生じる自己認識、信念、感情、行動の特別な複合物」として定義される（Horwitz他, 1986: 128）。言い換えると、言語学習の不安は状況によって生じるものであり、教室における言語習得環境によって生じる。不安は認知能力に大きく影響する。心配や侵入的想起により、学習者のワーキングメモリ容量は減り、インプットの整理及びアウトプットの生産性を下げ、これらの過程において間違いの割合を増加させる可能性がある（Eysenck & Calvo, 1992; MacIntyre & Gardner, 1994; Tobias

& Everson, 1997）。不安は長期記憶の新たな情報のコード化を妨げるおそれもある。自信は、新たな言語を習得する可能性に対する認識の仕方、として定義することができる。自分の成功の可能性や能力を肯定的に評価しなければ、効果のある学びは難しい（Bandura, 1986）。

　SpLD のある生徒、特にディスレクシアのある生徒は、言語習得において失敗経験が多いため、外国語を習得することに対してモチベーションを無くし（Kormos & Csizér, 2010; Csizér他, 2010; Kormos & Kontra, 2008）、外国語に対する不安症状を持ち（Piechurska-Kuciel, 2008; Sparks & Ganschow, 1991）、自負心や自信をもつことが難しい（Crombie, 2000）、というリスクがある。Kormos & Csizér（2010）は外国語としての英語とドイツ語を学ぶディスレクシアのあるハンガリー人を対象にしたアンケート調査から、ディスレクシアのある学習者は、そうでない学習者に比べ肯定的な動機や意欲が著しく低いということを明らかにした。「ディスレクシアのある学習者は言語学習における難しさから、やる気を失い、それがさらなる難しさをもたらすという負の連鎖に陥りやすい」と彼らは強調した（p.247）。さらに、この研究では、ディスレクシアのある学習者は、言語学習において否定的な自己概念を持っていることも示唆した。Kormos他（2009）は、インタビュー調査を行い、ディスレクシアのある学習者の動機・意欲や学習態度には、教える側の態度が影響していることを解明した。教師の、教室における一般的な態度や指導方法、ディスレクシアについての態度は、生徒の言語学習態度や言語学習に費やしたいと思う努力に大きな影響を及ぼすということを明らかにした。これらの研究は、SpLD のある生徒が外国語を学習するために好ましい環境を整えるにあたり、指導要因が重要であることを示している。この言語学習に関する結論は Burden & Burdett（2005）の研究において、他の学問分野でも証明されている。彼らの研究では、学習者の自己概念及び自己効力感について、ディスレクシアに対して協力的で配慮のある学習環境は、肯定的な効果をうむということを明らかにした。

　SpLD は学習や日常生活において、生徒の不安の原因になることが多い（McNulty, 2003; Riddick他, 1999）。Piechurska-Kuciel（2008）はポーランドの中等学校にいるディスレクシアの生徒の言語学習に対する不安

を調べ、ディスレクシアのある生徒はそうでない生徒に比べ、言語学習の過程で一貫して不安のレベルが高いことを明らかにした。不安の認知への影響は、ディスレクシアの生徒が直面する言語学習の問題を、さらに深刻化させる可能性がある。さらに、外国語を学ぶ教室と関連付けられる不安要素のために、SpLD のある生徒は選択できるのであれば、外国語学習をしないことを選ぶかもしれない。

SpLD のある生徒にとっての言語学習困難の概要

　上記のとおり様々な SpLD のタイプの中で、音韻短期記憶の弱さ、単語認識力の遅さや不正確さ、音素意識に関する難しさ等から、ディスレクシアは言語学習において最も深刻な問題をもたらす。上記の能力はどのような言語学習の環境であっても、新たな言語の習得において非常に重要である。同時にディスレクシアのある生徒の間でも、音韻短期記憶や音韻処理能力はかなり異なる。この違いが、個々の言語学習の達成度にも反映されている。ノルウェーでも、Helland & Kaasa（2005）による研究では聴覚処理スキルが高いディスレクシアのある子どもは、L2の綴りや文法、単語の読みのみ点数が低かったのに対し、聴覚処理スキルが低いディスレクシアのある子どもは、リスニング、スピーキング、語彙、文法、文章の読みを含む全ての技能において点数が低かった。したがって、ディスレクシアのある学習者は均質的なグループとして認識されるべきではなく、指導計画や評価方法において個人の認知プロフィール（もしくは認知能力に関する情報）を十分に考慮するべきである。

　SpLD の他のタイプの中では、ADHD のみが第二言語学習分野において研究されている。Sparks他（2005）は、米国の大学生を対象にして、言語学習における調査を行い ADHD の生徒でディスレクシアを伴っていなければ、ADHD の可能性が低い生徒と同じような成績をおさめていることを示した。したがって、ADHD だけであれば、第二言語習得にはあまり影響がないように思われる。しかし、ADHD をもつ年齢の低い子どもにとって、集中力が欠けるということは、言語インプットの様々な面において、どれほど注意が保てるかという点で、より深刻な影

響をもたらし、言語学習が難しくなることも考えられる。Sparks他（2005）の研究についてもう一つ考慮すべき点は、ADHDをもつ生徒には、学習がうまくいかず、大学に進学しない場合が多いという点である。したがって、Sparks他の研究結果を、不注意が第二言語学習に悪影響をもたらしうるような大学環境外の成人学習者に一般化することはできないかもしれない。

　私たちが知る限り、現時点では残念ながら、統合運動障がいや計算障がいが第二言語学習にもたらす影響についての研究はない。一方で、上記の通り、ディスレクシア及び計算障がいの共起性の高さを考慮すると、計算障がいのある学習者は音素意識や単語認識や集中力維持にも問題がある可能性があり（第3章参照）、第二言語習得に影響を与えることも考えられる。また、数字や量の概念及び日にちを表現することを難しく感じ、順序付けることが難しいため、単語の順序に関する規則を理解し、活用することが難しい可能性がある。統合運動障がいもディスレクシアを共起することが多いため、これらの学習困難の影響を区別することは難しい。統合運動障がいは新たな言語のスペリング及びライティングスキルを習得することや第二言語特有の発音を学ぶ際に問題を引き起こす可能性があるといった仮説を立てることもできる。

　SpLDのある生徒の言語学習過程における課題は、母語における困難の程度にも関係している。第二言語学習の際には、母語とは異なった綴り方を駆使することになる。ディスレクシアは主に、第二言語学習の音韻処理と関連付けられるため、その言葉の綴り方は第二言語学習において、ディスレクシアの問題と関係ないように見える。しかしながら、Ho & Fong（2005）は香港において、L1である中国語においてディスレクシアのある生徒は、英語をL2として習得する際にも深刻な問題に直面したことを明らかにした。

　SpLDのある生徒にとって、ある言語は他の言語より学びやすいかもしれない。英語は不透明な書記素、つまり同じ音に対して複数の綴り方があり、ある文字は複数の音をもつ場合がある。その一方で、イタリア語やスペイン語、ラテン語のような言語は、透明性が高い書記素であり、ある音は一つの文字、もしくは文字の組み合わせによって表現さ

れる。異なる綴り方をもつ言語のリーディング習得に関する比較研究（Spencer & Hanley, 2003）によると、透明性が高い書記素の言語のほうが、SpLD のある生徒にとって、リーディングやスペリングの問題が少ないため学びやすいと思われる。一方、現時点では、異なった綴り方の外国語・第二言語を習得する課題に関して体系的に研究したものはない（様々な母語（L1s）におけるリーディング能力の習得に関する議論については Zieglar & Goswami を参照）。外国語学習の提案をするにあたり、言語の正書法システムは重要であるが、生徒の学習動機付けも考慮する必要がある。Kormos & Csizér（2010）はハンガリーのディスレクシアのある学習者について調査を行い、表記法を考慮するとドイツ語のほうが学びやすい言語であると思われる一方で、言語の国際的位置付けから、英語を学ぶ動機付けのほうが高かったと述べている。

　多くの言語教師及び教育政策者は SpLD、特にディスレクシアのある生徒について、新たな言語を学ぶ際にスペリング及びリーディングの習得においてのみ困難に直面すると考えている。その一方で、上記の Helland & Kaasa（2005）の研究によると、深刻なディスレクシアのある生徒の言語習得状況は、他の生徒に比べて、ほとんど全ての技能で遅れをみせている。Kormos & Mikó（2009）はハンガリーにおいて Helland & Kaasa の調査を再現したところ、ディスレクシアのある生徒は他の生徒に比べて、L2 としての英語試験において、ほとんどの技能において著しく成績が低かった。ハンガリーにおける研究で、Kormos & Kontra（2008）は、SpLD のある生徒を教えた経験が豊富な言語教師に、その生徒は言語を学ぶにあたりどのような困難に直面するのかについて尋ねた。ライティング及びスペリングが最も頻繁に挙げられたが、リーディングやリスニングの技能及び語彙や文法の知識も挙げられた。Kormos & Mikó（2010）はハンガリーでディスレクシアのある言語学習者をインタビューし、ライティング及びスペリングにおいて最も困難を感じると同時に、L2 での読みの学習や、単語を覚えること、文法規則の理解にも苦しんでいるという結果を得た（図4-3参照）。

　第二言語学習環境において、SpLD のある生徒は、作文や綴り、リーディングのような読み書きに関する活動にも困難を感じ、教室及び自然

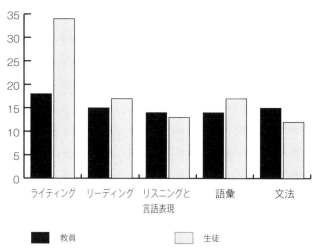

図4-3　教師と生徒へのインタビューで指摘された、言語学習における要因別・困難の回数

　環境で語彙や文法の構造を学ぶことに対して難しさを感じるかもしれない。新しい音の発音の仕方や音節パターンの習得は、上記の学習者にとって難しいかもしれないが、彼らが目標言語を聞く機会が十分にあり、日常的に L2 で意思疎通する必要がある場合は、L2 のリスニング及びスピーキングでは、同様のもしくは同じレベルの問題に直面しないかもしれない（Martin, 2009参照）。その一方で、第二言語学習者、特に成人移民は、ほとんど母語を使うコミュニティの中でのみ生活するという点において、母国において外国語を学ぶ者と似ている点が多いかもしれない。

語彙学習

　新たな語彙を学ぶことは、単語の意味に関する知識、綴り及び発音、その単語に関する文法など様々な種類の情報を習得することを含む（Nation, 1999）。SpLD のある言語学習者でなくとも、言葉を長期記憶につなげることは難しい。音韻処理問題がある SpLD のある学習者にとって、新たな言語の単語を学ぶことは特に労力を要する。L1及び L2 の語彙を学ぶにあたり、音韻短期記憶は重大な役割を果たす（Gathercole他, 1997）。SpLD のある学習者の音韻短期記憶は、そうでない学習者に比

べて、情報を処理し記憶できる量がかなり少ないため（Jeffries & Everatt, 2004; Snowling, 2008）、語彙習得を妨げる。このために SpLD のある子どもは L1 の語彙が少なく（Fletcher他, 2007）、L2 において単語を習得することをさらに難しいと感じる（Service, 1992; Speciale他, 2004）。以下ではこれらの困難が L2 の語彙を学ぶ際にどのように影響するのかについて述べる。

　新たな言語を学ぶ際、単語については次のいずれかの方法で習得することができる。学習者が単語の形と意味を意識的に関連付ける意図的学習と、例えば文章を読む、もしくは聞いた際に起こりうる潜在的学習である（Hulstijin, 1997）。後者の学習方法は偶発的学習と呼ばれている。しかしながら SpLD のある成人第二言語学習者や外国語学習者にとって、音韻処理の問題のため、語彙の偶発的学習は難しい（Schneider & Crombie, 2003）。これは、第二言語語彙習得の際、意識的・意図的学習を必要とすることを意味する。他の複数の研究においても、SpLD のある学習者は偶発的学習において困難を感じる傾向があるとされている（詳しくは Jeffries & Everatt, 2004 を参照）。指導を受けるという外国語学習環境では、大半の第二言語語彙は意図的に学習されているが、教室の内外を問わず、文章を聞いたり、読んだりする際に学習者は偶発的学習を行っている。SpLD のある学習者の多くが L2 の語彙を偶発的に学ぶことに対して困難があることは、彼らの学習の機会を狭め、L2 の語彙学習には非常に労力を要することとなる。音韻短期記憶の弱さに関連する問題は、バイリンガルの子ども及び成人の第二言語学習者にも影響がある可能性がある。

　SpLD のある生徒は、音韻短期記憶が弱いため、新たな言語の単語を覚えることが難しい。ディスレクシアに関する複数のアセスメントには、ディスレクシアの有無を確認するための診断評価の一つとして、無意味語反復問題（存在しない単語を聞いたあとに繰り返すこと）を使用する（第5章）。L1 で存在しない単語を反復することは、新たな言語の音韻形式を記憶することに似ているが、L1 の無意味語とは違って L2 の単語には L1 の音韻規則は適用されない。L2 の音韻形式を記憶する際、それを構成する音及びその音の順番を記憶する必要がある。そのために

は、音韻短期記憶及び音素意識が適切に機能している必要がある。一方で、これらの能力は SpLD のある学習者にとっては異なった働きをする可能性があるため、複数の問題を惹き起こすおそれがある。まず第一に、L2 の単語を記憶に正しくコード化するためには、SpLD がないと思われる生徒以上に、単語に触れる機会が必要であり、頻繁な復習も必要である。第二に、SpLD のある生徒にとって単語を覚えることは時間のかかる過程だけでなく、音素処理の問題のため、単語を学ぶ際に音を混ぜてしまったり、音を除いてしまったりする。L2 の単語を学ぶ際の、教師及び生徒の声を複数紹介する。

- 彼らの記憶システムの中に、この網（穴のない）ネットがない。ネットに穴があるため繰り返し単語を教える必要があり、また忘れてしまうために、定期的に同じ材料を復習する必要がある（Kormos & Kontra, 2008 の研究における英語教師の発言, p.203）。
- 単純に、単語を正確に学ぶことができない。様々な方法を試してみたが、単語を覚えることができない（Kormos & Mikó, 2010 の研究におけるディスレクシアのある学習者の発言, p.71）。
- 単語を 1 回だけ学ぶことでは不十分であり、「私が本当に知っている」と言えるまでには、少なくとも 10回は復習する必要がある（Kormos & Mikó, 2010 の研究におけるディスレクシアのある学習者の発言, p.71）。

語彙学習における更なる問題として、SpLD のある学習者は記憶から

表4-1　中程度のディスレクシアのある生徒が、頻繁に混同する単語（Sarkadi, 2008）

意図した言葉	実際に書いた言葉
waist	wrist
caught	cough
split	spoil
protect	practice
waiter	water

単語を取り出す際に、似た発音や似た意味をもつ単語と混乱する可能性がある（表4-1参照）。見かけや発音や意味が似ているもの（単語、文字、音）を混乱する傾向は、ハンガリーの研究者Ranschburg（1939）によって最初に説明された、同質性の阻害という問題に起因している。

Kormos & Kontra（2008）のインタビュー調査に答えた教師は、SpLDのある生徒にとって、具体的な名詞より抽象的な単語のほうが覚えるのが難しく、また動詞や形容詞より名詞のほうが簡単に学べると述べている。また複合語について、生徒は時々、単語の前半もしくは後半を覚えているが、複合語を分けることができないと答えた。SpLDのある生徒にとって、ドイツ語のように言葉による性別や複数形を学ぶことも困難を伴う。

第二言語習得に関する研究において、L1 の技能及び知識はL2学習において、重要な基盤であることはよく証明されている（Sparks及びGanschow, 1993; Spolsky, 1989）。SpLDのある生徒のL1語彙はSpLDがないと思われる生徒より少ない。したがって、SpLDのある生徒を教える教師は時に、L2 の単語を教える前に、L1 の単語を教える必要があるということは想定できる。下記の事例はディスレクシアのある生徒が直面する語彙学習の課題を表している。

- ディスレクシアのある生徒が直面する語彙学習の課題事例
  Sarkadi（2008）は自身が何年間も家庭教師としてかかわってきた、ハンガリー人で英語のディスレクシアのある生徒アナの語彙学習の問題について述べている。比較的優秀な学習者と考えられるこの生徒は Sarkadi に、英語の新しい単語を学ぶことは嫌で、また非常に難しく、疲れる作業であると話している。インタビューの中で、単語を学ぶ際は主に綴り方に注意し、単語の発音方法を学ぶことはさらに難しいと指摘し「綴り方を学ぶよりも発音を学ぶほうが難しいと思う。単語帳で綴り方を見ることができるが、発音方法は見ることができない。単語の隣に発音方法を記したら、多少ましになる」と述べた（Sarkadi, 2008, p.117）。
- また、Sarkadi はアナが綴り方や発音が似ている単語を混乱する傾向があることに気がついた。この混乱は単語の発音（waist-wrist、

caught-cough、split-spoil など）及び意味（bruise-sprain など）の類似性によって生じていることを観察した。アナはスピーキング及びライティングの両方で単語を混乱することがよくあった。例えば、「環境を保護する（protect）」でなく「環境を練習する（practice）」と言った。また、インタビューの中で「私は良く water と weather、waiter と weather それぞれの違いを忘れる。今、発音できるようになり意味を覚えているのは、たくさん練習したから。でもスペリングには自信がない」と答えていた（Sarkadi, 2008, p.119）。

• 生徒の家庭教師として、Sarkadi はアナが語彙を習得するにあたり、更なる課題があることを発見した。アナは勉強している際に、時々間違えて単語を読み、そのまま覚えていたことがあった（electrician ではなく electricat、prepare ではなく preoparti）。Sarkadi は複数の音節を含む長い単語に、この傾向が頻繁に起きていることを発見した。

文法の習得

SpLD のある生徒は、文法を習得し活用する際、困難をきたす可能性がある。まず、L1 であっても名詞や動詞の役割など、文法の概念を理解することが難しいと感じる可能性がある。したがって、特に L2 環境にいる若い学習者及び成人移住者の場合、教師は L2 の規則を説明する際に、生徒があらかじめもっている L1 の文法の概念や関連性に頼ることはできない。L2 を学ぶ際のもう一つの問題は、逐次処理と呼ばれる、口頭で得た情報を共有された順番で記憶する能力に関係している。これを考慮すると、SpLD のある生徒はなぜ単語の順序に関する規則を学ぶ際に苦労するのかが分かる可能性がある。SpLD はしばしば潜在的な学習メカニズムの困難と関連付けられている。教室における外国語環境では、統語論及び形態論に関する規則や法則が明示的に説明されるが、第二言語学習者は教室内外で読むことや聞くことで、これらの規則を潜在的に学ぶ。SpLD のある生徒にとって、潜在的学習が難しいということは、文法を学ぶ機会が制限される可能性があり、自然な言語学習環境においても言葉を正確に使い、上達する機会を妨げるおそれがある。

ドイツ語、ロシア語、イタリア語のような特定言語には、名詞の複雑

表4-2　文法学習における困難点

文法概念の理解
語順規則の習得
接尾語や活用形の学習
明示的な規則の習得
文法的規則の活用

な接尾辞化（suffixation）や動詞の活用方法がある。接尾辞化及び活用は正しい順序での形態素の活用が必要不可欠であり、音韻ワーキングメモリの弱さから、SpLD のある生徒にとっては難しくなるおそれがある。上の表4-2 は SpLD のある生徒が、L2 の文法を学ぶ際に直面しうる問題を挙げている。

　Kormos & Mikó（2010）のインタビュー調査によると、ディスレクシアのある外国語学習者の中には、文法の構造及び規則を理解するのは難しくないが、外国語を話し、書くためにこれらの規則を活用する時が難しいと答えた者がいた。ここから、SpLD のある生徒にとって、事実もしくは宣言的知識として文法の規則を学ぶことが難しいだけでなく、コミュニケーションの際に文法を活用すること（手続き的知識）も難しいと考えられる。これは SpLD のある生徒が手続き的知識を習得する際（Fletcher他，2004）や自動化の際（Nicolson & Fawcett，2008）に経験する一般的な認知的困難に関連しているかもしれない。

　Kormos & Mikó（2010）はディスレクシアのある生徒とない生徒の文法構造に関する知識を比較した。小学校で 4 年間学んだ後、ディスレクシアと診断されたハンガリーの子どもは他の生徒に比べ、英語学習において文法的知識の発達の遅れが著しかった。ディスレクシアのある生徒は誰も、受け身文を作成することができなかった。またディスレクシアのある生徒にとって、疑問文や否定文を作るより、肯定文（平叙文）を作るほうが容易であった（図4-4）。これらの研究結果は、構文構造が複雑になるほど、ディスレクシアのある生徒にとって学ぶことが難しくなることを示している。

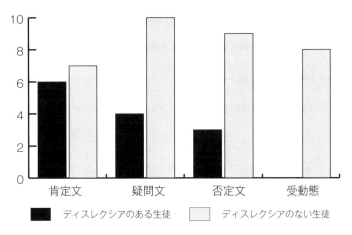

図4-4　ディスレクシアの有無による文法的知識の比較（Kormos & Mikó, 2010）

L2 におけるリーディング

　別の言語での読みは、L1 での読みより難しく複雑である。L1及び L2 の間で綴り方の違いは文字を認識する上で妨げとなり、形態論や統語論の知識の不足は単語の認識の妨げとなる。また単語が認識されても、L2 で読む者はその意味を知らない可能性がある（詳細については Grabe, 2009 を参照）。テキストを理解するには、適切な統語的知識や L2 における文のつながりに関する知識が必要である。さらにテキストの理解には、文化的背景知識も必要である。L1 と L2間のリーディングスキルを理論化した最近の調査によると、初歩的なレベルでは母語の読みの能力を L2 に転用することは可能であるが、レベルが上がると L2 の適切な知識が不可欠となる（Anderson, 1984; Grabe, 2009）。ディスレクシアのあるモノリンガルの子どもとバイリンガルの子どもを比較した調査によると、音韻処理と単語呼称は L1 と L2 の間で、非常に関連があるように思われ、またこれらのスキルは、L1 から L2 へ転移し、これが両言語において読みにおける難しさの原因になっている。

　L1とL2の読みに含まれる基本的な認知的機能は似ており（Grabe,

2009)、どのような言語、中国語などでも、リーディングにおいては、音韻処理と音韻意識が必要である（Chow他，2005）という事実から、SpLD のある学習者は、L1 でも L2 でもリーディングにおいて同じような問題を抱える。しかしながら L 2 における困難さは、L1 に比べ大きい。

　L 2 のリーディングにおいて、SpLD のある生徒にとっての問題の主な原因は、音韻意識の低さと音韻短期記憶容量の少なさである。したがって、音韻処理に障がいのある SpLD学習者は、L 2 の読みと単語の音韻形式の認識において、音と文字の対応を難しく感じる。もし学習者の L1 が、イタリア語のように透明性の高い（文字と音の呼応が単純で明確）言語であると、英語やフランス語のような（透明性の低い）言語を学ぶことは、特にディスレクシアのある生徒には難しい。このような問題は、学習者の読み速度を落とし、テキストの意味理解を妨げるおそれがある。またこれは L2 の語彙を認識できなかったり、意図したものと違った言葉を選ぶ結果になりうる。SpLD のある学習者がもつ音韻短期記憶の課題は、読んでいる間に記憶にとどめる言葉の単位（音素、形態素、語彙、句）の数を制限し、読みを妨げる可能性がある。下記の引用は、生徒が指摘した難しさである。

> 「長めの文章になると、私は何度も読まなければならない。理解するには少なくとも 3 〜 4 回は読まなくてはならない。もし分からない単語があると、パニックを起こすこともあり、そうすると文を理解することを諦めてしまう。でも何度か試して、なんとかポイントは分かるようになることが多い（ディスレクシアを持つ学習者からの引用。Kormos & Mikó による研究から，2010，p.72）。

　読解については、L2 の十分な語彙知識も重要な要素である（Schoonen 他，1998; Verhoeven，2000）。前述の通り、SpLD のある学習者にとって L2 の語彙習得は極めて難しく、SpLD のない生徒に比べ、習得語彙が少ない。このように音韻処理における困難が、L2 における読みに直接影響を与えるだけでなく、間接的に語彙学習にも影響を与える。L1 に

よるリーディングの研究において、Stanovich（1986, 2000）は、語彙と読みには相互関係があると指摘している。言い換えると、語彙力があると読解力も高い、ということになる。また、読めば読むほど語彙を増やす、ということにもつながる。結果として、SpLDのある生徒は不利な点が、大きく二つあるといえる。一つは、語彙数が少ないため、SpLDのない生徒より努力をしているにもかかわらず、読める量が少ない。また、読む量が少ないため、新しい語彙に触れ学ぶ機会が少なくなる、ということとなる。

　L1・L2双方のリーディングにおいて、語彙間の文法的な関係を理解することも必要である。L2の読解において、文法知識は非常に重要な役割を果たす（Anderson, 1984; van Gelderen他, 2004）。従って先に述べたように、SpLDのある学習者にとって、L2における複雑な文法構造習得の難しさは、読解処理を妨げうる。例えばKormos & Mikó（2010）の研究で、ディスレクシアのある生徒は概して、平叙文の理解には優れているが、包括的な質問や否定文、受動態については非常に点数が低い。表4-3は、SpLDのある生徒の、L2でのリーディングの難しさについて表している。

　このような違いにもかかわらず、SpLDのある学習者は、適切なリーディング方略を使うと、少し、もしくはかなりの問題を克服することができる。優れた読み手は、言語的メタ認知、言い換えると、どのように言語が機能しているかということについての知識が備わっているという研究結果がある（Grave, 2009参照）。上記のとおりSpLDのある学習者は、音韻認識が弱く、形態素や語彙のレベルと統語的意識にも課題がある。これはL2のリーディングにおいて言語的方略の使用を妨げる。しかしながら文の構造のディスコースや情報を反映することができるとい

表4-3　第二言語リーディングにおける困難

読む速度が遅い
文字と音の対応理解の困難
文章理解への集中不足
語彙認識の不正確さ
語彙数の不足
統語や形態論についての知識の不十分さ

うようなメタ言語的意識が高い場合がある。SpLD のある学習者の中には、この能力を有している者もいる。その他にも、目的に合わせてのスキャニング（拾い読み、飛ばし読み）、重要な点の重点的な読み、理解度のチェック、文構造の情報や理解を助ける背景知識の活用など、L2 の文章理解を助ける方略を持ち合わせている場合がある（Pressley, 2006）。これらの方略は、SpLD のある学習者に、L2 の読解における問題を克服する支援策として、明示的に教えることができるのである。

L2 におけるライティング

L1 においても L2 においても「書く」ということは、リテラシー活動の中で最も複雑な活動の一つである。リーディングと比較し「手を使う」（Berninger, 2000）という点では異なるが、認知的及び言語的過程、特に、より低次のプロセス（Berninger他, 2002, 2006）においては共通点がある。ライティングの際に生徒は自分の考えを紙に書くが、声には出さないスピーチの作成という作業を経ている。書くためには、文字を形作るための複雑な運動協応スキルが必要となる。単語を音素に分解し文字に変換する音韻意識は、文字を綴ることや単語を書くための重要な能力である（最近の研究については Berninger 他, 2006 参照）。ライティングを学ぶ際、単語の様々な形態要素を綴るために、子どもは形態学的知識も学ぶ必要がある。単語を組み合わせながら文を作り、節や文構造を確定していくためには、統語論の知識も必要である。これらの低次プロセスを学んだ後、L1 で書く場合は、異なる種類の文章をどのようにつくるのか学ぶことができる。特に外国語学習教室における第二言語学習者は、L2 での文章を書く際、L1 のライティング経験及びスキルを活用する。その一方で、第二言語学習環境において、子ども及び成人の学習者は L1 におけるライティング経験が不足しているかもしれない。さらに、L1 のライティング技術の全てが L2 に自動的に転用できる訳ではない。L2 で書く際には、新たに文字のシステムや運動協応スキルを習得する必要があるかもしれない。また、L2 の単語を書くには、（L1 とは異なる）新たな音と文字の対応や音韻規則、形態的規則を学ぶ必要がある。十分な L2 の語彙及び統語論の知識を持つことは、一文及びそれ以上の文を

構成するための基礎である（L2 のライティングに必要な認知メカニズムに関する議論については Schoonen 他，2009 を参照）。これに加え、L2 で書く際には、その言語における文の連結表現や、様々な種類の文章についての文化的特徴についての知識も必要となる。

　ライティングは通常、時間の制限はなく、書く者が自分のアイデアを言語化し、それを繰り返し修正する（Grabe & Kaplan, 1996）。従ってスピーチとは異なり、様々なライティングの過程における集中力のかけ方は、スピーチほど重要ではないと思う人もいるかもしれない。一方で、SpLD のある学習者（Geva & Ndlovu, 2008）及び第二言語学習者（Silva, 1993）のライティングに関する研究によると、綴り方のような低次のプロセスにつまずくと、文章全体の質が保たれにくく、学習者は十分かつ一貫した内容を作ることができないと考えられる。他の複雑な話し言葉の技術と同様に、音韻短期記憶は様々な口頭での情報（文字、形態素、単語、句）をワーキングメモリに記憶する際に重要な役割を果たしている。結果として、音韻短期記憶及びワーキングメモリに問題を抱える SpLD のある学習者にとって、新たな言語で一貫した文章を書くことは難しい。

　音韻認識の問題から、SpLD がある大半の学習者にとって新たな言語の綴り方を学ぶことは難しい。英語のような透明性が低い言語を学ぶ際には、より深刻な問題になる可能性がある。SpLD のある英語学習者にとって、英語は同じ音に対して複数の綴り方が存在し、また一つの文字に対して複数の発音方法があることは特に難しいかもしれない。SpLD のある学習者にとって、L1 だけでなく L2 においても、文字と発音を関連付け、覚えることは過酷である可能性がある。Sakardi (2008) はディスレクシアのある言語学習者のケースにおいて、綴りが難しい英語の特徴について尋ねた。その生徒は単語の母音及び子音連結について指摘し、それらを含む単語はよく読み飛ばすか文字の順を逆転させると答えた。

- th を含む単語はみんなにとって難しいと思う。私はいまだに th を含む単語と、t を含む単語の違いを聞き取れない。もちろん非常に集中し、誰かがそれを発音したらその違いを聞き取ることができるけれど、私自身はそれを発音することができないし、書いている時

はその違いを聞き分けることができない（Sakardi, 2008, p.118）。

　特に英語においては、L2 としての綴り方を学ぶ際に生徒が直面する困難はあまりにも大きく、学習者はいくら勉強しても間違いをするため、努力は無駄だと感じてしまうおそれがある。これはライティングに重きを置き、生徒が主にライティングで評価される昔の教授法では頻繁に起こる可能性がある。SpLD のある学習者及び彼らの教師による以下の発言を読むと、生徒が直面するスペリングの課題に対応しなければ、生徒がどのようにやる気もしくは自信を無くすかが分かると同時に、生徒はどのようにこの課題を乗り越えられるかが分かる。

- ノートに間違って単語を綴り、その間違った綴りを家で覚えた。だからもちろんテストではその単語を間違え、これは自分の中で負の連鎖ができるきっかけとなった（ディスレクシアのある学習者による発言。Kormos & Mikó, 2010, p.73 より）。
- もしスペリングのテストがなければ自分は気が楽になり、これを正解しなければいけない、と過度に緊張することもない。このストレスから解放されると、もっとうまくできるようになる（ディスレクシアのある言語学習者による発言。Kormos他, 2009, p.123 より）。

　SpLD のある言語学習者は L1 と同様、文字を綴る際に字を混乱させたり、含めることを忘れてしまったりする。また、よく関連して生じる協調運動障がいにより、生徒の文字が読みづらくなっていることもある。表4-4 では、SpLD がある英語学習者による単語の綴り方の可能性を記している。

　単語単位では、SpLD のある学習者は綴り方に問題があり、また L2 の語彙も不足していることはすでに述べた。文単位では、継次処理及び文法の難しさが文章表現の妨げとなる可能性がある。継次処理の問題により、生徒は自分の考えを順序立てて書くことを難しく感じることも考えられる。

　SpLD のある生徒は、長い文章を書くことを免除されることがよくあり、

表4-4　ディスレクシアのある学習者による綴り方の例（Kormos & Mikó、未発表データ）

意図した語彙	ディスレクシアのある学習者による例
SHOULD	shut、shod、shout
MOUTH	maufe、mauf、mouns
HIGH	hy、hig
COULD	cude
BEAUTIFUL	butiful、buitful、beautyful

　多くの国では外国語で長い文章を書くことは中等教育までのカリキュラムに含まれていない。したがって、SpLD のある第二言語学習者が直面する具体的な課題に関する研究は限られている。例外として Ndlovu & Geva（2008）の研究がある。この研究では、カナダでL1及びL2話者の子どもを読み障がいの有無で分け、書くスキルを調べた。言語背景にかかわらず、読み障がいのある生徒はスペリング、発音、統語論のモニタリングにおいて問題があったことが明らかになった。この結果より、これらの生徒は文構造の制約や語彙の生成及び調整、さらに興味深い内容や話の流れを構想する能力を含む全体の構成能力、のようなライティングの高いレベルにある学習に苦しんでいたことが示唆された。

スピーキング内容の産出及び理解

　L1及び L2 におけるスピーキング及びリスニング能力は、リーディングやライティングのような読み書きに基づく能力よりも、様々な SpLD の要因に影響されることは少ないように考えられる。スピーキング及びリスニングに含まれている心理的過程を考察すると、その理由は明確になる。

　スピーキングには四つの重要な要素があり、それらは次の順序で進む。（1）概念化：何を言うかを考える、（2）作成：メッセージの文法、語彙、音韻のコード化、（3）発話：話す内容の音声化、及び（4）自己モニタリング：話した内容の正確性及び適切性の確認（Levelt, 1989）。L1 のスピーキングにおいては、メッセージを考えることは意識的に行う必

要があることに対し、作成及び表現は自動的である。処理メカニズムは同時に機能するため、L1 で話すことは一般的にスムーズであり、速い。以上の L1 のスピーキングに関する説明の通り、スピーキングにおいて音韻認識は直接には関係がなく、L1 のスピーキングは総じて自動的であるため、音韻短期記憶が果たす役割も限られている（その一方で、第3章のとおり、運動協調障がいのある学習者は L1 のスピーキングにおいても困難を感じる可能性がある）。しかし、L2 によるスピーキングにおいては、文法、語彙、音韻のコード化の際に注意が必要であり、その結果、スピーキングのアウトプットの一部は同時に行うことができない。言い換えると、L2 では上級学習者でさえも、コード化する機能は一部しか自動的に行うことができない。したがって、第二言語話者はメッセージの内容だけでなく、正しい言葉、適切な文法ユニットを作成し、言葉を音韻的にコード化する必要もあるため、L2 のスピーキングにおいては集中力が非常に重要な役割を果たす（Kormos, 2006）。L2 のスピーキングにおいて文章を作るためには、ワーキングメモリに異なる単位の発話材料を保持する必要があるため、音韻短期記憶力は、L2 におけるスピーキング力の質に影響する（O'Brien他, 2006）。

　集中力及び音韻短期記憶力の弱さに関連がある SpLD の場合、L2 のスピーキングにおいて困難を感じる可能性がある。L2 のスピーキングは語彙力及び文法力が十分にあることを前提とし、その能力は宣言的知識としてだけでなく、手続き的知識として身につける必要がある。なぜなら、学習者はその場でその知識を使えないと、コミュニケーションはうまくいかないからである。したがって、SpLD のある生徒は語彙及び文法構造知識が限られている可能性があるということは、L2 のスピーキングにおいても問題が生じると考えられる。さらに、SpLD のある学習者によくみられる知識の処理化の問題は、L2 のスピーキングにおいて流暢な表現を妨げる可能性がある。アスペルガー症候群をもつ生徒の特徴としてよくみられる、L2 における社会的慣習の理解及び活用の問題は、口頭（話し言葉）でのやりとりにおいて更なる問題を起こすことも考えられる。

　話す内容を理解するということは複雑な双方向の作業である。聞き手

はまず聴覚を使い、記号としての音に対して注意を向け、音素というスピーチの音を抽象的表現と関連付ける。一連の音素を認識した後に、聞き手は、文法上の関係や予備知識、文章上の知識を分析し、話された内容の単語から意味を考える。L1 のリスニングでは、これらのプロセスは自動的であり同時に行われる。しかしながら L2 におけるリスニングは、聞こえてくる一連の音の音素を認識することが難しいこともあり、学習者にとって労力が必要となる。また、音素の固まりと単語との関連付けがなかなかできず、さらに L2 の統語論及び文章に関する知識の不足により、聞いた文章の意味を解読することができない可能性がある。上述のとおり、リーディングにおいて問題を引き起こす主な原因は音韻認識及び音韻処理能力に関連している。これらの音韻上の問題は、SpLD のある子どもの母語について、世界各国で測定された会話理解速度においても見られる（Bowers & Swanson, 1991; Wolf, 1991）。L2 のリスニングにおいては、生徒が他の言語において音素を認識し、音素の固まりをL2 の単語と関連付ける必要があるため、さらに問題を感じる可能性がある。音韻短期記憶もリスニングにおいて重要な認知要素である。更なる処理に必要な、様々な単位の聴覚上の材料を保存するため、音韻短期記憶力が不足している SpLD のある生徒は、口頭で表現された情報を正確に覚えていないことや、正しい順序で覚えていないことも考えられる。

　SpLD のある生徒の、L2 リスニングにおける問題は、それぞれの音韻処理能力及び音韻短期記憶力による。話の中で共有された情報を理解するのは簡単だと感じる学習者もいれば、スピードが速すぎるため L2 のリスニング文章は理解しづらいと感じる学習者もいる。先行研究によると、SpLD のある生徒の L2 のスピーキング及びリスニング力は多様であることが示されている。音韻処理能力の問題は軽度であり、聴覚処理上の問題が見られない SpLD のある生徒の場合、L2 のスピーキング及びリスニングにおいて問題がないかもしれない（Helland & Kaasa, 2005）。一方で、スピーチの認知において重度の問題がある生徒にとって、L2 では、より長い文章を聞き取り、話すことは難しい可能性がある。Kormos & Kontra（2008）の研究によると、生徒が長い文章を口頭でやり取りすることに対して直面している問題について、教師の見解にばらつきがあっ

た。インタビューに参加したドイツ人の教師は、自分の生徒は与えられた文章の形式を活用して発言することしかできない、と答えたのに対し、生徒の一部は多数の間違いをしながらも流暢に自己表現ができていると答えた教師もいた。他の教師は、SpLD のある生徒の中では、長い文章では表現できない生徒もいれば、言語教室において全く発言しようとしない学習者もいる、と答えた。

Kormos & Mikó（2010）のインタビュー調査によると、英語で容易に、そして問題なく自己表現できる、と答えたディスレクシアのある学習者もいれば、他の言語でのスピーキングは難しいと答えた者もいた。一人の生徒は、口頭（話し言葉）でのコミュニケーションにおいて、限られた時間の中で適切な単語を思い出すことは難しいと答えたが、これは記憶の単語検索において困難を感じていることを意味している。他の生徒は、スピーキングの文章を作成している際に、正しい順序に単語を並べることができないと述べたが、これは定められた順序に聞く・話す情報を活性化し、活用することに関する問題であり、SpLD とよく関連付けられているのである。

言語学習の成功に向けて

本章では SpLD について、認知及び情意に関連する要因が第二言語習得にどのように影響するのかについて述べた。言語学習における主な領域で直面する問題について本章を読むと、読者は SpLD のある生徒の言語学習の努力には全く意味がないと感じるかもしれない。もちろん新たな言語を学ぶ際に直面する問題を過小評価してはならないが、SpLD のある生徒の多数が、L2 に堪能になることを忘れてはならない。私たちは、第二言語能力を十分に習得するためには三つの要素が必要不可欠であると考えている。第一に、学習者のニーズにあった教授法及び評価法が備わった教室環境が必要である（第6、7、8章を参照）。第二に、生徒自身が、言語学習のために十分なエネルギー及び労力を掛けなければ、自分の問題を乗り越えることができないということを意識している必要がある。多くの場合、SpLD のない生徒に比べ、言語学習に必要な様々な

認知能力のレベルが異なるため、より多くの努力及び根気が必要となる。最後に、SpLD のある生徒にとって、「成功」とは何かを再検討し、これらの生徒にとって現実的な言語学習目標を設定する必要があるかもしれない。例えば状況によっては、学習者は L2 の高度なライティング能力は必要ないが、スピーキングは問題なく行えることが期待されているかもしれない。次の章では、SpLD のある言語学習者が取り残されることなく、言語学習において適切な機会が確保されていることを確かにするため、基本的な方針及び具体的な手法を紹介する。

重要項目のまとめ

- 音韻短期記憶力、音韻処理能力、言語での推論能力は、L1 及び L2 双方の読み書き能力において、成功するためには重要な認知能力である。
- L2学習において、言語上のインプット及びアウトプットのモニタリングに対する注意力は、非常に重要である。SpLD のある生徒はしばしば集中力の持続に問題があり、それに伴い新たなインプットの言語情報に気付かない可能性がある。
- ディスレクシアのある生徒の多くは、音韻処理において問題を抱えるため、言語学習において最も深刻な問題を引き起こす。
- SpLD のある生徒は、個々に異なる能力をもつため、言語学習において抱える問題も多岐にわたる。
- 透明性が高い言語のほうが、SpLD のある生徒にとって学びやすいとも考えられるが、外国語の選択においては学習動機も考慮する必要がある。
- SpLD のある生徒はスペリング及びリーディングだけでなく、様々な分野の習得において困難を抱えるとも考えられる。
- SpLD のある学習者にとって、単語を覚えることは難しく、単語に何度も接し、記憶にコード化するため意識的に努力する必要がある。SpLD のある生徒はよく似ている発音の単語及び似た意味を持つ単語を混同する。

●SpLD のある学習者にとって、文法概念の理解は困難である。継次処理に課題があるため、単語の順序に関する規則を習得し活用することに対して困難を感じる傾向がある。また文法に関する規則を学ぶだけでなくコミュニケーションの際にこの知識を活用することも難しい。

●SpLD のある学習者は、リーディング速度は遅い傾向にあり、L2 の単語認識の際に困難をきたす。また、やさしいレベルでのリーディングにおける自動性の不十分さ、語彙力や文法的知識の不足等も、文章の理解を妨げる。

●SpLD のある学習者にとっては綴りの問題、及び L2 の語彙不足によって、L2 で長文を書くことは非常に労力を必要とすると感じる。継次処理の問題で、自分の考えを順序立て、語順の規則を適用することにも困難を感じる。

●聴覚処理能力に問題のない SpLD のある学習者は、L2 のスピーキング及びリスニングにおいて直面する問題は少ない傾向にある。一方で、話し言葉での情報を認知する際に問題のある学習者は、L2 で口頭で長い文章を理解することや話すことに対して困難を感じる。

演習問題

1．SpLD のある生徒に、言語学習における経験、困難と感じた点、困難を乗り越えるために実践した方法について聞き取りを行え。

2．SpLD のある生徒と、そうでないと思われる生徒に、同じトピックで文章を書いてもらい、間違いの種類及び頻度を比べよ。

3．SpLD のある学習者に、L2 で短い文章を音読してもらう。リーディングの間違いについて注意を払う。複数の質問で、文章の理解度を確認する。やさしいレベルでのリーディング能力及び高いレベルでの文章理解という観点から、SpLD の

ある学習者に関連付けられている問題は、L2 におけるリーディングの過程の中でどのような影響を与えているかを観察せよ。

4．同僚の教員と共有するため、SpLD のある生徒が教室で経験するかもしれない最も重要な問題について簡単にまとめよ。

5．SpLD のある生徒を教える言語教師に聞き取りを行う。SpLD のある言語学習者がどのような問題に直面していると思うかを尋ねよ。

6．SpLD のある子どもをもつ親に聞き取りを行う。親から見て、子どもが新たな言語を学ぶ際にどのような困難に直面しているのか。親はこれらの課題を克服するために、どのように支援しているかを聞き取れ。

推薦図書

Helland, T. & Kaasa, R. (2005). Dyslexia in English as a second language. *Dyslexia*, 11, 41–60.

Ndlovu, K. & Geva, E. (2008). Writing abilities in first and second language learners with and without reading disabilities. In J. Kormos & E.H. Kontra (eds.), *Language Learners with Special Needs: An International Perspective* (pp. 36–62). Clevedon: Multilingual Matters.

Sparks, R.L. & Ganschow, L. (1991). Foreign language learning differences: Affective or native language aptitude differences? *Modern Language Journal*, 75, 3–16.

判定と公表

はじめに

　近年、ディスレクシアや SpLD についての認識が高まってきている。一方で Matthews（2009）や Smith（2008）の調査によると、外国語教師の多くが、SpLD のある子どもを判定することに自信が持てず、さらに重要なことは、SpLD のために学習に困難をきたしている可能性がある子どもたちへの最善策を考えることに自信がないと答えているということが明らかになった。この自信の低さは、多くの国において医療モデルの継続的な広がりによるものと考えられる。この傾向は、学習困難への対応は医療専門家の領域であり、問題解決には（教員を含める）一般人は対象ではない特別なトレーニングが必要であると思わせているところである。（外国語）教師にとって、SpLD の判定・対応の仕方について熟知していることは、極めて重要である。なぜならば子どもが新しい言語による文脈に、通常の学習方略を応用しようとしてもうまく行かない時、つまり SpLD は外国語学習の教室で初めて現れる可能性があるからである。言語学習に伴う一般的な難しさと、ディスレクシアや SpLD が原因となって生じる困難を区別することは容易ではない。SpLD の有無にかかわらず、多くの子どもたちにとって新しい言語を学ぶことは難しく、上級者であっても間違いをおこす。しかしながら教師は、SpLD の可能性を表す徴候があることに注意を払う必要があり、この章では、そのような兆候について述べる。このような兆候に気づいた場合、より本格的なアセスメントを行うことによって、様々な認知的機能の心理的測定が可能となるが、後者についても、この章で言及する。なお、本章の前半では、学習者へのアセスメントの具体的な方法ではなく、対象児童生徒が経験するアセスメントのプロセスについて述べる。したがって本格的なアセスメントが必要となった際、教師から子どもへの支援に役立つであろう。アセスメントの具体的な手順については、各自治体や法律、予算等で異なり、ここでは特定のシステムについて述べることは控える。読者の対応方法は、それぞれの状況によって異なる。例えばイングランドとウェールズにおける公的教育現場では、特別支援教育服務規

定によって決められている。場合によっては、支援を必要としている生徒にとって、規定が適用されているかを確認する責任者が必要となる場合もある。英国の各公立学校では、特別支援教育コーディネータ（Special Educational Needs Co-ordinator〔SENCo〕）と呼ばれる、児童生徒にSpLDの疑いがあると分かるとすぐに対応するスタッフがいる。このコーディネータがいない場合は、SpLDを確認することができる資格を有する外部の専門家の協力を得て、生徒の課題が認知的な問題から生ずるものであるかどうかを確認する。

　SpLDであることがほぼ確実になると、次のステップとして、学習者にどのように説明し、また個々の強みと弱み、その代替方法を認識させることが課題になる場合が多い。文化（地域）によっては、ディスレクシアについて周知されるようになり、かつて着せられた汚名は、かなりなくなったという所もある。一方でディスレクシアについてまだ受け入れられていない地域もあり、弱さと受け取られ、教員にとっては対応に非常に神経を使うこととなる（Deponio他，2000）。特に、ある程度の年齢の学習者と向き合う場合は、自分のアイデンティティとしての新たな一面と上手につきあうことができるよう、心理的対応が必要になる。

　逆に、すでに生徒自身が自分がSpLDであることを理解している場合は、新たな指導員と、情報をどのように共有するのが最もよいかを考える必要があるかもしれない。さらに、誰に、どのくらい知らせる必要があるかの検討も重要である。校内で他の教職員にも情報を共有する必要があるが、慎重に進める必要がある。多くの場合、本人の家族や周囲の生徒がSpLDについて、ある程度理解していることも役に立つであろう。本章では、このような状況にどのように対応すべきかを考え、さらに教師がSpLDを確認し児童生徒に伝えることによって、本人が自尊感情を低下させるのではなく、学習者として肯定的にとらえられるよう、日々の学校生活の中で教師が対応できる自信をつけることを目指している。

判　　定

　言語学習において、子どもが抱えている困難がSpLDによるものか、

特定の言語学習に伴う一般的な困難なのかの見極めが重要であることには、多くの理由がある。もしSpLDが学習のハードルを上げているとすれば、子どもが通常のカリキュラムに対応できる代替方法を考える必要がある。具体例として、学級経営方針や学習方略への対応（詳細は第6章・第7章）、アセスメント方法の対応（詳細は第8章）などが挙げられる。大切なことは、SpLDと判定された結果、本人が自分のこと、自分の強みを知ることにつながると共に、勉強を含め日々の生活の中で経験していた困難について理解し始めるということである。また自分にとって弱い領域を補う方略に取り組み、それが最終的には自尊心の向上にもつながることが大切である。

　第1章で、ラベリングについて触れたが、例えばディスレクシアという分類名を使用する重要性を過小評価することはできない。本人に知らせることで、自分だけでなく他人に対する認識の仕方に、非常に大きな違いが現れる。一方で、誤った判定は本人を傷つけるため、最終的な確認と告知には、細心の注意を払わなければならない。診断的分類（例えば、ディスレクシアを含め特別な症状がある等）は最も役に立たない方法である。このように告げられた際の対応は人によりかなり異なる。このような理由から、Kirby & Kaplan（2003）は、詳しい説明と個々に対応した機能的なラベリングのほうが、より有用であると提案している。第3章で述べたように、SpLDは広範囲にわたるという理由もある。例えば、聴覚と（もしくは）視覚過程に弱さがある、ワーキングメモリが少し弱いが視覚からの学びが得意、というように伝えることができる。個々の教師にとってこのようなアプローチのほうが、「ディスレクシア」などの全般的な用語を使用するよりも、より役に立つ。しかしながら残念な事に、試験対応へのリクエストや支援機器の予算請求等、行政的な目的には、この機能的なアプローチでは十分ではない。

　SpLDの判定について確定に至る段階は三つに分けることができる。観察、スクリーニング、アセスメントの三つである。この過程は通常、本人、家族、教育心理学者、医療専門家のチームで対応する（Lewis, 1993; Kirby & Kaplan, 2003）。Ott（1997）はさらに、政治家も参加すべきだと指摘している。アセスメントの予算やSpLDの判定後の様々な支

援の提供には政治的な関与なくしては、学習者のつまずきの原因への支援を続けるのは非常に難しいからである。多くの場合、最終的判断は心理カウンセラーや特別支援学校教員による正式なアセスメントであるが、初めの段階、また最も重要な行程では、本人や教員、保護者等が行動や習慣を観察することである。

観　察

　日常の物事への取り組み方は子どもであっても、世界をどのように見ているかをよく表している。日々同じ子どもを見ている家族や教師は、他の人には容易なことが、その子にとっては難しいという点が分かりやすい。例えば自宅では、たいていの子どもが洋服の着方や、ボタンの掛け方、ファスナーの使い方などについて、時間をかけたらできるようになっても、その子にとっては難しいかもしれない。見知らぬ人が本格的なアセスメントを行う場合に比べると、このような観察は、幼少期からSpLD を見取るには非常に重要なものである。このような自然な状況では、子どもに余計なストレスがかかることはない。家族や育児者等は、子どもの言語発達や運動機能、共感を示すなどの社会的なスキルが、年齢相応の段階に到達していないことに気づくかもしれない。もちろん発達速度も方法も子どもによって異なるが、多くの国が擁している柔軟には対応しにくい教育制度の中では、もし子どもが初めから遅れていると、同学年の子どもたちに追いつくのは一層難しくなる。したがって SpLD の早期発見は、長く続く落ちこぼれを特徴付ける自信の喪失や自尊感情の低下の防止に、非常に重要である。しかし悲しいかな、適切な介入を実施するために求められる規準の一つが、学習がうまくいかないというものであるという現実もある（つまり、早期に支援の手を差し伸べることが重要であると言いながら、そのためには学びにつまずいているという確かな証拠が必要だという矛盾である）(Miles & Miles, 1999)。子どもの発達に関して親が心配をしていたら、これは真摯に対応されるべきである。一つの方法として、学校と家庭における観察記録表の活用がある。これにはチェックリストを利用することもできるし、図5-1 に示すように、普通とは異なる行動について親や教員が、より柔軟に記録するという方法

ジョン（5歳半）についての行動観察	最初に観察された日	その後		
		毎日	週に2～3回	週に1回
日常的使用物の誤称（例）jug を jar	年・月・日		✓	
ドアの取っ手を逆に回す	年・月・日			✓
ナイフとフォークの使い方	年・月・日	✓		
指示の理解困難（例）「4時までテレビを見ていい」を、1～4チャンネル以外は見てはいけない)	年・月・日		✓	

図5-1　親と教師による観察記録の例

をとることもできる。

　教師とは異なる母語をもつ子どもと対応する場合は、SpLD と言語学習の難しさや文化の違いを区別することは容易ではない。年齢が上の学習者への対応も容易ではない。これは筆者の生徒の一人が書いた次の記述が物語っている。

> 'When relating this to placement as we can that Mr X using the stress vulnerability we can able to find out the stress it can also help to record the stress. It also helps with trying to take out where the stress can be building up . . . . . It also involve in the nursing team being able to support and to give out positive to ensure on the improvement he is making . . . .'
>
> 　これをX氏がストレスによる弱さを使って、ストレスをみつけ、それはまたストレスを記録するに役立つ。　それは、どこでストレスが作られるのかを考えるのにも役立つ。――また改善を確実にするケアをするチームも含まれる

　この文章を読んで、英語教育に精通する読者は、（主語）動詞の不一致、単語の欠如、前置詞の間違い、文の誤り等、レベルにかかわらず英語学習者にはよくみられる間違いだと気がつく。しかしながら上記の例は（本人の承諾済み）、英語が母語で、かつ本人にとって英語が唯一の言語であるディスレクシアの成人が書いた文章である。本人は話し言葉では文法

的な間違いはほとんどない。書き言葉においての間違いは SpLD の有無にかかわらず、よく似ているため、書き言葉以外（以上）の様子、特に言語以外によって示される内容に注意を払う必要がある。第2章で述べたように、言葉だけでは決定されない認知的機能があり、SpLD のある多くの人には様々な特徴がある。例えば一般的に、短期記憶やワーキングメモリの弱さ、また情報処理速度の遅さなどである。このような要素は、根本的な認知的差異の兆候の一つと考えられる。

　同時に、このような兆候が一つ観察されても、必ずしも SpLD があると判断できるとは限らないということを強調しておきたい。人間は多様であり、このような兆候が現れない場合もある。Miles & Miles (1999:26) は、「ディスレクシアには、これが唯一であると呼べる兆候はない」と指摘している。しかしながら、複数の兆候が継続的に、複数の場所（家庭、学校、親戚の家、他の社会的な状況）で観察される場合は注意が必要であり、次の特定の段階へ進むことが必要である。これは通常、準公式スクリーニングの段階であり、教師が子どもに、観察された課題について話をし、また簡単なアセスメントの要素を含む活動を行うこともある。年少者については、教師がまず両親もしくは他の育児者と連絡をとり、ある程度の年齢の場合は、誰にかかわってもらうのがよいかを本人に尋ねるのがよいと思われる。

スクリーニング

　スクリーニングの目的は、家族や教員による観察や、可能であれば本人自身が報告していることの詳しい調査等の事実を集め、課題にあがる行動の原因を特定することである。この過程は、特別支援教育の教員等、資格のある者が実施する。報告されている課題をさらに詳しく知るために、半構造化面接（必要項目を押さえながら柔軟性を持たせた面接）やアセスメントを行う。SpLD は、子どもが抱える何らかの困難について、環境的もしくは物理的な要因によってのみ認識される場合が多い（この指摘については反論も多い）。例えば視覚性障がいは、文章を読む際に困難な理由の一つであるが、視覚性障がいと SpLD を区別することはできない。そのスクリーニングの過程で扱う問題は、文を読むことに焦点をあ

てた際の困難さであり、評価者がまず勧めるのは詳細な目の検査であろう。もし他に、SpLD のある生徒によくみられる認知機能に関連する困難が確認された場合、目の検査は原因追求に向けての一つの方法であって、SpLD については、より本格的なアセスメントが必要となる。

　他に調べる必要がある要因として、教育的背景が挙げられる。学校教育を受けてきた期間に、どこかの段階で困難を経験していなかったか、それはどのように指摘されてきたか等である。学校での本人の主観的な感じ方も、可能であれば本人から見た周囲との比較も含め、考慮する意味がある。困難を抱える子どもたちの多くは、周りと比べて読み書き能力が劣っていることや、新しいスキル獲得の遅さを認識している。これは非常に重要なポイントである。何らかの方法で人は通常、自分が得意で楽しめる科目を学ぶよう選択しており、年齢が上の生徒については、この自分での選択を見つけることが、本人の強みと弱みのプロファイルを描くことに役立ち、さらには、なぜ他の選択肢を選ばなかったのかの解明につながる。教育的背景に関連して、受けた試験についての情報収集も重要である。特異的な困難がなかったかどうか、その困難にどのように取り組んでいたかを知ることができる。学習者の中には、すでに他の学校等で、SpLD の正式なアセスメントを受けている者もいるが、どのようなかかわり方をしたかを十分に認識していない場合もある。このような理由から、「これまでに心理学的なアセスメントを受けたことがあるか」と尋ねるのとは違った、様々な質問も有用である。

　学習上の課題の他に、SpLD のある生徒は日々の生活の様々な場面で、記憶や複数のことを組み合わせること、予定を立てること実行すること、身の回りの整理などにおける難しさについて、よく指摘している。このような場合、ある特定の場面で、どのように対応しているか（どのような方略をとってきたか）を尋ねることにより、より詳しく知ることができる。例えば、「あなたが電話で他の人に伝言を頼まれた場合、いつも伝えることを覚えていますか。どのようにして、それを確実にしていますか」もしくは「あなたは、いつも遅刻せずに学校や教室に行っていますか。どのようにして、それを確実にしていますか」などの質問である。

　スクリーニングの過程において確認すべき重要な点として、他に、長

期間の病気や極端に多い引っ越しなどによって、十分に公教育が受けられていない可能性や、感情的もしくは物理的トラウマが認知機能に影響を及ぼしていないかなどの確認が挙げられる。教室で現れる情意的、行動的課題は、学習者が経験する集中力や記憶に関する困難の原因となっている。同時に、通常の方法では自分の能力を表現できないという不満が原因になっている場合もある。これらの問題は本人にとっては非常にデリケートな問題であり、原因追求には細心の注意が必要である。しかしながら SpLD と断定する前に、問題の原因を確実にすることは必須不可欠である。言語学習に関するスクリーニングについては、言語学習過程に関する特有の質問を含む必要がある。学習者にとって、第二言語の学習への対応（機能）経験は、これまで他の状況では複数の方略をうまく組み合わせて隠されていた認知的差異が、初めて明らかになるきっかけとなりうる。もちろん言語を学ぶ場合、多くの人が、単語を覚える、文法的に正確な文章を書くなどに難しさを覚えるが、スクリーニングの質問では、ワーキングメモリや分類、統合、情報処理などにかなり依存している言語学習の側面に焦点を当てるべきである。

　補遺1に記載されたインタビュー例は、成人のスクリーニングに活用することができるが、これは一つの例にすぎず、様々なフォーマットがある。市販のものでも、例えば Sunderland らのフォーマットは、バイリンガルの言語学習者用に作成されたものである。それぞれの学校や機関でデータ収集方法も異なるため、あらゆる状況に対応可能なフォーマットというのはないであろう。またスクリーニング実施者により、必要な情報を引き出す方法は、対象者の年齢や能力などに応じた言葉を使って異なるということは想像に難くない。

　しかしながら、どのような場合であっても対象者から最も必要な情報を引き出すには、インタビューを行う側に高いコミュニケーションスキルが要求される。評価者と児童生徒が同じ言語で話をする場合は、必要な情報を引き出す質問の仕方にはあまり問題は生じない。しかし答えそのものと、それが示された時の子どもの様子や態度に関しては、ある程度の解釈は必要であろう。態度は、実際に使われる言葉と同じくらい重要である。しかしながら学習言語の習得レベルが低い場合、言葉でアセ

スメントの指示を伝えるが、対象者の言語を評価者が共有していない時には（EAL/ESOL/ESL など、第二言語としての外国語学習環境下にいる場合）、通訳者が必要となる可能性がある。もちろん非常に個人的な情報を扱うため守秘義務の確認をしておく必要がある。したがって、このような時、知りあいの児童生徒に通訳を頼むことは避けるべきである。ただしアセスメントの対象となっている子どもから、特に名指しで依頼があった場合は例外である。もし適切な通訳を見つけることが困難な場合は、評価者が可能な限り非言語的手段を用い、また質問や答えを明確にできるカレンダーや図、絵などの様々なコミュニケーションツールの活用が必要となる。

　スクリーニングを行った後、収集された情報は、教室で対象児童が直面している困難への支援介入実施に活用される。場合によって、また状況に応じ、この介入（支援）方法がうまく行かない場合（特に収集したデータから学習者の困難の原因が、物理的障がい、学習機会の不足、学習能力に影響するようなトラウマ等ではないと判明した場合）、次のステップとして、教育心理学者や特別な資格をもつ教員などによる、さらに詳しいアセスメントの実施が必要となる場合もある。MacIntre（2005）が指摘するように、このプロセスは非常に重要であるが、必ずしも容易ではない。次のステップは対象児童生徒の自己イメージや周囲の人からのイメージに影響を与えるおそれがあるからである。ただしプラスの影響を与える可能性もある。抱える困難を、ある程度説明できた場合である。対照的に、できないことへの恥ずかしさからマイナスの影響を与える場合もある。一方で、さらに詳しいアセスメントが実施されない場合、対象児童の中には、自分の問題を誰も真剣に考えてくれていない、誰も自分を助けてくれないと思い悩むかもしれない。さらに詳しいアセスメントの実施は、慎重に見極める必要がある。

正式な判定

　正式なアセスメントが必要な理由はいくつかある。とりわけ明確な SpLD の判定は、学校でのカリキュラムの調整や試験対応への予算を獲得する鍵となる場合が多いという事実がある。判定（診断）されること

は必ずしもよいとは限らないが、多くの国の教育システムにおいて、このようなステップが対応への申請には必要とされる。したがって、教育心理学者や必要な資格をもつ専門教員は、判定を下す権限を有する重要な門番的役割を果たし、誰が支援を受けるか受けないかを決定する。これらの行政的理由とは別に、多くの子どもたちは真剣に、自分が抱えている問題の根本的な原因についての明確な答えを求めている。正式な心理的アセスメントは、認知的機能の様々な領域を解明し、学習者が自分のことを理解できるよう支援する。

Thompson（1984）は、正式なアセスメント実施の理由として、問題の原因が他の感覚的、情意的、環境的要因ではなく、ディスレクシアによるかどうかを確認することができると指摘している。さらに重要なことは、Miles & Miles（1999）が述べているように、正式なアセスメントは弱いところを確定し、子どもたちの学習の、よりよい支援方法の計画を立てることができることに役立つ。

多くの心理アセスメントは、複数のアセスメントを組み合わせている。それぞれのアセスメントが評価のための規準的モデルをもとに作られており、特定のスキルを測り、同年齢の子どもたちの平均と比べるよう設計されている。ただし同じ年齢の中でも早生まれの子どもたちにみられる差異はあまり考慮されていないため、特に就学前の年少者の検査には適当ではないとみられる。年齢が上がるにつれ、これらの違いは次第になくなっていく。観点別の検査もあり、特定のタスクができるかどうかを測ることにより、適切な支援方法の決定に使われる。認知的なプロファイルの全体像を明確にするため、両方の検査が重要である。ディスレクシアのような SpLD を特定するために作成された多くの正式なアセスメントは、IQ や能力、達成レベル（読み書きの達成度）、音韻処理やワーキングメモリなどの認知的処理の分析に、ある程度基づいている。

読み書きは、様々な方法を用いて検査・測定される。代表的な方法に、単語の綴り検査がある。対象となる単語は、非常によく使われる 2 〜 3 文字の言葉（"he"、"and"等）から、あまり使われず、また規則的な綴り方を用いないものも含む多音節の単語（"pusillanimous"）まで、かなりの幅がある。続けて文章を作る力も、検査の対象となる。制限時間内（通

常は 10〜15分）で、子どもに自由に作文を書かせる。この検査について
は、書く速度（1分間に書いた語数）、綴りと文法の正確さ、字の形や字
配り、考え方等が分析の対象となる。読みについては、単語を読んで発
音することを検査し、無意味語（綴り規則には従っているが、実際には存
在しない言葉。英語の場合、"tep"、"plinfer"等）を使用する。これは子ども
（検査対象者）が知らない言葉に対して、綴りから音にする規則を適用で
きるかどうかを診るものである。読解力は、選択問題や文章完成問題等
で検査されることが多い。この検査について SpLD のある子どもの中には、
個々の単語のデコーディング（音声化）よりも、複数の文章の読解のほ
うが得点が高い場合がある。これは文章を読む際、個々の単語を音にす
ることよりも、全体を把握する方略を使っていることを示している。読
む速度もまた、制限時間中に音読できた（声に出して読むことができた）
単語数を数える、もしくは一定の文章を読む時間を測るという方法をと
る。この検査においてデコーディング（文字の音声化）と読解という二
重の課題があり、それが音声化が必要であるため、さらに困難さを増す。
そのため SpLD のある学習者はこの課題をスラスラと解くには認知的
負荷が高すぎると感じている。しかしながら年長者の中には、SpLD で
あっても継続的支援を受けることによって効果的な方略を身につけ、同
年代の人と変わらぬレベルの者もいる。これは、音韻処理の課題は何ら
かの方略を身につけることによってカバーすることができ、読解の点数
は比較的高いという結果のあらわれである。これは同時に、読みに対す
る正確な評価ではなく、誤った判定を下される可能性もある。したがっ
て、下位能力間の差異の検査は不可欠なのである。

　下位能力は様々な側面から調べることができる。例えば視覚認知、ワー
キングメモリ、処理速度、言語理解等である。視覚認知については、視
覚と空間感覚に関する問題を通して調べる。例えば子どもに色板を使っ
て、一度見せた絵を再現させる問題等である。3 〜 4 個の抽象的な形か
ら一つ選ばせ、それを続けて完成できるとよいということになる。これ
らの問題の答えは一つであるが、SpLD のある子どもには、そうでない
子どもには分からない、独特な関連付けを行う点が課題にもなりうる。
これは読み書きの得点と共に、全体の得点を下げ、結果として間違った

表5-1　米国・英国で良く使用されるアセスメント

テスト名	対象年齢 (年齢.月齢)	試験対象能力
Wide Range Achievement Test 4 (WRAT 4)	5〜94	1:1 読解、スペリング、計算
Wechsler Individual Achievement Test	4〜85.11	1:1 読解、言語（スピーキングとリスニングを含む）、数理解
Test of Word Reading Efficiency (TOWRE)	6〜24.11	1:1 読解
Helen Arkell Spelling Test（HAST）	5〜19＋	グループ/1:1、スペリング
British Spelling Test Series（BSTS）	15.6〜24＋	グループ/1:1、スペリング、書きとり、校正
Wide Range Intelligence Test（WRIT）	4〜85	1:1 言語能力・視覚能力
Wide Range Assessment of Memory and Learning —2nd Edition（WRAML2）	5〜90	1:1 言語能力・視覚能力、集中力
Test of Memory and Learning — 2nd Edition	5〜59.11	1:1 一般・特定記憶機能
The Digit Memory Test	6〜成人	1:1 短期記憶、ワーキングメモリ
Comprehensive Test of Phonological Processing（CTOPP）	5〜24.11	1:1 音韻認識
Symbol Digit Modalities Test（SDMT）	8〜成人	1:1 処理速度
Morrisby Manual Dexterity Test	14〜49	1:1 微細運動調整
The Beery-Buktenica Development Test of Visual-Motor Integration 〜 5tj Edition (Beery VMI)	2〜99.11	1:1 微細運動調整、視覚認知力

否定的な見立てをすることになりうる。

　ワーキングメモリのアセスメントでは、視覚的なテストの実施も広まっているが、最も多いのは、数字の復唱である。数唱テストとは、検査実施者が抑揚をつけずに同じ調子で読む一連の数字を対象者が繰り返すという方法をとる。数字の数は少しずつ増やされ、正確に答えられた最長の数字の数が記録される。これは短期記憶の検査である。ワーキングメモリの場合は、与えられた数字を逆の順で繰り返すことが求められる。例えば検査者が、「4─5─3」と読み上げると、被験者の答えは「3─5─4」となる。中には、特に年上の生徒については日々の生活の中

第5章　判定と公表

での重要性と頻度から、数字を記憶する際に、指を使う、区切って覚える、数の間の関係を考えるなどの方略をすでに身につけているかもしれない。もしこれらの方略がその他の生活面と無関係であれば、実際のワーキングメモリにもかかわらず、この検査で高い点数を得ることができるかもしれない。これは検査者が SpLD を特定するにあたり重要な指標の一つであるため、上達した数字復唱に対して方略を持っている生徒については、SpLD の存在が特定できないままの状態となる。

　下位認知検査の中で、処理速度の遅さも重要な指標の一つである。言語と視覚の両方の処理速度を測定する検査が数多くある。視覚処理については、記号を対応した表に埋めたり、よく似た一連の記号（ffffffffhhhhhhhhlllllllll）や一連の文字（wentheadleftouse）を分けるのに、かかった時間を測る。言語処理速度については、呼称活動（素早く名前を挙げる）が使われることが多い。これは、よく知っている物や数字、色の絵が提示され、その名前をできるだけ速く言うことが求められる。音韻処理と操作は、アセスメントの中でも重要な二つの領域であり、多くの検査がある。例えば無意味語の読みや、単語から一音素を削除して繰り返したり（'table'- /t/ = 'able'）、生徒が知っている名前の頭音転換を尋ねる等が挙げられる。

　言語論理能力については、よく知っている言葉の定義、二つの物の関連性、空欄補充などから測定される（例えば、「猫」：「こねこ」＝「犬」：「　　　」では、答えはこいぬである）。標準的な IQテストも、このような種類の課題を使っているが、より難しい語彙を使い定義を求め、一層高い知的水準を測ろうとしている。しかしながらこの評価方法は、プレッシャーのもとでは幅広く読んだり自分の考えを簡便に答えることが難しい SpLD のある人への差別につながる。この検査で SpLD のある人は IQ が低いという結果になるからだ。もし評価者が IQ の高さと読み書きレベルの低さのギャップに注目した場合、誤った、かつマイナス評価をすることになる場合が多々ある。特にこの検査は、第二言語としての英語を学ぶ ESL をはじめ、母語や本人とって主な言語ではない言語でテストされる学習者には不向きである。

第二言語でのアセスメント

> • バイリンガルもしくは、それ以上の言語が存在する状況では、第二言語（L2）としての読みの力が、母語としての読み能力の低さと混同されがちだという問題と常に向かっていかなければならない（Geva, 2000:13）。

　上記のアセスメントを実施する際、生徒が例えば EAL/ESL/ESOL のような状況にあり、指示が、学習途中の外国語や地域の言語である場合は特に考慮する必要がある。子どもによって、母国で適切に翻訳されたアセスメントが実施されている場合、その結果は非常に有用なものであり、移った先の国でも正式に受け入れることができる。一方で、母国でSpLD との判定がなかった場合は、新たな支援やカリキュラムの調整が明らかに不利となる。ほとんどの検査者が、自分の母語以外でアセスメントを行うことにはぎこちなさを覚え、外国語で答えなければならない被験者に対して十分に配慮することは難しい。時に、子どもが数年住んでいるので、公的な検査に対応できると判断されることがある。検査の使用言語が母語ではない場合、第二言語の構造や語彙の知識に頼らなければならない検査は適切ではなく、間違った結果を引き出す可能性が高い。このような理由から、例えばカナダでは地域によって SpLD について誤った判定や支援を行わないように、年齢の低い外国人子女については公的なアセスメントを行うまでに最低 5 年間は学校で学んでいることという方針を適用している（Geva, 2000）。さらに Limbos と Geva（2001）は、低次プロセスの認知的な違いのため困難を抱えているバイリンガルの生徒について、教師は正確にアセスメントを行うことは難しいと指摘している。これは、L 2 の読み書きの問題は、その言語でのコミュニケーション能力の不足によるからでもある。結果として、SpLD ではない外国語学習者が、長期にわたる問題を軽減するための初期の支援を受けることができない場合が多くある。

　同時に、音韻認識や単語認知（デコーディング）の検査については、L

２で実施されたとしても、発達段階上の違いの判定に使用することができるという研究結果もある（Everatt他，2000; Geva，2000; Hutchinson他，2004; Miller他，2003）。リーディング能力を支えるこれらのスキルについては母語から転用されやすく、他のＬ２の能力よりも速く習得しやすいと考えられている。これらの調査では、検査の標準的基準は使用されなかったが、代わりに言語間で比較され、調査対象者は少なくとも２年間、Ｌ２での教育を受けていたということを明記しておきたい。Miller他（2003: 69）は、Ｌ１とＬ２の学習者で同じアセスメントと検査材料を使用する場合は、Ｌ２学習者が、その新しい言語を十分経験しているという条件下に限ると指摘している。したがって、新たな言語での経験がまだ十分でない場合、もしくは滞在期間が長くても対象言語に触れる機会が限られている場合は、基本的な認知機能を測る検査使用の適切さについては、まだ疑問が残る。第二言語（外国語）の音韻規則の習得に必要な期間については、まだ様々な見解があり、個人による差異も見られる。音韻意識と処理に関連した外国語能力の検査で誤った結論を出さないように、検査材料は外国語の語彙や音に基づかないものを使用することが必須である。

外国語の音韻意識テストの使用について、外国語能力という観点から外国人児童生徒の SpLD の有無を調べるという目的からは離れるが、このような種類のテストは限定された範囲での認知機能を調べることができ、これは狭義の意味での SpLD の判定につなげることはできる。実際には、より多くの適切な検査の組み合わせが理想的である。例えば Cognitive Assessments for Multilingual Learners（ELT well，2011: 多言語学習者のための認知アセスメント）は、聴覚や視覚記憶、処理速度、音韻意識などの認知機能を測ることができる。

処理速度は、どの言語にも特定されない記号符号化課題で測ることができる。また記憶容量については、非言語音や視覚的材料を使って測定することができる。これらのアセスメント課題は、言語能力に依存した検査に比べ、個々人の能力や弱い領域について、より正確な情報を提供できる可能性が高い。ESL の生徒の言語的発達段階を知るには、上記のアセスメントを状況に応じて効果的に使用することもできる。例え

ば、自由作文によるアセスメントを母語で実施すると、正確さや複雑さ
を評価することはできなくとも、作成された文章から他の情報が得られ
る可能性もある。書いた内容については同じ言語を使う生徒たちと比べ
ることができ、速度や手書きの状態などについても検討することができ
る。もし通常の教育を受けているにもかかわらず、書いた量が非常に少
ないとすれば、身体的もしくは認知的課題も考慮する必要があるかもし
れない。文字列検索速度も、検査者がその言語を話すことができなくても、
生徒の母語で実施することも可能である。結果を標準化することはでき
ないが、その課題への取り組みや仕上げ方から、学習者が自動的に語を
検索できる様子を見ることができる。音読の速度と流暢さもまた、表面
的ではあるが、対象者の母語の文章を使って評価することができる。こ
のような文章はインターネット上で無料で入手することができる。これ
ら全ての例については、学習者についての量的もしくは標準化された測
定ではなく、質的な評価であることを強調しておきたい。

　SpLD の判定について、情報は必ず生徒に伝える必要があり、必要な
調整・支援は可能な限り速やかに実施すべきである。また多くの場合、
この情報の共有については、学校の他の教職員や生徒の家族、クラスメー
ト、また外部機関であれば試験実施機関などとの共有も必要になる。ア
セスメントの結果・見立ては、生徒の自己イメージや周囲からの受け取
り方を変えるような情報を含む場合があるので、情報の開示については
専門家として細心の注意を払うことが重要である。

公　表

　SpLD が長期間にわたり学習障がいを引き起こす原因であったことが
判明すると、様々な面に影響が現れる。問題の真の原因が分かることが
安堵につながる場合もある。例えば、原因が分かり、本人が失敗や罪悪
感から解放されるような支援策を考えることができる場合である。一方
で、判定を受けたことからショックを受け、落ち着くまで時間を要する
場合もある（Klein, 1993; Huws & Jones, 2008）。判定を受けてから時間
が経つほど、感情がより肯定的にも否定的にもなりうる。専門家は、年

齢が低い子どもたちについては、本人以外に知るべき人に情報を共有する配慮が必要になり、年齢が上の学習者については自分で責任が持てるように、また学校や大学の中での支援チームなどについての紹介も必要となるかもしれないと指摘している。ほとんどの教育機関において、このような機密情報の扱いについては特定の手続きがあるが、必ずしも全ての生徒、実際のところ教職員がこの手続きについて熟知しているとは限らない。

アセスメント結果の、生徒本人への公表

　正式なアセスメントの結果は分かり次第、生徒に伝えられなければならない。さもなければ倫理違反である。Huws & Jones（2008）は、教育的支援が制定されていたにもかかわらず、関係者にそれが理解されていなかったことから、対象児童への SpLD の結果の公表が最長で 10 年も滞っていたケースを報告している。この子どもたちの発達過程にある自己意識への影響は想像することしかできないが、この調査では本人たちが、最終的に結果が公表された際のショックと不信感、落胆について明確に語っている。判定を受けることにより本人は、自身の「障がい」を意識するとともに、新たな機会につながる様々な支援を活用することができるようになる。しかしながら、将来の計画は、この新しい情報をもとに変更せざるを得ないかもしれず、またそれは自己イメージを変えることにもなりうる。この情報を伝える責任がある検査者もしくは教師は、この公表が意味することを、生徒が理解していると思い込むのではなく、生徒が SpLD に関してどれほどのことを知っているのかについて配慮しなければならない。アセスメントの結果は、生徒が自分の強みと弱みを理解することや日々の課題と関連付けることに役立てるべきである。また結果を伝える際は、本人が分かる言語で行われるべきであり、検査結果の統計的データを伝えるだけではなく、特に SpLD という判定が学習や日々の生活で、どのように役立つかを明確にする必要がある。障がいに対する考え方の違いを含め、文化的違いも考慮しなければならない。最初はアセスメント結果を受け入れることがむずかしくても、一般的には周囲の支援により、SpLD との判定が今後の自分の学びにとっ

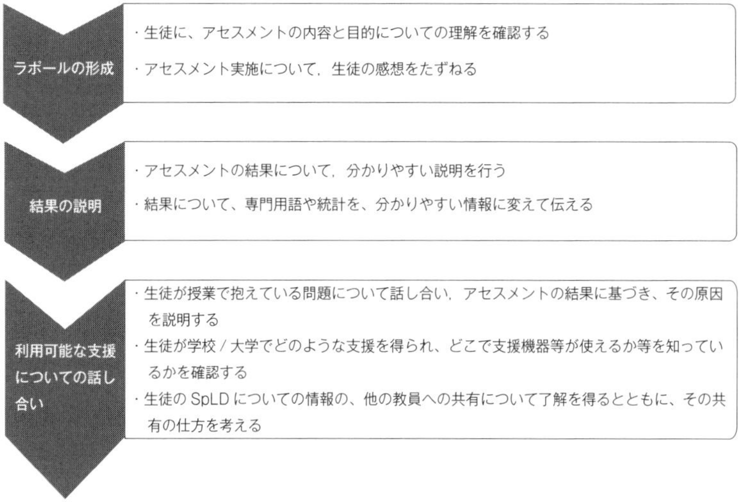

図5-2 アセスメント結果の生徒への公表プロセス

て役に立つという重要性を理解できるようになる場合が多い。Pollack & Waller（1994）は、「支援と希望により、子どもたちは概して前向きに取り組むようになる」（p.3）と述べている。多くの場合、適切な支援が提供されるということと、SpLD と判定されたことで学習がうまく進まなくなるというような誤ったメッセージが伝わっていないことを確認できるのは、言葉を教える教師なのである。

担任や外部機関への公表

アセスメントの結果が何を意味するかということを生徒に説明したあと、重要なことは、本人を教える他の教師、続いて代替機器等への予算繰り等も含め、公的試験などにかかわる外部機関に結果を伝えることである。多くの国では、情報の共有は法律で定められており、教育的また倫理的にも必須であることは明らかである。

教員に伝えられる情報は、適切かつ理解可能なものである必要がある。例えば統計的データを処理しないままの数字で報告するのではなく、状況にあわせて解釈を加えた形にする必要がある。Rocco（2001）は、関連書類をただ渡すだけでは不十分で、データの持つ意味を話し合う機会

が必要だと指摘している。教師には、検査結果が授業では何を意味するのか、カリキュラムをより効果的にするには何が必要なのか、学習者を支援するには何が期待されているのかなどを意識できるようになる必要がある。教師にとって SpLD のある生徒に有効な授業の教室運営や方策については、第6章と第7章で詳しく述べる。第8章ではアセスメントについて、より詳しく説明するが、ここで言及しておきたいことは、試験実施関係者はアセスメントの前に、どのような施設が必要であるかを知っておく必要があり、施設を準備する前に通常、SpLD についての証拠を要求するということである。財務関係者もまた、必要な機器、特別な費用もしくは教室での支援等への資金を払う前に、確実に判定されたことの証拠を求めてくる。各機関ではそれぞれの申請システムがあるので、支援への対応に遅れが出ぬよう、申請方法には細心の注意を払っておく必要がある。図5-3 は、同じ組織内で情報を送る場合に使用できるフォーマットの例である。

家族への情報共有

SpLD の特徴から、多くの親は自分の子どもが情報処理の仕方や周りの世界のとらえ方に少し異なった点があるということに、気がついている場合が多い。親の中には、その理由を推測し観察を続け、それが正式なアセスメントにつながるということもある。一方、SpLD があるということへの理解がなく、その情報共有については、親自身への支援を必

図5-3　教職員間での情報共有に使用可能なフォーマットの一例

SpLD に関する情報	
生徒名	
コース	
組・支援教員	
アセスメント実施日	
結果概要（SpLD に関する特徴）	
強みの主領域	
問題の主領域	
必要とされる教室内での調整	
必要な機器	
試験に必要な調整	

要とする場合もある。Hasnat & Graves（2000）は、発達差のある子ども
もの親は、情報の公表に最初は圧倒されたとしても、伝え方がより直接
的で明確であり、親の心配に対しても理解があり、また多くの情報が
提供されると満足度が高いと指摘している。SpLDと判定された生徒に
とって、新しいアイデンティティに適応し始め、補完できる方略を開拓
し始めると、家族や教師、友達とのネットワークを通しての支援が役に
立つであろう。留学生の場合、例えば滞在国の言葉を学んでいるとすれ
ば、そのネットワークには、クラスメートや寮の友達もしくはホストファ
ミリーなども含まれる。ネットワークを支援できるような公表の仕方
は、生徒が必要な心理的適応ができる枠組みを作る鍵となる。それは親
や友達の態度が、実施される支援への受け止め方に影響するからである。
MacIntyre（2005）は、一つの情報共有の方法として、観察の段階から
親からの支援を得ておき、アセスメントの初期には、子どもにSpLDが
あるかもしれないという思いを持ち始めるようにしておくということを
提案している。スクリーニングやアセスメントの段階で少しずつ情報提
供をしておくと、SpLDと伝えられた場合も、ショックは少なく、子ど
もをうまく支えることができる。

クラスメートへの公表

　教師の責任の一つは、全ての生徒を成功に導く学習環境をつくること
である。そこには教室で充実した協働学習ができる、学びの共同体の構
築も含まれる。SpLDのある生徒は人とのかかわり方が異なる可能性も
あり、クラスメートから理解されにくい場合がある。しかし、その原因
が分かり、またその意味することが分かれば、一風変わった、社交的
ではない行動を周囲が理解しやすくなる。Pollock & Waller（1994）は
以下のように述べている。クラスメートには機能的な面から説明すると、
好ましくない、もしくは突飛な行動の原因は、怠けていたり能力がない
からではないことが理解しやすくなる。多くの場合、いったん状況が理
解できれば、他の生徒は思いやりの気持ちを持って接してくれるだろう。
同時にSpLDのある生徒は、どのようなタイプであっても、他の生徒た
ちと情報を共有することや、SpLDについての質問への答え方を考えて

おく必要があると指摘している。

　一つの対応方法として、SpLD についてのありのままを説明をし、勉強や作業における機能面での特徴とともに、肯定的・否定的両側面の特徴を述べるというアプローチがある。また教室で必要になる対応と、その実現に向けて周りの生徒からの協力について考えることも有用である。SpLD があるとどのように感じるのかについての意識を高めるため、教室でできる活動もある。活動例は補遺 2 を参照。

学校（教育機関）への公表

　SpLD のような障がいについての生徒の情報を学校全体で共有する場合、Rocco（2001: 12）は、公表という行動について「公表するかどうか、また、いつ、どのように公表するかを含んだ一連の過程である」と述べている。公表に伴うリスクもあり、障がいに対するステレオタイプや、障がいがあるという事実だけで本人を判断する態度や行動に対応しなければならない場合もある。SpLD のある生徒の中には、教師や仲間から信頼されなくなったり、公表は成績が悪いことへの言い訳だったり、また授業参加を拒否されるのではないかと心配する者もいる。別の機関に移る場合は、これまでの大変さを忘れ、支援がなくとも自分でやって行けることを証明したいと頑張る生徒もいる（Gilroy & Miles, 1996）。しかし、公表しないという選択をとると、常に失敗するのではないか、分かってしまうのではないかという恐怖心からのストレスを抱えることになる。Lingsom（2008）は、Goffman（1963）の 'passing' 'covering' という言葉を使い、前者（passing）は、SpLD であることを公表せず障がいがないとすること、後者（covering）は、SpLD がある（公表する）ことの影響を大きくとらえないこととした。これが成功するには、時には親友やクラスメート、さらには教員も含めての協力が必要となる。公表する・しない、それぞれの選択に従って、必要な時には計画を立てること・やめること、作業を優先し、時には本人の困難をカバーするために嘘をつくことも必要となる。障がいはないと装うことに費やす労力は、生活の他の面の質を落とすことにもなる場合があるとも指摘

されている。Lingsom（2008）はまた、生徒によっては公表を拒む理由が、障がいに関する恥ずかしさ（汚名）の心配からではなく、周りへの配慮による場合もあると指摘する。ぎこちなさを避けたり過度な注意を引くことは、他の人の気持ちをないがしろにしていると感じるからである。Matthews（2009）は、公表しないという選択は非合理的であったり目標に反するかもしれないが、社会に対してどのようなアイデンティティを提示したいかは、本人の決断によるものであることを強調している。しかしながら、本人が抱える困難を学校が把握していない場合は、受けられるはずの支援や対応が現実とはならない。

　生徒がSpLDがあることの公表に非常に前向きになる理由は数多くある。例えば、授業中の支援や調整への申請が可能になる、教師や支援員との関係が強まる、SpLDによる困難からの心配を軽くすることができる等である。Roberts & Macan（2006）は、公表に関する他の理由として、授業を続けることができるかどうか教職員の反応を知りたい、自分の障がいを明らかにすることにより、障がいを恥とは思わず自尊心を高めたい、などを挙げている。

　したがって、生徒が新しい教育機関・学校に入った際、その機関に障がいのことを伝えるかどうかについては、真剣に考える機会を十分に提供することが、極めて重要である。第一の段階は、願書提出時であろう。多くの生徒が、障がいを公表すると入学の機会を制限されるリスクがあると考える。留学を考え、外国語で願書を書く場合は、説明に必要な専門用語や書き方にも戸惑う可能性もある。次に、入学や授業の初期の段階では、支援員や支援チームの教職員が問題を真剣に検討し、必要な対応を行ってくれるかどうかの話し合いの機会である。その教育機関の情報の受け止め方は、その後の生徒の授業での態度に影響する可能性があり、本人が学校を続け、終えることができるかどうかを決定しうる可能性もある（Rocco, 2001: 11）。

　教育機関の立場からは、情報は早めに、できれば学期が始まる前に提供されることがベストであるのは明らかである。ただし上記のような理由や背景から、遅れて、時には学期が始まってからの場合もある。Lingsom（2008）は、SpLDのような、見えない障がいの公表は、障が

いが見えないがゆえに、周囲に対しては大切なことを思い起こさせるよう、継続的に伝えるプロセスも必要であると述べている。

Lingsom（2008）による、見えない障がいの公表への動機

1．（教育的活動等を）体験するための支援希望（支援機器・調整等が必要な場合がある）

2．要求課題の調整（軽減）（課題達成のためには、柔軟性が求められる場合がある）

3．評価システムの調整（内容を重視した、理解ある採点方法が必要な場合がある）

4．クラスメートとの協働作業（オープンにしておきたいという願望）

5．価値観の変容と政治的行動（障がいについての意識を高める）

6．医療を含めたケアや支援の広がり（支援へのアクセス）

表5-2　授業に関する公表タイミングの長所・短所（Orberts & Macan, 2006、Lingsom, 2008 に基づく）

時期	長所	短所
学期開始前	教師は、必要な対応・調整の準備が可能	教師に、生徒についての先入観を与える・生徒は、自分のアイデンティティと他の生徒への自己提示方法を表現する機会を失う
学期初め	生徒は自分の障がいについて、隠そうとするのではなく、気持ちよく、また自信をもち正直に前向きに過ごすことができる	公表は不適当であり、生徒は周囲に対して、自分の障がいについて悩む
学期終わり	生徒は、自分が周りの同情を求めるのではなく、また自立して勉強ができることを肯定的にとらえた上で、教職員への信頼感から公表を行う	何をするにも遅すぎる可能性があり、教員の側にはフラストレーションと、障がいを見抜けなかった不的確さも残る
学期中に繰り返す	生徒から教師に対して、必要な対応の調整を求めることができる	生徒は、配慮を求めて不満ばかりを言い続けているとみられる
学期中にたまに指摘	生徒は自立していて、支援を必要としていると思われない	見えない障がいについて教員側が忘れ、問題がないと思う危険性がある

SpLD と判定され関係者に必要な情報が共有されると、生徒が外国語の授業をはじめとする学びに参加し、目標の達成に向けて必要な対応や調整に取り組めるようになる。第6章、第7章、第8章では、授業や評価における対応や調整の方法について述べる。

重要項目のまとめ

- 外国語を教える教師は、生徒が通常の言語学習では直面しない困難を察知できる最初の人かもしれない。それは、これまで SpLD と判定されなかった生徒が、従来使っていた学習方略が機能しない、新たな必要性に直面する可能性があるからだ。
- 教師にとって、外国語学習で生徒の SpLD から生ずる様々な困難を解決することは極めて難しい。SpLD の判定にあたっては、生徒の書いたものに頼りすぎず、下位認知機能に注目することが重要である。
- 教師は、生徒に SpLD の兆候が感じられたらすぐに、組織的な観察を開始すべきである。特に学習者が幼い場合は、家族による観察も必要である。
- 観察の過程で、SpLD の特徴に一致する行動パターンがみられる場合、一度SpLD と切り離して、その行動の原因が SpLD によるものか否かを特定するための面接スクリーニングを実施する必要がある。
- もし前述のスクリーニングの過程で、長期的な疾病、学校の欠席、感覚上の障がいなどの理由が見られないようであれば、当該生徒の強みと弱みを明らかにすることができる専門家による、より本格的な認知アセスメントが必要となる場合もある。
- 正式なアセスメントの結果報告は、生徒に対して必ず、個々の年齢や背景を考慮し、十二分な配慮のもと行わなければならない。適切、かつ可能な支援についての説明も必要である。
- 生徒の了解のもと、アセスメント結果の情報は、支援体制を組むことができる当人と関係のある全ての教員、家族、友人

に伝えられるべきである。

●すでに SpLD と判定された生徒が転校してきた場合は、教職員への情報共有について複数の方法が提示されること、また教職員が対応方法を知っていること、誰まで情報が共有されるべきかを判断することなどが重要である。

演習問題

1．あなたが担当する外国語のクラスで、生徒は、どのような困難を抱えているか。
2．困難を抱えている生徒の1人について、観察計画を立ててみよ。何時間か観察を続け、SpLD と一致するような行動があれば記録せよ。
3．どのような時に生徒は、SpLD であることを、あなたや他の教職員に公表するだろうか。それは言語的・文化的に適当だろうか。
4．SpLD のある生徒一人を取り出すのではなく、学級全体の意識を高めるために、あなたは授業で SpLD についてどのように説明をするか。

推薦図書

Geva, E. (2000). Issues in the assessment of reading disabilities in L2 children – Beliefs and research evidence. *Dyslexia*, 6, 13–28.

Rose, C. (2006). *Do you have a Disability – Yes or No? Or is There a Better Way of Asking?* London: Learning and Skills Development Agency.

第**6**章

学び方の違いへの配慮

はじめに

　真の意味でのインクルーシブな教育制度では多様性というものが当たり前であるとみなされるので、SpLD のある生徒への特別な配慮はもはや必要ではなくなる。しかしながら、こうした理想郷的な状況に達するまでは、全ての学習者が他のクラスメートと同じ立場で教育を受ける権利を得るために一定の適切な配慮が必要になる。SpLD のある生徒は教室環境に対して様々な形で反応するため、その意味でもそうした配慮は必要である。物理的な環境、例えば利用可能な家具や設備といったものは、通常、第三者が決定し、教師の手の及ばない点ではあるが、学習者にとって適切な環境を構築するための重要な点として何を検討しなければならないかを教える側がある程度理解しておくことは、自らの教室環境を最大限活用する上でも有益である。

　同様に、カリキュラムは管理職や政府、試験関連の委員会などの外部機関によって決められるケースが多いが、授業の中で具体的な教育内容を提示する上では、全ての学習者が可能な限りその内容を享受できるために教師が取りうる方策は多々ありうる。本章ではそうしたタスクの体系化のあり方について簡単に触れるが、タスクのタイプについての詳しい議論には言及しない（この点についての詳しい情報は「第7章　言語教授のための指導法」を参照のこと）。

　教師のコントロール下に十分入る事柄の一つとして誰が誰とかかわるのか、また、学習がどのように促進されるのかといった意味での授業のマネージメントに関することが考えられる。したがって、本章では、教師行動が SpLD のある生徒の言語学習経験にどのようにプラスに影響するのかといった点に特に焦点を当てる。ここで示される提言の多くは、経験ある教師にとっては通常行われている優れた実践と同じように思えるかもしれない。確かにその通りなのである。もちろん一人ひとりの学習者の強みや弱みに対応するために何がしかの調整は必要となってくるが、SpLD のある学習者にとっての優れた実践というものは、通常クラス全員にとっても良いものなのである。

環　境

　上で議論してきたように、SpLD のある生徒は世界を独自の観点から
とらえるので、教室の物理的環境を考慮する際にこの点に留意してお
くことが重要になる。SpLD が原因でつまずきを経験する人たちは、光
のレベルに大変敏感でありうること、とりわけ身近な環境における温
度や音量レベルに対して敏感であることが指摘されている（Bogdashina,
2003）。また、身体接触に関して敏感に反応するという点も本書で考察
する SpLD のある一定の学習者の中には特徴的なものであることも明ら
かにされている。

> 　感覚刺激に対する強い感受性があるために、注意欠陥・多動
> 性障がいの成人は、特に感覚に過重な負担をかけたり、逆に負
> 担をかけすぎなかったりする傾向にある。とりわけ、灯り、音、
> 温度、触覚的な感覚、匂い、強い味に極めて敏感である。これ
> ら全ての要素が、本人は気づかず、理解しないままに、自身の
> 気分、注意深さ、行動レベルに直接的な影響を及ぼし得るので
> ある（Gutman & Szczepanski, 2005: 24）。

光、温度、音量

　光が明るすぎると一定の視覚のゆがみといった問題や、やがては偏頭
痛をひきおこす原因となりうる。視覚のゆがみにはテキストがぼやけた
り、かすかに光ったり、消えたりといったとらえ方も考えられ、そうな
ると読むことそのものが難しくなる。人によっては蛍光灯の灯りも仕事
を進めることができなくなるくらいに問題を引き起こす原因となりうる。
たいていの人は、電球や蛍光管の寿命がなくなることを示す灯りの点滅
状態から生じる不快感を味わった経験があるだろう。他の人が感じない
場合でも SpLD のある人々がしばしば経験するのもこうした状態に類似
しているように思われる。普通は、自然からの採光が学習を進める上で

最善の灯りなのであるが、それが難しい場合は「自然な」「日光タイプの」電球を利用することで、ここで述べた諸問題を幾分かは緩和しうる。色のついた覆いや紙を利用することで、白い用紙に黒の印刷物がある場合のまぶしい光を減少させる効果もある。座席の位置を変えることもホワイトボードに反射する光を弱める上で有効である。このような問題が長く続くような場合は、生徒は授業でサングラスをかけたり、長期的には予算さえ許せば、専門家の検眼士からの助言を得て色付きのレンズをかけることも試みるとよい。

　少し肌寒かったり、あるいは暖かすぎたりする教室で授業を行うことは私たち多くの者にとって不快なものであるが、温度に極めて敏感な人にとっては、わずかな（温度の）変化でも非常に気が散るものであり、耐えられないものでもある。授業の始まりにおいて全員が心地よい状態であるということや温度の調節が必要な場合はどのようなルールに従うべきかを明確に示すということは大切である。こうした配慮により一個人がクラスメートと相談せずに独断で窓を開けたり、暖房を調節したりすることを決めてしまい、その結果生じる衝突を回避することができる（さらに、丁寧な社交的な言語使用や交渉スキルを練習するための良い機会を提供することにもなる！）。当然のことではあるが、生徒に重ね着をすすめたり、必要に応じて個人で衣服を調節するように言ってもよい。生徒に何を身に着けるかを助言することは教師の責任範囲を超えていると考える読者もいるかもしれないが、慎重になされるのであれば、そうした配慮のある助言を SpLD のある生徒は嬉しく感じるものである。

　SpLD のある人の中には、また、散漫傾向にある人にとっては、視線の中に何か動くものがあれば注意を集中することが難しい場合もある。同じことが音についても言えて、とりわけ音量に過敏に反応する人にとっては、そのことが当てはまる。大半の学習者にとっては、教室の外から聞こえてくる音を遮断することは難しくないかもしれないが、SpLD のある生徒にとってはその音が気を散らす原因となり、学習内容から注意をそらしてしまうことになる。同様に、教室にいる大半の生徒にとっては、議論したり、目標言語を練習するなどのペアやグループでの目的を持った学習のための「騒音」（大きな声）と思われるものも、音量に敏感な

個人にとっては不協和音として認識される場合もある。こうした生徒にはペアの相手と活動するための別の場所が準備されていれば理想的な解決策になろうが、もしそれが難しいようであれば、「騒音」が「叫び声」にならないように、また、クラスの残りの生徒たちにも大きな音量はクラスメートにとって不快であるという点に気づかせるなどの指導が必要である。

家　具

　生徒が経験する特別なSpLDが、協調運動障がいの諸側面として発現する場合、教室内の家具の配置が当該生徒の学習にどう影響するかを考えておくことは意味のあることである。

　今日の大半の教室には2人あるいはそれ以上の生徒が一緒に使う平らな机が配置されているが、多くの生徒たちは、書く作業の時には斜めになっている机に手を置いたほうが心地よいと判断する。よく考えてみると現代の教授法からすれば、あまりにも厳格に配置されていたといった欠点はあるものの、19世紀や20世紀初頭の教室で使われていた個人別の斜めに傾斜している机のほうが、こうした生徒たちには勧められるのかもしれない。傾斜している面にもたれることにより、手首と前腕を支えながら、同時に書き手にとって理想的な形で手の動きを自然な状態に保つことが可能になる。生徒がきれいな手書き文字を書くのに苦労しているようであれば、ペンの握りや手の位置をチェックするとよい。というのも生徒の第一言語がアルファベット書体とは異なる書体を用いている場合は、その点での調節が必要だからである（Sassoon, 1995）。ペンの握りが適切であれば、ページの傾きを調節することも有益である。手書き専用の傾斜台が売られているが、リング型のバインダーや弓型レバーのファイルも短期的には十分に機能しうる（注：文房具の中のリングファイルやレバー式のファイルなどを利用して傾斜のある部分に手を置いて書くという意味）。

　個人の空間という点もSpLDのある学習者には重要な意味を持ち、一つの机を他の生徒と共有することは理想とは言えない学習者も存在する。ノート、教科書、辞書、ペンなどを乱雑に散らかしてしまうような、自

分自身の勉強スペースを整頓するのが困難な生徒は、隣の人と机を共有しなくてはならないことに躊躇するだろうし、隣の生徒も不快に感じるだろう。アスペルガー症候群傾向の生徒の中には個人で学習することがより自然であると考える者もおり、注意欠陥・多動性障がい傾向の生徒は他の学習者が一定の距離をおいて離れているとより集中しやすいと感じる。教室のレイアウトはその部屋の物理的な条件に依存するものではあるが、こうした問題を認識しておくことで教師は教室内の家具の配置を最大限に生かすための計画を立てることができる。可能であれば、アスペルガー症候群や注意欠陥・多動性障がいの生徒には自分たちにとって教室環境が苦しすぎる場合に、避難することが可能な指定された「避難場所」があれば助かるだろう。それは、教室内の静かな角の場所であるとか、教室とは異なる別の場所でもよい。こうした場所を使う手続きについてはコースのはじめに該当の生徒と教師とで共通理解を得ておく必要があり、他のクラスメートたちもそうした状況について理解しておくべきである。

設　備

　ここ十年余りにわたり、教室内での言語学習全般を支える上で、とりわけ様々な障がいへの配慮をする上で利用可能な設備の範囲は大きく広がり、発展してきている。技術面での進歩は情報通信技術が多くの教室で利用できるということや、電子機器は価格が安いだけでなく、コンパクトになり、持ち運びにも便利で、より複雑な機能を備えているということを意味している。しかしながら、新たな技術は SpLD のある学習者にとって極めて有益ではあるが、詳細は後に議論するように、実際には今でも、古くからの紙ベースの技術も一定の役割を担っており、より進んだ電子システムが機能しなくなった場合の有力なバックアップに変わりはないということは心に留めておきたい。

　SpLD のある生徒の多くが共通に持つ特徴の一つが第2章、第3章で議論した短期記憶やワーキングメモリの弱さである。つまり、こうした生徒は宿題として設定された学習内容を忘れたり、特定の情報や本をクラスに持参することを忘れがちである。こうした問題に対する簡単な解

決策はこのような生徒に（実際にはクラスの全員にとっても）小さなノートや日記を持ち運ぶようにさせることである。そうしたノートや日記には覚えておくべき事柄に加えて、必要であれば教師自身が宿題を記録しておくこともできる。もちろん多くの場合、携帯電話や個人情報整理ツールといったものが、広くこのような役割を担いつつあるが、たとえバックアップのシステムだけだとしても、教師と生徒の双方が書き込みができ、素早く利用できるポケットタイプの日記は十分に価値のあるものである。紙ベースのこうした素材は、電子機器にはない触覚的な特質を持っており、多くの学習者に有益な多感覚な支援ともなる。運動感覚上位の学習者には、最も有益な学習補助手段の一つが一組のキジネア棒（注：1〜10cmの、赤や青などで彩色された棒で、通常は子どもに数の概念や算数の基礎を指導する教具として用いられる）である。それは、記憶を強化する支援となったり、抽象的な概念をより具体化するなど、様々な形で用いることができる教具である。例えば注意欠陥・多動性障がい傾向があり、落ち着きに欠ける生徒にとって、キジネア棒は集中力を維持する上での「手遊び杭」としても役立つ。他の便利な「手遊び杭」には一かたまりのブルータック、プラスチック製のもつれ糸等、静かに操作できる他のあらゆるタイプのものが含まれるが、これらの用具により指遊びに夢中になり、結果として集中力を高めることができるのである。

　教室内でコンピューターを利用できるのであれば、注意欠陥・多動性障がいの生徒のための有益な活用方法はたくさんある。Gilroy & Miles (1996) が示唆するように、基本的なワープロとして使うと書くことに関するプレッシャーの多くを減らすことになる。例えば手書き文字の丁寧さについての心配はしなくてよいし、いろいろなアイデアを簡単に整理できるし、また正確に綴れることは、より高い自尊心やより深い自信にもつながる。Singleton (1994) もコンピューターを使うこうしたプラスの影響として、これまで言語教室でマイナスの経験をしていたと思われる生徒たちの動機や意欲といったものを向上させる点を指摘している。専門家向けのソフトウェアがなくても、大部分のコンピューターは拡大したり、異なるフォントを使用したり、画面のまぶしさを下げるために背景を変えたりといったようにテキストのレイアウトを変える機

能を有する一連のツールを備えている。スキャナーにつながれていれば、どんなテキストでも学習者の好みに応じて調節することが可能となる。Schneider & Crombie（2003）は、こうしたテクノロジーを媒介とした言語学習は生徒の自律性を高めると指摘している。自分なりのペースで学習したり、好きなだけ何度も教材に立ち戻ったり、場合によっては自分たちに最も適している教材に全員が一度にアクセスすることも可能である。こうしたことは、あらゆる学習者にとってプラスになるが、とりわけ注意欠陥・多動性障がいのある学習者にはプラスになる。

　ここまで述べてきたようにコンピューターを使う明らかな利点はあるものの、専門家対象のソフトウエアでなければ、英語の同音異義語を区別するだけの精緻なワープロソフトはほとんどない（例えば、書き手が「彼らの」の代わりに「そこで」とタイプしても、スペルチェック機能は誤用語ではなく、無意味語のみをチェックするので、その誤りを指摘することはできない）。意味と共にスペリングの選択肢も書き手に提供する、より精緻ないくつかのプログラムもすでに販売されている。例えば、英国では「テキストヘルプ」としてよく知られているが、これは情報にアクセスする認知的な負担を軽減するためにスクリーン上の情報を読むソフトウエアを組み込んでいるものである。音声認識ソフトウエアはスペリングを心配しなくてよく、手で書くことやコンピューターのキーボードを打つことのいずれの場合でも身体的な負担を考えることなく、生徒が質の高いテキストを産出することを可能にしてくれる。マインドマップを用いて作品を構想することを可能にするソフトウエアも多くの形式で利用できる。そうしたものの中にはネットから無料で入手できるものもある（Bubbl.us）。こうしたプログラムはしばしば変更したり、アイデアを発展させたりすることを可能にすることに加えて、非常に視覚的であり、色鮮やかなので、注意欠陥・多動性障がいのある学習者には大変有益なものである。

　小さな手のひらサイズの器具もより高度化しており、学習者のために発音したり、学習者が後で利用できるように、会議や講義の記録を高品質にデジタル録音できる携帯電話や個人情報整理ツールも登場している。これにより聴覚面の記憶や身体の動きのコントロールの弱い学習者

にとっては困難だと思われる「何かを聞きながら同時にメモを取る」といった複雑な課題も回避できる。デジタルレコーダーの中には、理解を促進するために録音した内容をより遅いスピードで再生できるものもある。また、画面上に視覚的に示すことができるように、録音した内容を小さなチャンクに分析できるソフトウエアもある。そうすることで生徒は口頭で与えられるテキストの一つの小さな部分に一度に注意を向けることができるようになり、次に進む前に内容に関してメモを追加することもできる。

こうしたより高度なシステムの発展により、注意欠陥・多動性障がいのある多くの人々にとって生活は随分すごしやすいものになってきており、注意欠陥・多動性障がいではないクラスメートと席を並べて学ぶことができるようになってきている。以前であれば、言語学習を「免除されて」きたかもしれないのである（言い換えれば、排除され、クラスメートと同じ機会を与えられていなかったということなのだが）。しかしながら、利用しうる多様な科学技術の支援があるにせよ、それでもやはり言語学習者にとって有効な学習スキルを伸ばす必要はあり、この点を本章の後半で考察する。

教　材

教材の選択は教師のコントロールの及ばない部分ではあるが、学習者に教材をどう提示するかについて教師が様々な工夫を加えることは可能である。理想的には、教材の見た目はできるだけストレスを生まないものが望ましい。学習者が感覚面で過重な負荷を感じたり、視覚的な面で妨げになったりという点や一度にあまりにたくさんの項目に注意を払うことが困難であるという点に留意すると、教材はすっきりしたものであり、目で追うのが容易であるような体裁を備えているべきである。残念ながら言語教育教材の現代の流れは、流行の雑誌スタイルを真似て、明るく、にぎやかなページを追いかけているようである。こうした教材はその特徴として、ページにまたがって明確な順番があるわけでもなく配列され、細かいセクションから構成され、しばしばある一定のイメージに基づいて印刷されたテキストを使用している。こうしたスタイルの教

図6-1　二つのタイプのテキスト窓

科書は視覚的な処理の面で困難を抱える学習者には大きな混乱をもたら
すものであるが、このような教材の問題を解消するために教師がなしう
ることも以下に述べるように多々ある。

　解決策の一つは、一枚の用紙に一つの穴を開けるという簡単なもの、
つまり「テキスト窓」を作ることである。その窓を教材の該当ページに
当てて不必要な情報の多くを遮断し、学習者にその時に取り組む必要が
あるテキストの該当箇所のみに注目させるのである。より融通の利くテ
キスト窓としては二枚のL字型の用紙を上下に組み合わせて、窓の大き
さを調節できるよう、ずらして使える形にすることも可能である。

　最も大切な点は、テキストが十分に大きく、学習者が容易に読めるフォ
ントであるということを常に保障するということである。10ポイント
かそれ以上のフォントで書かれたテキストを読むのに苦労する学習者は
視力検査を受けたほうがよいが、注意欠陥・多動性障がいのある多くの
学習者は14 ないし16ポイントのように大きなフォントを好む。という
のも、より濃い線を追うことのほうが簡単であるし、単語間により広い
スペースがあるということで、単語同士を混乱してしまう心配が減るか
らである。以下のボックスに示されているように、より広くスペースを
取ることもまた有益であり、この点でフォントの選択は大切である。

　分かりやすいフォントで提示されていないために、学習者がテキスト
を読むのに困難を覚えるようであれば、教師は必要なページをスキャン
して再構成したり、より分かりやすいスタイルで主要な箇所をタイプし

> Most people agree that a font without serifs (curly additions to the letters) is easier to read than one with serifs.
>
> Compare these words in 12 point <u>Times New Roman</u> – a very commonly used serif font
>
> to these words in 12 point <u>Arial</u>, which appear bigger even at the same point level.
>
> Another element of the font that can be confusing, particularly for learners who are relatively unfamiliar with the Latin script, is the difference between handwritten lower case 'a' and the typical print style: 'a'. Some fonts replicate the handwritten style:
>
> <u>Comic Sans MS</u> is a relatively informal font,
>
> whereas <u>Century Gothic</u> can be used in more formal contexts.
>
> These fonts may be preferred to Times New Roman, and even Arial, in producing materials for language learners.

なおすということも検討する必要がある（もちろん、版権にかかわる法律に留意しながらではあるが）。

　前述したように、教材の背景色は注意欠陥・多動性障がいのある学習者にとっての理解度に大きな影響を持つものである。パステル色の用紙にハンドアウトを作成するというのも有益である。クラス全員が色のついたハンドアウトを受け取ることにすれば、注意欠陥・多動性障がいのある学習者は自分たちだけが特別ではないということになるので、クラスに平等に参加していると感じるだろう。また、注意欠陥・多動性障がいとは認定されていない学習者にとっても、テキストを読むために費やされる負担を灰白色の背景が緩和してくれるということも考えられる。

カリキュラム

教科内容の編成

　前述したようにカリキュラムは教師によって決められるものではない。しかしながら、教育内容の提示や編成の方法は、間違いなく教師の主要な責務でもある。教科書は通常、継続的に用いられ、多くの場合一週間に一定時間指導するといったようなコースに合うように作られている。こうしたデザインはもちろん全ての状況に適合するわけではない。

教科書に示されている規定のパターンに必ずしも従うことなく、教師が毎回の授業でどの程度教科書を扱うことができるか、休憩をどこで取るかを再検討しうるだけの自信を持っておくことは大切である。ある特定の言語項目を練習するために追加の活動や教材を提供するというのは、SpLD のある学習者にとっては大切である。というのも彼らにとっては新しい情報を吸収し、長期記憶に留めるには、しばしばより長い時間がかかるからである。

この点を実現するための鍵は、「過剰学習」（注：何度も繰り返し、時間をかけた学習）のための十分な機会を提供することである。つまり、いくつかの行動や複数の下位技能を一つの行為にまとめることによって自動化が促進され、次に、今度はそのことがより複雑なタスク実行の際に一定の手順で成し遂げられるような細かな定まった活動になるように、異なる場面で同じ情報に何度も触れる機会を提供するのである。Schneider & Crombie（2003）は、理解から産出へ、口頭言語から文字テキストへと進むことを推奨している。

学習者の学習に対する好みの様式や経路について知り、学習者に最も適切な形で教材を提示することは有効な支援であるということを今では多くの教師が理解している。この点のマイナス面は学習者の強みは明らかに生かせるものの、より弱い学習経路は無視されるという点である。さらに、教師自身の好みのモダリティを考慮すると同時に、どのような

・発話を聞いて非言語的に理解を示す （例えば適切な絵を示したり、動きを演じたりすることで）
・発話を聞いて言葉で反応する
・話し言葉でのやり取りを始める
・書かれた単語や文を理解し、言葉で反応する
・書かれた単語や文を理解し、書き言葉で反応する
・書かれた言葉でのやり取りを始める／自立的に書く

図6-2　推奨されるタスクの進展

クラスであれ視覚、聴覚、運動感覚上位のそれぞれのタイプの学習者が混在する可能性があるということである。したがって、クラス全体にとって最も有益なのは、多感覚のアプローチであるということになろう。視聴覚と触覚教材を統合して、多感覚の教材を利用することでディスレクシアのある学習者は自分にとってより得意なインプットの経路を使うことができ、同時に多感覚アプローチでなければ使わないと思われる他の経路を伸ばすことが可能となる。Dunn他（1989）はSpLDの有無に限らず一定範囲の感覚様式を通じて情報を活用する学習者のほうが、学習により成功するということを示している（注：多感覚アプローチについては第7章を参照のこと）。

　考慮すべき有益な学習スタイルのもう一つの側面として「全体的」と「分析的」といった区別がある。全体的な学習者は一つの作業の最初の段階から、より大きな絵を見ることができることを好み、どこに向かっているのかを知るまでは作業を始めることができない傾向にある。教師はこうした学習者に対して授業のはじめにレッスン全体の構成を提示することや中期的、長期的目標を設定することで支援することができる。マインドマッピングの技法を使用することは、特にこうした学習者にとってはプラスになる。全体のエッセイやプロジェクトそのものを非常に早く計画することができ、自分にとって最も快適な部分に取り組みながら、マインドマップを一つの枠組みとして利用することができる。こうした学習者はエッセイのいくつかの部分に関して作業を始めて、アイデアが思い浮かぶにつれて一つのセクションから別のセクションへと移動する傾向がある。Chinn（2001）はこうした直観的な学習者を「バッタ」にうまく喩えている。他方、クラスの「尺取虫」タイプの学習者は学習に対してより連続的なアプローチを好み、一度に全体像を多く目にすると混乱してしまう。教師はこうした学習者に対しては授業が進行する上での明確な段階を提示することや大きなタスクをより小さな部分に分割するなどによって最大限支援しうる。彼らにとっては、一度にひとつ先の段階を見通し、それぞれの段階に焦点を当て、次の段階に進む前にひとつ前の段階を完結することのほうがより望ましいのである。こうした学習者にとっては、Mortimore（2008）はマインドマップよりも計画用

のグリッド（格子）やチェイン（鎖、矢印）の使用を薦めている。彼女はより広い範囲のテキストタイプに応用可能な「状況」「問題」「解決」「結果」といったような単純な枠組みをこうした学習者には用いることを推奨している。これらは、アイデアをとらえたり、書く作品について事前に計画することを可能にする一定のパターン化された、つながりのある手法なのである。

　新しい教材の長期的な習得を促すもう一つの重要な方略は、学習者がすでに安心感を持っている他のトピックや情報に関連付けて支援を行うことである。学習者自身がつながりを作り、それらを視覚的に記録したり、クラスメートと議論したりすることにより、このアプローチはより有効なものとなる。SpLD のある学習者が考えるつながりというものは、クラスメートには時に驚くような内容になりうるが、そうした普通ではないようなアイデアが記憶に留まりやすくなるので、それはクラス全体にとっても有益なものとなりうる。

教室内タスクとアセスメント

　どんなタスクを選ぼうと、そのタスクは反復や既習事項に再度触れるための多くの機会を提供する可能性を含むべきである。理想的には、タスクは広範囲の多感覚活動を含んでいる必要がある。言語の音韻と綴り字との相互関係にはっきりと焦点をおくことは、音と文字とを合致させる上で明示的な指導を必要とする SpLD のある多くの学習者には不可欠である。アセスメントとしての新たなタスクにどう対応すればよいかを学ばなければならない認知的な負担を学習者にさらに与えないように、授業の中で用いられるタスクの種類は、理想的にはアセスメントのタスクにも反映されているべきである。より正式な形での書くことを求めるタスクに加えて、あるいはそうしたタスクの代わりに、以下に挙げるような学習者の理解度を示す広範囲にわたる証拠物として認められることもできよう。例えば複雑な読み書きのための学習に取り込むことによりタスクそのものを複雑にするのではなく、目標言語をどの程度理解し、吸収しているかを示すマインドマップや図、傍点（箇条書きによる要約）、絵、モデル、短い演技などを産出するように生徒に求めることも考えられる。

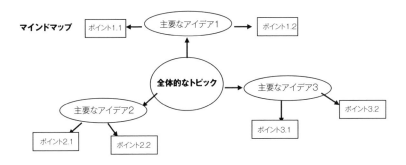

図6-3　マインドマップとグリッドとの比較

個人差

　学習者の個人差については多くのことが言われ書かれているが、教室の中では現実にはそれほど多くの支援がなされているようには思えない。教師はより支援を必要とする学習者と過ごす時間が取れないことや、一人の学習者を支援して別の学習者を支援しなければ「不公平」であるといったことをよく言う（Smith, 2008）。実際、全ての学習者に公平であろうとすれば、全員一律ではなく一人ひとりそれぞれ異なった形で対応する必要がある。一方で、教室で必要以上に多くの時間を費やすということも避けなければならない。このような点を勘案して、個人差への有効な対応として、四つの観点、つまり教材、タスク、期待、支援といった側面を考慮することによって、個人差に配慮した支援を実現できる。以下これら四つの観点を順に考察する。

　教材の観点から個別に対応するということは、それぞれ異なる学習者のために全く異なった教材を提供するということではなく、個々の生徒の注意を教材の適切な箇所に、また練習やワークブックがある場合、追

加の練習を提供するということである。教師は学習者の読解能力に基づいて異なる学習者に対して与えられたテキストの異なる部分（あるいは異なるテキストそのもの）を課すこともできる。読むことが簡単であると考える生徒は、入手可能であればフォローアップのテキストを読んだり、さらに練習問題に取り組むといったことも考えられる。情報処理に時間がかかる生徒は、教師が授業に最低限必要だと思われるタスクをやり遂げるように、また希望すれば自宅で同じ教材に取り組むことができる機会を持てるように支援する必要がある。教材を個別に対応させるということは、もちろんタスクの個別化とも密接につながっている。タスクの個別化では生徒は完成すべき異なった学習量のタスクを与えられたり、同じ教材を用いながらも全く異なるタスクを与えられる場合も考えられる。大きな能力差のある学習者集団における一例としては、クラスに新聞記事を提示して、何人かの生徒には記事の中にある全ての名前を蛍光ペンでマークするということを求めたり（つまり、新しい文で始まらない大文字の単語を見つけ出すことによって）、概要を読み取る生徒もいたり、細かな内容を読み取る生徒もいたりするのである。フィードバックとしては最初のグループにはテキストは誰について書かれたものかを、二番目のグループには何が起こったかを聞き、三番目のグループには細かな内容（「いつ」「なぜ」）を提供するように求めたりすること等が考えられる。このようにして、教室内の誰もが目標言語で自分なりの可能なレベルでクラスの議論に貢献することが可能となる。あるいは、生徒たちが得意な部分を生かせるように、グループワークの中で異なった役割を与えることも考えられる。書くことに自信のないディスレクシアや協調運動障がいのある学習者は、書くといったタスクを避けることができ、その代わりにグループタスクに対して創造的なアイデアを提供することに集中することができよう。もちろん、それがその学習者の得意な点であればの話であるが（このケースとは逆にアスペルガー症候群の生徒であれば、グループの書記係や秘書になり、残りのクラスメートの発言内容を正確に記録することを好むかもしれない）。

　こうした教材、タスクという二つの観点からの個人差への対応は、また、教師が学習者に抱いている期待とも密接につながっている。時に教師は、

最適な状況が与えられた場合に、学習者が成し遂げる事柄に驚かされることがある。他方、自身の能力以上の内容を達成するように絶えず求められることは、学習者にとっては気の滅入ることでもある。したがって、教師側の期待感を個人に応じて変化させるということは、達成不可能な目標を設定することなく、生徒に前に進むことを促す手段として機能することになる。これは、生徒が活動に取り組んでいる間にフィードバックを与えることによって達成しうる。また、もし教師が学習の目標に到達していないと判断すれば、書く作品の構造、語彙の範囲、用いられる読解方法などについて明確な指針を与えることも可能であろう。ここから、（SpLDであろうとなかろうと）全ての個々の学習者が異なった種類の、異なったレベルの支援を必要としているという点に留意した支援の個別化という考えがスタートするのである。集中するのに時間がかかったり、邪魔がなければ最もよく学習に取り組める学習者もいる。また、タスク内容を忘れたり、タスクを始める上でつまずきを経験する学習者もいる——こうした学習者は活動の始まりの部分で、より多くの支援を必要としている。トピックやタスクからはずれないように注意を喚起する必要のある学習者もおり（学習者は気づかないので教師側がそのことを認識して）、スペリングやレイアウトなどの書く作品の表面的な点についての支援を必要とする学習者もいる。

コミュニケーション

　言語教育において優れた実践を行うことへの鍵となるものは、明確なコミュニケーションを取るということであり、この点はSpLDのある生徒にとっては特に重要である。聴覚処理が遅い学習者もいるので、何度も理解度のチェックを行いながら、授業が進む中で教師からの指示や説明を理解しているということを確認することが、より一層重要となる。生徒が理解していないと思われる場合には、情報を処理するために少しばかり時間を多めに与えたり、必要であれば同じ言葉を繰り返すとよい。前に用いた言葉から表現を言い換えるというのは、生徒が情報を処理するのに十分な時間があり、また、はじめに用いた語彙を生徒が理解して

いないということが明らかな場合のみになされるべきである。生徒が後で参照できる記録として持っておくことができるように、重要な情報は文字と口頭の両方で与えることも試みてよい。

指　示

明確、かつ簡単な指示を全ての教師が目指すべきであるが、不幸にも指示に用いる言葉をあまりにも高度な内容にしたり、必要以上に複雑にしてしまうことは往々にしてある。SpLD のある生徒の場合、曖昧さは全くないものにすることが肝要であり、可能であれば比喩的な言葉を用いることは避けるのがベストである。アスペルガー症候群傾向のある生徒は、言われることを全て文字通りに受け取る可能性があり、それは教師が予想できないような結果をもたらすこともある。指示の明確さを改善する一つの方法は、授業の前に指示を計画することに時間を使うことであり、指示を書いたりタイプに打っておくこと、また、そうした書かれた指示内容が手助けになると判断される生徒にはそのコピーを渡しておくことである。この場合、指示は一つのポイントに一つの行為といったように、ポイントを押さえたリスト形式にしておく必要がある。個々の行動が明確に記述され、行動のための時間の物差しが学習者を導くために提示される必要もある。SpLD のある学習者の中には次の段階に進むまでにそれまでの全ての段階が完全に終わっていることを確かめたいとか、時間が過ぎているのに気づかない者もいる。タスクや活動が一度説明されたら、途中で変更することはできるだけ避けて、説明された通りに進められるべきである。（例えば避難訓練や来客などで）予定外の出来事が入ったために計画を変更するということは教室ではよくあることだが、SpLD のある学習者にとっては、他の大半の学習者と比べて、予定を変えたり、新しい指示を理解することは随分難しいことなのである。そのような予期しない出来事の後では、こうした学習者は学習内容に再びきちんと戻るために仕切り直す上での更なる支援を必要とする。

フィードバック

SpLD のある生徒は、大多数の人達とは異なった形で世界を認識して

いるように見受けられ、したがって他者がそれほど容易にはしないような関連付けをすることができる。このため、様々な考えがクラスから導き出される場合、SpLDのある学習者は若干曖昧と思われたり、全く不適切だと思われるような考えや提案をする場合もある。しかしながら、提案された考えが授業の議論にどう関連するのかが即座には、分からない場合でも、教師が全ての考えを積極的に認め、褒めるということは重要である。関連性が教師には明確でない場合でも、クラスの他の生徒が異なった考え方や、考えるプロセスに触れることから何かを得ることもありうる。

　SpLDのある生徒が成し遂げた、あるいは現在取り組んでいる課題についてフィードバックをする場合、指示を与える場合と同様に、どの点が良いのか、また、さらに何が必要なのかなどについて十分に明確にしておくことが肝要である。改善を示唆する場合でも、明確にすること、あるいは課題を改善する方法を具体的に示すことが重要である。

　口頭にしろ文字にしろフィードバックを与える際には、もっと努力すべき部分について何か言及する前に、肯定的な内容のフィードバックで始めたり、可能であればプラスの響きを持って終えることが望ましいと一般的には考えられている。フィードバックを与える際に、時に敏感になったり、学習者を勇気付けたいという一心で教師が学習者の作品の質について明らかにプラスにとらえようとする場合もあろう。もちろん、学習者の自尊心を守ることは重要である。肯定的なフィードバックは、言語学習の不可欠な要素である学習者の自尊心を構築する上で重要な役割を果たす。しかしながら、生徒に自らの能力レベルについて非現実的な期待を持たせるよりも、率直に正直に建設的な助言をしたり、作品をどうすれば改善できるかに関しての具体例を提供したりすることのほうがもっと望ましい。

自尊心

　事実を覚えたりテキストで勉強するなどのように学校教育の基本的な部分で絶えず困難を抱えている学習者にとって、とりわけ言語使用や言語習得にかかわる部分では、自尊心は極めて低いだろうということ

は容易に想像できる。自己像は引っ越しや移住といった激しい変化（極めて心的なショックをもたらすような出来事と結びつけられる ESL の環境下に特に関係しているのだが）や社会経済的な地位の変化といったように重要な生活体験によって、マイナスの影響を受けるものでもある。否定的な自己像や低い自尊心は行動上の問題（注意欠陥・多動性障がいやアスペルガー症候群により複雑になるが、そのことが生徒を非協力的であったり、問題児であるように見えさせてしまうのだが）や身体的、精神的に教室環境から退くといった行動などのような多くの形で表面化しうる。新学年の始まりなどの変わり目の時期や新しい学校での最初の数週間等は、SpLD のある学習者にはとりわけ困難なものになりうるが、この点は第9章で詳しく考察する。自信が低ければ、学習場面だけでなく社会的な場面でも笑われたり、失敗したりすることを恐れて見知らぬ人々と交流するといった面での学習者の能力や態度にマイナスの影響を及ぼすことも考えられる。生徒は、自分がうまくできないと思っている活動を避ける手立てを見つけるだろう。このような場合、教師は生徒が重要な学びの機会から「逃れる」ことを許さずに、その一方でそれでもこのような点について敏感である必要がある。チャレンジングな活動を準備し、全ての学習者に自信という芽を育てるための活動を準備しておく必要がある。

　例えば、授業における音読は文法的に正確な文を作るということを気にかけずに、発音に取り組める機会を学習者に提供することを意図して、言語の授業に取り込める活動の一つである。SpLD のある多くの学習者にとって第一言語で音読するということも極めて緊張を伴うものであり、音読をするのに困難を感じるが、そうした試みは目標言語での音読であれば一層増す。もちろんクラスメートも間違えて発音したり、単語の読みでつまずくこともあるかもしれないが、読むことに対してクラスの中では自分は最低レベルであると信じている学習者にとっては、それはほとんど慰めにもならない。教師は学習者が読む文章に対して、準備する時間を与えることによりプレッシャーを避けることができよう。全ての学習者にとってこうした手段は有効であると考えられ、結果として発音そのものも向上すると思われる。というのも学習者に文章を読む時

間を与え、つまずきやすい部分を練習し、読みのイントネーションを向上させる機会を提供することになるからである。このようにして生み出された成功感覚は自尊心を高めるはずである。同様に、公の場で生徒を指名して質問に答えさせるということは危険な方法である。もちろん教師の方で指名した生徒がその質問に答えることができるとある程度確信している場合は別だが。注意欠陥・多動性障がい傾向の生徒は同年齢の大半の者と同じように上手く感情をコントロールできないかもしれないし、失敗に対する反応もより極端であるかもしれないということに留意しておきたい。クラスメートの前で公の「面子」を保たせるということは、望ましいことである。

　一般的に、教師は次の段階に学習者が進む前に、最初に成功のための支援を与え、学習者が容易に達成できるタスクを計画することによって、自信や自尊心を築く手助けをすることができる。成功体験を少しずつ味わうことが全ての学習者の動機を高め、自信を与える上で有益であるが、自我が特に弱い学習者にとっては、この点は特に大切である。もちろん言語学習者は時に誤りをおかすし、誤りに対する訂正が慎重になされるなら、誤りは学びの機会としてとらえるということも必要である。教師が学習者の発話を再構成する（つまり学習者の不完全な発話を言い換えること）ということは、その発話は理解されてはいるが、100％正確というわけでもないことを認識する間接的な方法であり、学習者の学びを向上させる極めて自然な方法でもある。書かれた課題を訂正する際には、学習者が取り組む必要のある一つ、あるいは二つの側面に焦点化し、ありとあらゆる小さな誤りを強調するということは避けたい。そのような誤りの訂正は学習者の意欲を喪失させることにつながる。

学級経営

　教師の極めて重要な責務の一つは有効な学びを実現する文化をクラスの中に創造することである。教室における力学はそこで生じる学びの質に関して大変重要な役割を果たす。もちろん、ある面、最大の貢献をするのは学習者自身なのであるが、教師はクラスの中の社会的な力学に気

を配っておく必要があり、プラスの学習環境を促進するようにできるだけ努める必要がある。これは、行動を調整したり、相互作用を組織化したり、基準や定まった活動を設定することによって達成しうる。SpLDのある生徒、特にアスペルガー症候群や注意欠陥・多動性障がい傾向の学習者に対する場合は、通常の場合よりも不適切な行為や反応により寛容である姿勢が、教師には時に求められる。しかしながら、クラス全体に対しては最初から境界線はどこにあるか、また、決して容認されない事は何か（例えば、攻撃的であったり、安全に関する規則を破ること等）を明示しておく必要がある。認められない行動に対するいかなる制裁も、素早く一貫して実行される必要があるが、特に年齢の低い学習者に対しては、望ましい行動に対して即座に報酬を提供することのほうが、望ましくない行為を罰することよりも効果的であろう。微妙な話題になるかもしれないが、SpLDのある生徒の存在についてクラスの仲間に伝えるということも極めて価値あることになりうる。クラスの仲間がそうした状況を認識していれば、その生徒がゆっくり勉強を進めたり、何度も忘れ物をしたりするのが何故か分からない場合よりも、彼らはより支援の手を差し伸べるだろうし、より寛容になりうるだろう（「公表」という話題については、第5章を参照）。

グループ分け

　ペアや少人数のグループワークは今日の言語教育の教室では、一つの特徴となっている。というのもペアやグループワークは、それぞれの授業で生徒が経験する言語産出のための練習量を最大限に引き上げ、また、協力するという社会的なスキルも伸ばせるからである。生徒は教室の中で自分とよく似た人間に引かれるようで、毎回の授業で同じ席に座る傾向にある。SpLDのある言語学習者にとっては、グループの中に自分とよく似た生徒は誰一人いないかもしれず、主要なグループから孤立してしまう危険性もある。こうした場合の教師の責任は、多様な個性や能力の異なる学習者と一緒に学ぶ機会を持てるように、定期的に生徒に異なるパートナーとペアを組ませることを保証することである。ディスレクシアやSpLDのある学習者は、よく知らない人に対しては自分の書いた

ものを見せたり、話すことに対してさえも躊躇する。したがって、グループでより本格的なプロジェクトに取り組む前に、コースの初めにできるだけ安心しうる雰囲気の中でお互いのことを少しでも発見したり、一緒に学ぶ活動を計画することが望ましい。お互いの壁を取り払い、学びを支える社会的な絆を作る上で役立つように、生徒が目標言語以外の言語を共有している場合、形式ばらずに話す機会を持つことに授業時間を費やすことにも意義がある。どんなペアやグループ活動においても、タスクを達成する上でメンバーは異なった役割を果たす。それは言語能力や創造性、グループやタスクの管理等といった形を取りうる。教師は異なったペアやグループ編成によってどのような相互作用が展開されているかを丁寧に観察し、どのようなペアやグループが最も生産的だと思われるかを書き留めておくべきである。グループを再編成する機会を提供することは、教室内での移動を認めることでもあるのだが、そのことは集中力を維持するために身体の動きを必要とする学習者(運動感覚上位タイプ)にとっては、極めてプラスになりうる。

定まった活動

多くの学習者にとって定まった教室内活動を経験することはプラスになるが、SpLD のある生徒はある一定の段階で何を求められているかを正確に知っていることから最も恩恵を得る。授業に規則的なパターンを確立するということは、それぞれの授業内容は異なるわけであるから、授業が退屈になったり、予測可能になったりするということを必ずしも意味するわけではない。しかしながら、授業の様々なところで始められる一定の確立した下位レベルの定まった活動 (注:日本の教育現場では「帯活動」と呼ばれているもの) があれば、教室運営は随分と容易になる。

多くの学校では、その授業で扱われる予定内容を概観して授業を始め、その時間で達成された内容をまとめることで授業を終えることは良い試みであると考えられている。教師の中には授業の始まりで宿題を扱ったり、事務的な連絡事項を扱う者もいるだろう。こうした定まった活動はクラスの生徒にはすぐに馴染みのあるものとなり、言語内容に対する枠組みを提供する上で役に立つ。授業を休憩を含む、より短い部分に区分

第6章 学び方の違いへの配慮

することは、授業時間の有効活用である。というのも SpLD のある生徒は集中力を維持する上で困難を感じる傾向にあるからである。授業の最も記憶に残りやすい側面は、その始めと終わりであり、休憩を取り入れることにより、新たな始まりと終わりとを提供することになる。その結果として、より多くの授業内容が保持されることにつながるのである。

　授業全体のタイミングや構成とは別に、書かれた課題をチェックしたり、活動をやり終えたり、活動間の時間を使うために下位レベルの定まった活動を確立することは有益でありうる。例えば最初の段階では、生徒はやり終えた課題をチェックするために辞書やスペルチェッカーを活用する。次に課題をやり終えた他の生徒と交換し、作品を修正する前に相互に建設的なフィードバックを提供するように促される必要があるだろう。授業の流れに一定のパターンが一旦確立されたら、このような学習段階に焦点をおくことにより、学習段階そのものは一回限りのチェックのための定まった活動へと「区分けする」ことが可能になる。その場合、教師は一度だけの支援を行えばよく、やがては書くタスクの中の自動的な段階になるのである。このように学習のどの段階にせよ、教師からの指示を必要とせず、定まった教室内活動に従うことによって、次のステップが何かを知ることで生徒はより安心感を持ち、そのことが自律性を発達させることにもつながる。こうした試みにより、教師は、クラスの中で個別の支援や細やかな注意を必要とする生徒にさらに目を配ることができるのである。

ペース

　どんな言語教育の教室であっても、適切で刺激的なペースを保つことと最も有能な学習者が理解できる以外、他の全ての学習者にとっては速すぎるペースで教材を進めることの間には、細やかな調整が必要である。課題を小さなかたまりに分けるということは全ての学習者にとって有益なことだろうが、前述したように、次に進む前に一つひとつの概念を理解する必要のある「尺取り虫」タイプのゆっくり進む学習者にとっては、とりわけプラスになる。課題間のつながりが明確で利用可能であれば（つまり、必要に応じて全ての学習者が参照できる状態にあれば）、また、全て

の学習者があらかじめ設定された進むべき目標地点に到達できるのであれば、一連の課題を通して学習者に自分なりのペースで学習を進めさせるということには多くの利点が考えられる。コースには、しばしば時間の制約というものが内在するが、創造的な教師であれば利用可能な時間内で必要な教材を扱う方法を開発できるものである。例えば、最も重要なトピックや構造を最優先し、授業内での作業を補足する自己学習課題を設定する形をとったり、同時に二つ以上の要素を練習する課題を工夫する形をとることなどである。

　生徒たちが目標言語の特定の側面に挑戦する準備ができていると教師が判断したとしても、全ての学習者がその概念を理解できる状態にあるとは限らない場合も考えられる。したがって、異なった状況において授業で扱うトピックに何度も立ち戻ったり、構造が数回繰り返し扱われるといったように、言語教育に対してはスパイラルな編成を開発するということは良い試みである。このようにして、個々の生徒が目標となる構造を吸収する心の準備ができた段階でその構造に出会うと、すでに定着している言語使用にその目標となる構造を結びつける可能性がより高まると考えられる。

学習スキルを伸ばす

学習スキル

　学びのためのスキルを伸ばす最も重要な側面は、その方法が文脈の中で指導される必要があるという点であろう。これは、大半の学習者は、授業とは切り離して学習スキルだけを伸ばすための自由な時間といったような贅沢なものを持たないという理由もあるが、SpLDのある学習者の多くは練習しているテクニックが自分たちの学習に直接関連しているということを目にすることができる実際的で、体験的なアプローチに対して最も良く反応するという理由からである。すぐれた学習スキルを伸ばすことに焦点を当てた多くの本やリソースがすでに市販されているので、ここではいくつかの鍵となる方法に焦点を当てて考察する（一般的

な学習スキルのテキストに関する参考資料は、「推薦図書」の欄に示されている）。

　色を使うということは、特に視覚優位であるSpLDのある生徒にとって（あるいは何ら問題のない生徒にとっても）、有益なものとなりうる。例えば、マクロなレベルでは異なる教科やモジュールに対して（テキスト、フォルダー、あるいは用紙の）異なった色を使えば、生徒がどの授業でどのような課題をなすべきかを覚えておく上での支援となりうる。ミクロなレベルでは、言語の異なる部分に対して異なる色を用いることで、そのようなアプローチをとらない場合に生徒がそれほど強くは認識できないようなパターンを強化する上で有益である（詳しくは第7章を参照）。さらに、語彙を学ぶために動詞、名詞、形容詞等、語彙の働きによって単語を色分けすることで学習者は共通の語尾を理解することが可能となり、そうした色が視覚的なヒントとして働き、あとで単語の正しい形態を想起できる可能性が生まれる。学習のためのこうした方法はクラス全体に導入することができるが、SpLDであると判定されている、いないにかかわらず、多くの学習者にとってプラスになるものである。

　しばしば見落とされている学習スキルの一つの側面は、タイムマネージメントである。それはSpLDのある多くの人々にとっては困難なものである。つまり、中には時間の経過を正確に認識していないような者だけでなく、一つのタスクを終えるのにどのくらいの時間が必要かを過小評価する傾向の生徒もいる。この問題には、さらに一般的に処理スピードが遅いということも伴っており、それはSpLDとは判定されないクラスメートよりも、多くの課題が多くの時間を必要とするということを意味している。時間割を用いたり、個人情報管理ツール、携帯電話、日記、あるいは生徒が心地よいと考える他のあらゆる手段を用いながら、学習を組織化し、時間を計画する上での明確な指導が求められる。宿題が課される場合は、締切を明示する必要があり、締切から逆算して達成すべき段階を示す予定表を立てることも有益であろう（例えば、図6-4に示しているように、宿題に対して計画する、読書する、草稿を書く、チェックするといった諸段階を全て提示することも考えられる）。

　学習スタイルに対する好みというものが、有効な学習スキルを伸ばす

エッセイの題目：私の国

都市、田舎、食べ物、習慣をこの国と比較しながら、出身国について記述しなさい。絵や図を含むこと。締め切り　3月25日

タスク	行動	完了日
エッセイを構想する	題目を見てキーワードを色付けする。主要なタスクを確認する。情報の有益なソースを確認する。マインドマップや矢印を使うことを計画する	1月20日
調査する	図書館に行き、情報源を探す　（例）自国の地図／公的な統計	1月21日
第一次原稿	主要な部分を書き始める	2月4日
導入と結論	主要な部分を修正し、導入と結論を追加する	2月18日
第二次原稿	正確さを確認して、エッセイ全体を書き直す	3月4日
最終校正	クラスメートやチューターに綴りの確認のためエッセイ全体を読み通してもらう	3月20日
印刷	原稿を印刷して、ページ番号順にそろえる	3月24日
提出する	宿題を2部と追加の素材のCDを学校の事務に提出する	3月25日

図6-4　タイムマネージメント（時間管理）を支援する —— 締め切り日から逆算して学習計画を立てる

上では認められる必要がある。これは、自然な学習のリズム（一日の中で個人が集中できる最も良い時間）であり、この章のはじめで述べた環境的な要因に対する配慮、学習者、とりわけ成人学習者にとっての個人的な責任の認識と同様である。学習スタイルに関する限り、手始めに学習者にとって居心地よい環境の中で学ぶことを可能にするというのがおそらく最善であろう。一方で個別指導やワークショップといったような支援を必要とする状況で、異なる学習スタイルに基づいた新たなテクニックを導入することによって、心地よい環境領域を拡大することを試みることも必要である。特に、ディスレクシアのある学習者が活用するように促される最も重要な学習スキルは、メタ認知的なアプローチである。

メタ認知的思考スキル

「メタ認知的」とは大まかに言えば「思考することに関して」という意味であり、ここで議論するメタ認知的テクニックは、可能であれば学

習のプロセスを分析し、議論し、改善できるように、そのプロセスを明確にして、私たちがどう考え、どう学んでいるかを探る方法のことである。Reid（1998）は、メタ認知的テクニックとは学習過程に対してよりコントロールしうる力を伸ばすために、その過程を自己認識し、自己モニターすることであると述べている。Reid はこの点を促進するための考えられる一つのテクニックとして、思考過程を言語化することを推奨している。確かにこれはメタ認知的方法のモデルを示す上で個別支援の教員が実践しうる一つの方法である。長期記憶の中から情報を取り出すということは、SpLD のある学習者にとっては困難なものとなり得て、その都度そのプロセスを進めていく方法を必要としている。Schneider & Crombie（2003:26）は、聴覚的、視覚的な弱点を補うための「内的自己訂正対話」と呼んでいるアプローチを開発することを推奨している。これは成人学習者が目指すべき内容である。もちろん、初期段階でも思考のつながりを聞こえるように声に出すことは助けになるとは思われるが。

　基本的に、学習者は名詞句の前で（a か the か）どの冠詞を用いるか選択することであれ、単純過去の代わりに現在完了を用いることを選択することであれ、ある問題を解決する上である特別な決定にたどりつく際に必要となるステップについて認識する必要がある。多くの英語学習者は、英語のこのような特別な側面で苦労しているのであるが、一方で多くの場合適切な選択につながるよう従うことのできる規則も存在するのである。最も進んだ学習者はこうした規則を内在化しているだろうし、意志決定も自動化している。そうした学習者は自らの学習を導くものとして「勘」というものに言及しながら、なぜ特定の用法を選択したかをはっきりと言うことさえできないかもしれない。こうした自動化を発達させることが困難な SpLD のある学習者にとっては、毎回答えを導き出して、その答えをチェックすることを可能にする定まった活動を開発することはプラスになろう。これには「この状況にこれまで遭遇しただろうか」「前回はどうやって解決したのだろうか」「他にどんな選択肢があるだろうか」「考慮すべき主要な要因とは何か」「言語使用についての自分の選択は全体のテキストという文脈の中でうまく機能するだろうか」といったような学習者自身に対する質問を投げかける（自問する）ことを含んでいる。

以下の例が示しているように、言語教師は思考過程をモデルとして提示したり、生徒の既習内容を引き出したり、正しい選択につながる質問を投げかけることによって、こうしたメタ認知的な思考方法を伸ばす支援ができる。問題状況にどこで遭遇するかを発見することは、診断的な方法としても有益である。つまり、こうした質問を投げかけることで更なる練習が必要と思われる領域を明確にすることになるのである。

テキストの例：

タフィーアップル（注：串に刺したリンゴに薄くタフィーをつけたもの）を作るには。砂糖入りのバターとシロップを使ってタフィーを作ります。リンゴを1個取り出します。長い棒切れを手にします。棒切れをリンゴに刺します。リンゴをタフィーに入れてくるみます。硬くなるまで待ちましょう。

冠詞の用法をチェックするメタ認知過程の例

タフィーアップルを作るには

　一つのリンゴ？　あるいはたくさんのリンゴ？　たくさんであれば、どうやってそのことを表す？

　→s を付ける。もし一つであれば、「一つ」をどう表現する？

　→a を付ける。

砂糖入りのバターとシロップを使ってタフィーを作ります

　タフィーは数えられる？　あるいは砂糖やバターのように不可算？　もし砂糖やバターと同じであれば、a は必要か？　ここでは他にどんな単語を使うことができるだろうか？→some

リンゴを1個取り出します

　一度に1個だから、a で正しい　言いやすいだろうか？　言いにくいとすればなぜか？

　どうすればより発音しやすくなるだろうか？→an にする

長い棒切れを手にします

　一度に1本の棒だから、a で正しい。言いやすいだろうか？

> それで大丈夫だ。
>
> 棒切れをリンゴに刺します
>
> 　どの棒切れか、どのリンゴのことか分かるだろうか？　分かるのであれば、それをどう表すか？
>
> 　　→the を使う
>
> リンゴをタフィーに入れて、覆います
>
> 　どのリンゴ、どのタフィーのことか分かるだろうか？　分かるのであれば、それをどう表すか？
>
> 　　→the を使う
>
> 硬くなるまで待ちましょう

　この点に関連して、記憶術や視覚化といったような明示的な記憶テクニックの開発ということがある。議論を通じて、学習者は独自の記憶術（第7章で具体例を扱う）を考えたり、これから学ぶ必要がある事柄とのつながりを探して既習内容をどう覚えるかを述べたり、自分では気づいていないが、ある構造をより正確に使うために手助けとなる言語のパターンを見つけたりすることを薦められることもできる。こうしたテクニックの全てが、目標言語を習得する上での学習者の進歩の速さに対して劇的な影響を及ぼしうる。つまり、成功ということであり、成功することに伴う自尊心の高揚ということにつながるのであるが、それは強力な動機付けとなるのである。

　この章では、SpLD のある言語学習者にプラスに作用する学習環境をどう構築するかを考察してきた。次章では、どんな言語教室でも実践可能ないくつかの特別な教授方法や指導技術を概観する。

重要項目のまとめ

- クラスの中の SpLD のある生徒にとっての特別なニーズを考慮しながら、全ての生徒にとって物理的、社会的、学問的な条件が言語学習に最適であるということを保障するのは教師の責任である。
- 家具、教材や設備を含めて物理的な環境は、常に教師の管理

下に全てあるというわけではないかもしれないが、そうした資源が理想的ではないとしても、生徒のニーズに合うようにあらゆる点から考えて最善の形で利用されるべきである。

● カリキュラムが外部の機関によって設定されたり、外的な要因で決められるとしても、教師は教材がどのような形で提示されるかについて一定程度のコントロールを持つことができ、タスク、教材、期待、提供する支援の観点から学習者に合うように活動を変えることができる。

● 生徒とのコミュニケーションは常に明確で、曖昧な点があってはならないし、重要な情報は一つ以上の様式で(つまり、口頭、あるいは文字で) 利用できることが望ましい。

● フィードバックはプラスの自己像を育む助けとなるように、また、学習者の自己の能力に対する自信を打ち砕くことがないように与えられるべきである。

● 教師が SpLD のある学習者を成功へと導く支援としてできることは、教室力学が個人をどう助けているか、あるいは妨害しているかを認識する、定まった活動を設定し、維持し、目標言語の構造や追加の練習を何度も繰り返し、十分にできるということを保障するために、シラバスを調整する等である。

● 言語教師は、また、より一般的な学習方法をシラバスに取り込むことを試みるべきであり、そうすることによって学習者は置かれた学習の場面で有効な学習スキルやメタ認知的なテクニックを伸ばすことができる。これにより、言語学習に成功するだけでなく、生活のほかの領域でも成功することになろう。

=== 演習問題 ===

1．教えることについて視覚的、聴覚的、運動感覚的な要素をどの程度強調しているかを考慮しながら、自分自身の教授スタイルを評価しなさい（あるいは小グループで検討し、相互に

評価しなさい）。

2．どの程度、教師の教授スタイルが教室内の異なった学習ス
   タイルに対応するように修正できるか、修正すべきかについ
   て議論しなさい。自身の教授スタイルを修正することには実
   践的、心理的な意味があるか？

3．SpLD の可能性のある生徒を含むどのような授業でもよいが、
   あなたが指導したクラスを振り返りなさい。学級経営におい
   てどのような小さな変化がその学習者に何らかの違いをもた
   らし得ただろうか？

4．SpLD のある学習者に対応するために、学級経営において
   何かを変えることに対して、どのような障がいがあるだろう
   か？　それはどう克服できるだろうか？

推薦図書

Cottrell, S. (2001). *Teaching Study Skills and Supporting Learning*. Basingstoke: Palgrave Macmillan.

Schneider, E. & Crombie, M. (2003). *Dyslexia and Foreign Language Learning*. London: David Fulton Publishers.

第**7**章

言語教授のための指導法

はじめに

　この章では、SpLD のある生徒の言語学習を成功に導く言語教授法について概観する。ここで述べる教授法や指導技術は外国語の学習においても第二言語の学習環境においても用いることができる。ここで取り上げる指導技術を用いる上で、SpLD のある学習者に教える際には留意すべき点がある。それは、ある特定の状況において適切である一般的な優れた教育実践と同じ教育学的な原理に従う必要がある、という点である。SpLD のある生徒を教える際の教師の役割は、言語そのものを学ぶだけでなく、言語の働きについて学び、言語を使用することから学ぶために、学習者に支援やガイダンスを提供する学びのファシリテーターとしてとらえるのが一番である（Halliday, 1993）。

　この章を「多感覚構造化学習アプローチ」（MSL）についての詳しい記述から始めよう。このアプローチは SpLD のある生徒を対象に第一言語としての英語の読みやスペリングを指導する上でも外国語教育として指導する上でも、最も広く応用されている教授法の一つである。このアプローチは第二言語学習状況に対しても適しており、学習者が言語についてと同時に言語そのものをどのように学ぶかを示す優れた方法なのである。本章の後の節では、このアプローチにおける諸原理がリーディング、ライティング、スピーキング、リスニングの四技能に加えて、文法や語彙を教える上でどのように応用可能かを示す予定である。

多感覚教授法

　ディスレクシアのある言語学習者にとって最も頻繁に推奨される教授法の一つが、いわゆる「多感覚構造化学習アプローチ」といわれるものである。それは、Gillingham & Stillman（1960）のディスレクシア治療プログラムに基づき Sparks 他（1991）によって開発されたものである（外国語教育における最近の MSL の応用については、Nijakowska, 2010; Schneider & Crombie, 2004; Schneider & Evers, 2009 を参照のこと）。

Gillingham & Stillman (1960) は Orton の先駆的な研究に基づいて彼ら自身の研究を進めた。Orton自身は、ディスレクシアのある生徒に対する体系的な読みの指導プログラムを考案した最初の研究者の一人である。The Orton-Gillingham (OG) アプローチとして今では知られているが、このアプローチでは子どもたちに音声と文字との対応関係に関して明示的で直接的な指導を行い、異なった感覚経路を同時に刺激する。OGアプローチは高度に構造化されており、細かく積み重ねていく段階を踏んで進む。また、ディスレクシアのある学習者に、十分な練習や復習の機会を提供する。その目的は、子どもたちの音韻的、形態素的、統語的な認識を発達させることであり、それによって読みやスペリングのスキルを獲得する支援をすることである。OGアプローチには Alpha から Omega へとつなぐプログラム（Hornsby他, 1999）、ヒッキーの多感覚言語コース (Combley, 1977)、Bangor ディスレクシア教育システム（Miles, 1989）といったように多様な形があるが、それらは全て元々の OGアプローチの基本原則を共有している。

　その名前が示唆しているように、MSLアプローチは第二言語の諸要素（発音とスペリングの体系、語彙と文法的構造）を聴覚的、視覚的、触覚的、運動感覚的な経路を通して教える。例えば、新しい単語を学習する際に、生徒はその単語を教師の後について何度か反復する（聴覚的経路）、記憶を促進するために絵を描く（視覚的経路）、そして単語の意味を動作化する（運動感覚的経路）。いくつかの感覚経路を同時に用いるというのは、以下の二つの理由により記憶におけるコード化を促進するとされる。第一に学習過程において諸感覚器官を積極的に用いると学習という出来事が記憶に残りやすく、楽しいものとなり、結果的には SpLD のある生徒だけでなく、明らかに学習困難を伴わない学習者にとっても記憶の際の情報を留める助けとなるからである。第二に第4章で述べたように、SpLD のある多くの生徒は音韻処理能力の面が弱く、結果として口頭で提示された情報を解読する上で困難を覚えるからである。しかしながら、彼らが別の感覚経路を通して学ぶ機会があれば音韻処理の弱点も相殺することができる。

　MSLアプローチは、SpLD のある生徒のもう一つの重要な特徴につい

ても考慮する。つまり、言語による情報を長期記憶に留める上での一般的な困難さを考慮するのである。別の言語を学ぶということは、異なったタイプの言語情報を記憶することを必要とする。例えば音のつながり、文字の配列、単語、句、より大きな言語的な構造等、これらは音韻的な短期記憶が他のクラスメートと比べると弱い SpLD のある学習者にとっては特に困難なタスクである。それでも、言語のこうした側面が小さな単位で提示され、異なった状況で広範囲に練習されるのであれば、SpLD のある学習者も長期記憶の中でそうした諸要素を解読することに成功する。したがって、スモールステップでの進歩や過剰学習（何度も繰り返し、時間をかけた学習）といったものが MSL アプローチの鍵となる要素なのである。MSL アプローチは第二言語の異なった側面が自動化されるまで練習することの重要性を強調する。それでも学習というのは多様な形での多感覚の教授・学習タスクを活用するので、学習者にとっては退屈にも単調にもならない。

　MSL アプローチは、また、言語学習方法（Schneider & Crombie, 2004）を提示したり、練習することを重視する。言語学習方法とは、「学習、つまり言語情報や内容面の想起を促進するために学習者が取るテクニック、アプローチあるいは意図的な行為」（Chamot, 1987: 71）のことである。明らかに SpLD ではない学習者も学習方法の訓練によって利益を得ることはできるが（O'Malley, 1987 を参照）、自身の学習スタイルや性格の他に、学習タスクに合った方法を周囲からの支援がなくても見つけることがより可能になる。しかしながら、SpLD のある生徒は学習過程で学習方法を応用したり、自らの学びを組織化したり、感情をコントロールする上では、他者からの支援を必要とする。したがって、学習過程を計画したりモニターする助けとなるメタ認知的方法と同様に、新しい言語的な教材を記憶したり、リーディングやリスニング方法のようにインプットからの情報を推測する助けとなる認知方法の異なった例を教師が提供することが極めて重要になる（O'Malley & Chamot, 1990）。加えて、タスクを完成した際に自身に報酬を与えるなどのように、情意方法をモデルとして示すことも SpLD のある言語学習者が経験する可能性のある不安やストレスを克服する手助けとなる。学習者は、学習方法を

試みる機会も必要としているし、個人的な強みや弱点に合うテクニックを見出すように奨励されるべきでもある。一旦適切な学習方法を見出したら、その方法を自動的に使用できるまで、学習者が方法をどのように用いているかを教師はモニターすることが肝要である。

　MSLのもう一つの要素は、ダイナミック・アセスメント[1]の使用である（Ganschow & Schneider, 2000）が、これは生徒の進歩に合わせて学習教材や学習のペースを教師が調節するという、継続的な教室内アセスメントの一形態である。ダイナミック・アセスメントは生徒が習得している内容をテストする方法ばかりでなく、学習者としての自律性を伸ばすことを支援する一つの手段も提供する。Ganschow & Schneider（2000）はダイナミック・アセスメントに基づいて教授過程の5段階をリスト化している（図7-1参照）。最初の二つの段階では、教師は生徒から情報を引き出し、彼らの答えが正解か否かについて直接のフィードバックを与える代わりに、該当のタスクに対する解決策を発見するプロセスを通じて生徒を導いていく。例えば、'cut'という単語の綴りを引き出したい場

図7-1　ダイナミック・アセスメントを用いた指導プロセスの諸段階

1　学習者が単独でできる言語パフォーマンスと、教師の支援や他の学習者との協同により遂行できる言語パフォーマンスの差である「発達の最近接領域」に注目しながら、教師が学習者のパフォーマンスを見極め、それにあわせて適切な支援を提供することで、学習者の言語発達を促す実践である。

合に、最初は生徒が 'kut' と綴ったとしよう。その場合、教師は直接綴りを訂正するということはせずに、学習者に cap や cut のように /k/ という発音で始まる他の単語がどのように綴られるかを思い出すように促し、/k/ の音に続く母音に焦点を当てる。こうした過程は生徒がスペリングの体系の中で音声と文字との対応関係や規則性を発見する手助けとなり、そのことによって、メタ言語的な認識を伸ばすことにつながるのである。次の段階は目標言語の学習対象となる言語的な構造と学習者の第一言語との明確な比較ということを含んでいる。これは母語が多様な場合の教室や、教師が生徒の第一言語を話せないような状況では、必ずしも実現可能ではないかもしれないが、第一言語と第二言語の言語的なパターンを比較するということは、第二言語の音韻的、統語的、形態素的構造についての学習者の理解を促進することになりうる。最後の二つの段階では、学習方法が指導され、練習の対象となる。また、この段階では習得している言語材料をどのようにまとめ、復習するかに関して明確な形での指導がなされる。

　MSLアプローチは一般的な言語教授法と多くの点で共通点を持つが、一方でいくつかの固有の特徴も持っている。そのうちの一つが第二言語体系の明示的な指導という点である。それはコミュニケーション志向の教育とは大いに異なるものである。コミュニケーション志向の教育は学習者に豊かなコミュニケーションの機会とインプットを提供し、学習者が第二言語とのそうした出会いから、その規則性を導くことを期待するものである。SpLD のある生徒は、第一言語、第二言語いずれにおいても言語的な規則性を見つける上で困難を覚える傾向にある。したがって、音韻、スペリング、形態、統語の第二言語のあらゆる言語的な体系について明確な説明を必要とする。教師が学習者の母語を共有する外国語学習の場面では、学習者の第一言語が、規則や規則性を理解することを促したり、単語の意味を教える目的で使用されるが、第二言語の環境では、この点はしばしば実現が難しい。

　現在の言語教授法と MSLアプローチとのもう一つの重要な違いは、ドリルの使用である。ドリルというのは、文法構造を練習するのに用いられる単純な置換練習のことである。ドリルは第二言語のある側面にそ

の都度焦点を当て、発話に対して最小限の構造変化を行うように学習者に求める。例えば、Yes/No疑問文への答え方を指導する場合、教師は"Do you like apples?" といった質問を提示し、生徒は自身の個人的な好き嫌いに基づいて "Yes, I do." か "No, I don't." のいずれかで答えなければならない。ドリルでは、生徒が文法的に正確な答えを産出できるまで、教師は10回から15回、様々な食べ物について同じ質問を繰り返すことになる。コミュニケーション上の価値が欠如しているという理由で、こうしたドリルは現代の言語教育の教室では、どちらかと言えば活用されなくなってきている。こうしたタイプのドリルは、学習者が記憶したり、最小限の変化で用いることができる文の枠組みを提供し、結果として第二言語の統語的、形態的な体系を習得する支援となる。

　MSLアプローチの基本原則をまとめている表7-1 を再度確認すると、ここで示されている原理の大半が言語教育における優れた実践の一般的な特徴と類似していることが分かる（Turner, 2001）。実際、SpLD のある生徒に言語を教えるということは、通常の言語教室で用いられる方法や指導技術と根本的に異なる方法や指導技術を必要としているわけではない。SpLD のある生徒に言語を教える場合と一般の生徒に言語を教える上での主要な違いは、言語構造の明確な指導、学習のゆるやかなペース、頻繁な復習、といった点を重要視するところにある。

　MSL の指導の有効性を支持する研究成果は十分にある。この分野のパイオニア的な一連の研究で、Sparks他は（Sparks他, 1992; Sparks & Ganschow, 1993）、第一言語と第二言語の学習適性が MSL のアプローチを用いる指導の結果、どのように伸びるかを調査した。Sparks他は、英語が第一言語、スペイン語が第二言語の双方において MSL の指導を

表7-1　MSLアプローチの基本原則（Schneider & Evers, 2009 に基づく）

・多感覚
・注意深い構造化
・累積的
・頻繁な復習
・言語構造の明示的説明
・豊富な練習とドリル
・学習方法の訓練

受けた参加者は適性を測る点でより有意な進歩を遂げたことを見出した。この研究結果は、第二言語の指導と並行して第一言語の技能を養成することの重要性に光を当てている。というのも、母語の能力は第二言語習得の重要な基礎となるからである。後の研究で、Sparks他（1998）は、MSLの方法が第二言語のスピーキングとライティング技能にどのように影響するかも分析した。その結果、MSLのプログラムに参加したスペイン語を母語とするディスレクシアのある学習者のほうが伝統的な教室指導を受けたディスレクシアのある学習者よりも成績が良かったことを明らかにした。さらに、統制群として設定した伝統的な指導を受けたディスレクシアではないグループの言語的な伸びが、MSLの指導を受けたディスレクシアのある学習者グループの伸びと有意に異なってはいなかったということ、つまり同じであったということも明らかになった。MSLのプログラムを活用し、ラテン語を学習した生徒の場合においても同じような結果が得られた（Downey他，2000）。

MSLプログラムの成功例は、ラテン語やスペイン語などの言語と比べて正書法が明確ではない英語などの他の言語においても証明された。Nijakowska（2008）の実験では、ポーランド語を母語とするディスレクシアのある学習者が英語のスペリングとリーディングを学習した際、第二言語のこの側面において相当な進歩を示す結果となった。Nijakowskaの研究では参加者が少人数であり、その結果の一般化には限界があるものの、それでも6か月にわたるMSLプログラムに参加したディスレクシアのある生徒のほうが、伝統的な教室環境で学んだディスレクシアのない学習者よりも有意に進歩したことを示している。

第二言語の発音とスペリングの指導

MSL指導の原理は、第二言語のスペリングと発音を教える上で中心的な役割を果たす。SpLDのある学習者は、音をどのように生み出すか、また音が文字やスペリングの規則とどう対応するかについての明示的な説明から多くを学ぶ。したがって、音声器官が特定の発音を生み出すためにどのように用いられるかを示したり、学習者に第二言語の新しい音をいろいろ試す機会を提供することが有益である。音が文字とどのよう

に対応するかについて明示的に指導することも重要である。とりわけ第一言語と第二言語の正書法が異なる場合や第二言語のスペリング体系が複雑な場合は、このことが当てはまる。音と文字の対応関係、言い換えればフォニックスの指導は第一言語の読み書きの授業では通常行われているが、外国語教育ではスペリングの指導は軽視されている。英語のスペリング体系はしばしば不規則であるとみなされているが、実際はスペリングを処理する上で学習者のヒントになりうる多くの規則が存在する。そうした規則の有益なリストは具体的な例と共に http://www.dyslexia.org/spelling_rules.shtml で見ることができる。しかしながら、多くの単語のスペリングは丸暗記する必要があるということも認めなければならない（Ziegler & Goswami, 2006）。'because' のスペリングを覚える際に 'Big Elephants Can Always Understand Small Elephants.'（大きな象は小さな象をいつでも理解できる）といったような表現で暗記する練習や単語を構成する文字を統合する絵の利用といったことは、こうした単語を暗記する上で大きな支援となりうる（図7-2 を参照）。SpLD のある生徒には、

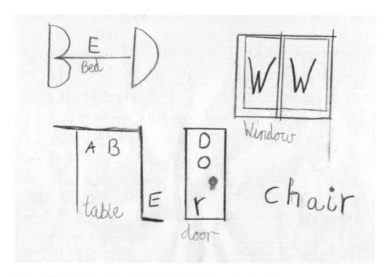

図7-2　単語の暗記を支援する視覚的な指導技術によるイラスト例

単語を音節や音に分けたり、単語の発音や音節を付け加えたり、削除したり、さらに異なる音を区別したりするような第二言語の音韻意識を促す活動も大いにプラスになる（Nijakowska, 2010 には、こうした活動の素晴らしい例が提供されている）。

　生徒が類似した発音で混乱したり、よく似た文字で混乱することを避けるためには、類似した発音と文字との対応関係や類似した文字は、別々の、連続していない授業で教えることが望まれる。例えば、生徒がラテンアルファベットの正書法を学ぶ必要がある場合、'p' と 'g' や 'd' と 'b'、'u' と 'n' といった文字は一緒には導入すべきではない。'oa' と 'oo' のような文字の組み合わせの発音のように発音と文字との対応関係も SpLD のある学習者は容易に混乱してしまう（Schneider & Evers, 2010）。

　多感覚のテクニックを用いた広範な練習は、第二言語のスペリングと発音を教える上で極めて重要である。身体の動きや視覚化を含む練習タスクと同様に、異なる感覚経路の利用により学習者が新しい情報を記憶に留める助けとなるような活動はとても有益である。SpLD のある生徒は文字を空中でたどったり（注：空書）、粘土でモデルの文字を作ったり、文字を砂に描いたりすることで文字自体を記憶することができる（Schneider & Evers, 2009）。加えて、生徒には身体の動きや絵を描くことを通じて、文字と音声を結びつける支援となりうる。例えば、'o' の文字を覚えるために生徒にボール（それは 'o' の文字のように見えるのだが）を投げる動作を求めることができるし、'c' の文字では猫の絵を描くことができる。猫の背中は 'c' の文字のような形をしている。指でたたいたり、手を合わせてたたく動作も学習者が単語の中の音節や音の数を数える手助けとなる。文字や音節を結合させて単語を作ったり、文字や音節を削除したり追加したり、文字や音節の順序を変えたりなどのように、文字や音節が書かれている文字カードやブロックを生徒が操作するといったスペリングを学ぶための活動は、異なった感覚経路を刺激し、練習活動をより記憶に残る楽しいものにする（例えば Nijakowska, 2010）。こうしたカードやブロックは、潜在的に難しい音声やスペリングを強調したり、学習者の注意を特定の文字のつながりに向けるため、あるいは母音と子音を区別するため、色分けすることができる。多くの単語のスペリ

ングゲーム、音声と文字の対応関係やスペリングの規則性を教える対話型のタスク、生徒の音節構造に関する認識を高めるゲーム等が、SpLDのある生徒用に追加の教室内、教室外練習を提供する内容としてインターネット上で利用可能である（例として http://www.bbc.co.uk/skillwises/words/spelling/; http://www.woodlands-junior.kent.sch.uk/interactive/literacy.html#7; http://cambridgeenglishonline.com/Phonetics_Focus/）。

　こうしたコンピューターゲームはスペリングを練習し、自動化する楽しい方法であり、異なる感覚経路の活用という視点を取り入れている。

　音と文字との対応関係、スペリングの規則、不規則な単語（一つの単位として記憶する必要があるのだが）、こうした内容を何度も復習することは、また、生徒のスペリングの技能を伸ばすことを促進する。ワード・ドミノや記憶力ゲームなどの楽しい活動は、スペリングを覚える課題に内在する単調さを克服するので、復習として使用することができる。最後に、もし生徒が例をつけてスペリングの規則を記録したり、丸暗記する必要のある単語のリストを持っていれば、独力で学ぶ時にそうした記録やリストを参照することができるので役立つ。

語彙指導

　第4章で述べたように、SpLDのある生徒は第二言語の単語を習得することに特に困難を感じる。SpLDのある生徒の語彙学習上の問題は、彼らの音韻意識の弱さや音韻の短期記憶力が弱いことに起因する。そうした問題が言語情報を長期記憶にコード化する妨げになるのである。言語学習のこの領域での生徒の困難さは、単語学習が多くの異なるタイプの情報の暗記を伴うことからも明らかである。具体的には、該当単語と結びつく統語的、形態素的、慣用句的、語用論的情報に加えて、その単語の意味、発音、綴りといった諸情報である（Aitchison, 1987）。したがって、第二言語の単語の習得を促進するためには、一回の授業で少数の、最大でも6語から8語の新出単語を教え、広く練習することが重要である。SpLDのある生徒は通常テキストを読んだり聞いたりすることから間接的に新しい単語を習得することには困難を感じるので（注：偶発的語彙学習と呼ばれるもの）、語彙指導は主として明示的に行うことが望ま

しい（注：意図的語彙学習）。語彙項目の頻繁な復習ということも、学習者が第二言語の新出単語を長期記憶に留めるためには必要である。一回の授業で指導される新出単語は少なくとも３回か４回の連続する機会で繰り返し復習される必要があり、最近学習した単語を定期的に、少なくとも２週間ごとに復習することも有益である。類似した発音の単語や非常に似通った意味の単語は一回の授業の中で教えるべきではない。さもないと生徒は容易にそうした単語を混乱してしまう。SpLD のある生徒には一つの授業である単語に関する全ての異なった情報を与えすぎることも避けるべきである。単語のスペリングが必ずしも発音から推測できないような言語の場合、生徒は最初に音韻形式とその単語の最も頻繁に用いられる意味を学習し、該当単語のさらなる情報（スペリング、例外的な意味、形態素的、統語的な特徴）は、形式と意味とのマッチングが学習者によって適切になされた段階でのみ指導するほうが適切である。表7-2 では、SpLD のある生徒に語彙を指導する上での基本原則が要約されており、補遺３には SpLD のある学習者にどのように語彙を教えることができるかを示した二つの授業案が示されている。

　聴覚、視覚、運動感覚の様式を含む多感覚教授法は、新しい単語を教える上でも練習タスクでも特に役に立つ。新しい語彙を提示する際、教師が単語の意味を例示するために視覚か運動感覚かの経路を用いることと並行して、口頭でその単語を繰り返すことが推奨される。よく用いられる運動感覚的、触覚的語彙学習活動には身振りで反応すること（Robinson-Tait, 2003; Schneider & Crombie, 2003）や、紙や机、空中で単語をなぞる（Nijakowska, 2010）こと等がある。視覚的な経路を刺激するテクニックとしては、フラッシュカードの利用（Schneider &

表7-2　SpLD のある生徒に対する語彙指導の基本原則

・授業の中での限定した新出語彙の量
・明示的な指導
・大量の練習
・多感覚による提示と練習テクニック
・頻繁な復習
・類似音の単語や類似した意味の単語を分けて指導する
・最初に発音と意味との対応関係を教える

Crombie, 2003）や語彙リストの単語の横に絵を準備すること（Robinson-Tait, 2003）も単語の記憶を促進する。マインドマップも SpLD のある生徒が第二言語の語彙を覚え、復習する支援となりうる（Nijakowska, 2010）。他の言語学習者と同様に、SpLD のある生徒も、単語が単独ではなく文脈の中で提示された場合、語彙をより習得しやすい。なぜなら、このことはその単語に出会う状況に関する心的表象と単語とを結びつける助けとなるからである。双方向のコンピューターゲーム（http://eslbears.homestead.com/contact_info.html; http://iteslj.org/v/ei/）、携帯電話や、任天堂のようなポータブル電子機器によるゲームも、語彙を練習するための素晴らしい学習動機につながる方法である。

　SpLD のある生徒が、単語を上手に長期記憶に留め、簡単にそうした単語を想起することができるためには、有効な学習方法を使うことが必要である。語彙習得を促進する記憶術としては、視覚的な例示、発音とスペリングの想起のヒントになる発音と文字のヒント、頭文字、難しいスペリングの単語を含む物語の活用等がある。この他の学習方法にはキーワードの利用が含まれる。キーワードとは、学習者の第一言語あるいは第二言語の活用語彙に属する単語で、新しい単語がそうした単語に心的に結び付けられると発音、スペリング、あるいは形態素の想起を助ける。

　SpLD のある言語学習者にとって、単語帳、単語カードあるいはコンピュータープログラム（http://quizlet.com）を用いることは、体系的な形で単語を記録する上での助けともなりうる。間違えたスペリングや不正確な意味を覚えてしまうことを避けるために、教師が定期的にこのような学習者の記録をチェックすることが重要である。生徒は教室外で定期的に単語を復習することも促される必要がある。理想的には第二言語の語彙の復習が SpLD のある学習者の日常の定まった活動の一部を形作ることが望ましく、生徒は毎日10分から15分を単語練習に費やすことが推奨される。ハイテクではない方法としては、バスの中や列に並んで待つなどの一日の静かな時間に頻繁に新出単語を復習するために、ポケットに入れて持ち運ぶ小さな単語カードの活用が考えられる。こうした方法も大変有効である。

文法指導

SpLD のある言語学習者への文法指導は明示的に行われると最もうまくいく。生徒はインプットから言語の規則性を推論することができるかもしれないが、文法規則に関する明確で簡潔な説明を受けることも重要である（Schneider & Crombie, 2003）。文法は文脈の中で提示され、構造はコミュニケーション上の機能と関連付けられると有益である。しかしながら、複雑な用語の使用は避けるべきである。というのも SpLD のある生徒は動詞、名詞、形容詞といった抽象的な言語の構成概念を理解することには、しばしば苦労するからである。文法の指導は、また、単純から複雑な構造へとスモールステップを踏んで進む必要もあり、学習者の既有知識に基づくべきである。新しい文法構造はすでに指導された文法構造が十分に自動化されるまでは、導入すべきではない。

多感覚指導技術は文法構造を教える上でも応用することができる。異なる文法機能を持つ単語や語句を色分けすることは、言語学的な用語を用いることなく、文法概念を理解する手助けとなる。例えば、文の主語には赤色、述語には青色、目的語に緑色を使うように決めることができる。こうした色分けが一貫して用いられると生徒は、赤色の単語は行為主を表し、青色は行為そのものを意味し、緑は行為の対象を表すことをやがて理解するようになる。加えて、大きな色のついたレゴブロックやキジネア棒は語順を示すのに用いることができる（Schneider & Evers, 2009）。個々の生徒にそれぞれ語句を与え、適切な順序で列を作るように言うことも文法構造を理解する手助けとなる（補遺4の授業案を参照）。生徒が文を作るために単語を並びかえなければならないようなタスクのように、双方向の（対面式の）ホワイトボードを利用した活動も、文法を教えたり練習したりする楽しい有益な手段である。

一旦生徒が提示された文法構造を理解しているように思えたら、制限されたものからより自由な練習へと移るための練習時間が必要となる。前述したように、多様な形態を用いたドリルは、文の枠組みを学んだり、言語構造の自動化の上で大いに役立ち得る。練習する文法構造と読み書きとの間で生徒の注意が分断されるのを避けるために、制限され

た練習活動は最初文字ではなく、口頭で行われることが推奨される。制限された書く練習は、最初は短い文を使い、ライティングを必要としない広範囲なタスクを含む（例えば、マッチング、順番にする、穴埋めタスク）。いくつかの選択肢から正しいものを選ぶといったタスクは学習者を混乱させ、不正確な選択肢を覚えることにつながりやすいので避ける必要がある（Schneider & Crombie, 2003）。多くの無料の文法ゲームがインターネット上で利用できるが、多くは多肢選択のタスクを用いており、それは SpLD のある生徒には魅力的とは思われない（例外として http://learnenglish.britishcouncil.org/en/grammar-exercises を参照）。口頭でのコミュニケーションタスクや短いライティングなどの、より自由な練習タスクでは、活動の焦点がある特定の文法構造におかれている場合、生徒の注意が複雑な内容を表現することに集中しすぎないようにしなければならない。さもなければ、学習者は文法的な正確さに注意を向けることができなくなる。したがって、最初に発話することや書く内容を計画する機会を与えたり、こうしたコミュニケーション活動で用いることのできる発話の例を提供するとよい。補遺 4 には初級学習者に対する簡単な文法の授業が示されている。

リーディング指導

第 4 章で言及したように、リーディングは二つの重要な側面から成る。つまり（1）形態素や統語上の構造を処理することに加えて、文字と発音との対応関係や単語を認識することを含む下位次元のデコーディングと（2）読み手がテキストによって伝達される情報を理解し評価する高次元の処理、の二つである。第 4 章では、SpLD のある生徒のリーディングの困難さは、主として下位次元のデコーディングにおける問題から生じていることを論じた。しかしながら、高次元のプロセスは下位次元のプロセスの有効な働きに基づいている。したがって、SpLD のある生徒は全体的な理解の困難といった様相も示すかもしれない。第二言語のリーディングは SpLD のある言語学習者にとっては特にチャレンジングなものなので、指導の状況やカリキュラムの条件が許すならば、SpLDのある生徒はより長期にわたる口頭での言語教授の後で、文レベル以上

のテキストを読むことからスタートすべきである。このことは学習者が言語学習での自信を得ることの助けとなり、リーディングを導入する前の土台として機能しうる。第二言語の単語の読み技能の集中的なトレーニングということが、テキストレベルのリーディングの指導に先立って行われることも推奨される。また、生徒がより長いテキストを読み始めた後でも、第二言語の単語読解を定期的に練習する必要がある。単語の認知に関する頻繁な、また一貫した練習が単語の解読の技能を伸ばすことを促し、それが後の適切なリーディングにとって不可欠なものになるのである。

　SpLD のある生徒に対してリーディングテキストを選ぶ際には、いくつかの配慮が必要である。まず第一に、テキストの長さは短いパラグラフのものから始めて、教えている中で少しずつ増やしていくべきである。生徒がより高いレベルの力に到達していても、長いテキストは SpLD のある生徒にとっては困難で、やる気を削ぐものになりうる。したがって、長いテキストは小さい部分に分けて、授業のいくつかの側面で短いテキストに取り組むほうがよい。第二に、テキストは読む意欲を促すものであるべきであり、学習者の興味を喚起すべきである。テキストを読む必然性を確立し、伝えられている情報に対する学習者の好奇心を目覚めさせることが重要である。さもなければ、生徒は要求度の高いリーディング活動に取り組むことを嫌がる可能性がある。テキストの選択は該当言語が学ばれる社会的、文化的文脈も考慮に入れるべきである。第三に、リーディングテキストの困難度は学習者の能力レベルに相応したものであることも極めて重要である。タスク自体は概要を理解するということであったとしても、学習者の能力をはるかに超えたテキストであれば、SpLD のある生徒にとっては意欲を削がれるものとなろう。SpLDのある生徒の語彙学習の困難さが原因で、また、そうした生徒は文脈から未知語の意味を推測することが困難であるという事実から、テキストは未知語を多く含まないものが必要である。同様に、あまりに多くの未知の統語的、形態素的構造があると理解を妨げもするので、生徒にとって未習の文法構造があれば注意深くチェックしておく必要がある。最後に、第 6 章で述べたが、テキストのレイアウト、フォーマット、提示

も SpLD のある生徒のニーズに合わせて調節する必要がある。インターネット上で利用できる十分に選ばれたテキストは上述した利用可能性の点での基準を十分満たしている。というのもデジタルテキストは通常短く、絵を伴い、しばしば音声的な内容も伴っており、文字のフォントやサイズも生徒が選ぶことができるからである。

　言語学習者は誰でもリーディングを始める前の活動から何かを得るように思われるが、こうした活動はとりわけ SpLD のある生徒には役立つものである。SpLD のある生徒に達成感を与え、リーディングの成功体験を与えるためには、読み始める前に十分な支援を得る必要がある。まず第一に、読むまでにテキストのテーマに関する学習者の背景知識が活性化されると大いに役立つ。というのも、そのことがテキストが何についてのものかに関しての期待を高めるのに役立つからである。これは議論形式でも行うことが可能である。その場合、生徒はテキストのトピックを与えられて、そのトピックについて知っている事柄を教師やグループの仲間同士で共有する。他には、テーマについての小テストもリーディング教材に対する期待を刺激する有益な楽しい手段になりうる。テキストの中の特定情報を見つけるように学習者に求めることによって、読む目的を与えるということも読みへの動機を高め、読んでいる間、学習者の注意を導くことができる。最後に、学習者にとって鍵となる未習の語彙項目を事前に教えるということは、学習者がテキストの情報内容に焦点を当てることを助け、全体的なテキスト理解を助けることになる。さらに、このことは SpLD のある生徒が読んでいる途中で未知語に遭遇した場合に経験する潜在的な不安を軽減するかもしれない。これとは別に、未知語はテキスト内で強調したり、色付けしたりすることもでき、単語の意味に注釈を付けることもできる。しかしながら、生徒の語彙学習面の困難点を考慮することが必要であり、6 語から 8 語を超えて事前に意味を教えるのは適切ではない。生徒は、また、未習の文法構造の事前指導からも利益を得る。

　第 6 章で述べたように、SpLD のある生徒には音読を安易に要求するべきではなく、音読と同時に読む内容を理解することを期待すべきではない。というのも、これは彼らにとってはとてもハードルが高く、他の

クラスメートが読みの困難を持たないクラスにおいては屈辱的なものになりうるからである。SpLD のある生徒にとってのリーディングの実際の活動は、短く焦点化したもので、それぞれのリーディングの段階は、生徒がテキストを理解し、テキストから学んでいる内容に関する議論が後に続くようにすべきである。リーディングで大きな困難があるようであれば、教師が最初に生徒に対してテキストを読み上げることもできる。次の段階として（あるいは最初の段階として）、生徒はテキストの主要な情報内容を理解するために読むように促され、二回目のリーディングで情報の特定部分を探すということも可能である。テキストの理解は短い答えを要求する質問を利用することで、あるいは表、図、フローチャートの支援でチェックすることができる。かなり多くの選択肢を伴う多肢選択タスクは、生徒の混乱を招くものになるかもしれないし、広範囲にわたって追加のリーディングを必要とする穴埋めタスクも更なるストレスをもたらしうる。多くの多感覚タスクも、また、リーディング指導においては応用可能である。リーディングのためのイラストを準備したり、単語だけでなく身体の動きを伴って物語を演じることを求めることもできよう。テキストの内容について生徒が馴染んできたら、特定の文、単語、より長い句構造などの詳細な理解に取り組むこともできよう。

テキストを読むということは、スピーキングや語彙を練習するため、また意味ある言語使用の機会を提供する上で、多様な形で活用しうる。リーディングに基づいてロールプレイやディスカッションを行ったり、話の別の終わり方を書いたり、手紙を書く等、短いライティングの作品を作成することなども可能である。生徒が第二言語のライティングに困難を持っているようであれば、ライティング活動を口頭でのタスクに替えることも可能である。リーディングの中で使われた単語に基づいた語彙学習もまた、学習者が文脈の中での単語を記憶する手助けとなる。最後に SpLD のある生徒は、予測を使う、情報の鍵になる部分を探す、テキストのロジックを見つける、見慣れない単語や言語構造の意味を推測するといったリーディング方法に関する明示的な指導から多くのものを学ぶ。しかしながら、推測を伴う方法は、ハードルも高い。なぜなら、SpLD のある生徒は文脈的、形態素的ヒントを使って意味を確立するの

に困難を感じる傾向にあるからである。

　SpLD のある生徒にリーディング指導を行う上での最も重要な要素を
まとめると、MSL の指導原理を概観している表7-1 に再び戻ることがで
きる。SpLD のある生徒に対するリーディングプログラムは、注意深く
構造化される必要があり、リーディング技能を段階的に、また累積的に
築く必要がある。生徒はリーディングの前後の段階で、馴染みのない単
語や統語構造に関しての明示的な説明から学ぶ。リーディングの練習は
重要ではあるが、特定の教育状況で第二言語のリーディングの重要性と
いうものが考慮される必要があり、スピーキングやリスニングを含む口
頭技能の養成というものが重要な位置に置かれるべきである。リーディ
ング指導における多感覚的な要素は、理解を確認する上で絵を描いたり、
動作化するなどのタスクの利用を含みうる。加えて、学習者はリーディ
ング方法の活用を通し、理解面での問題を克服する支援を得ることも可
能である。リーディング授業の例が補遺 5 に示してある。

リスニング指導

　リスニング指導はリーディング指導と多くの点で共通しているが、
SpLD のある生徒が第二言語のテキストを聞く際に経験する困難点に取
り組むために有益な指導技術という点では両者にはいくつかの違いもあ
る。一般的には、SpLD のある生徒はリーディングよりもリスニングの
ほうが比較的容易であり、不安を引き起こすことはあまりないと認識す
る傾向にある。それでも、リスニングのテキストとリスニング指導で用
いられるタスクのタイプの双方をこうした学習者のニーズに合わせる必
要がある。

　最も重要な点は、SpLD のある生徒は、しばしば類似音を聴き分ける
ことに困難を覚えるということであり、それが学習者の第一言語にはな
い音の区別が必要な言語の場合には、さらに難しくなるということである。
したがって、類似した発音の単語を区別することに集中しなければなら
ないテキストは、とりわけこうした学習者にとっては難しい。リスニン
グタスクの目的が、リスニングテキストの概要理解であるならば、テキ
ストは類似した発音の単語や混乱しかねない単語は少ないもののほうが

良い。さらに、SpLD のある生徒は、しばしば一定の流れを伴う口頭言語に長い時間集中することや、ワーキングメモリに大量の聴覚情報を留めておくことに困難を覚える。したがって、リーディングテキストと同様に、リスニングのインプットも話があまり長くないもので構成される必要がある。テキストに付属する視覚的なインプット（例えば、短い映画の概要、放送、ウェブキャストを見る）は、生徒が注意を維持する助けとなり、テキスト内容を理解する上で視覚的な支援を提供しうる。また、スピード、長さ、発音の明瞭さといった点で段階的に難しくなるテキストが指導過程で用いられることも推奨される。適切なリーディングテキストを選択する際の留意点と同様に、リスニングテキストも興味深く、文化的、文脈的に関連があるべきで、インプットの中に出る語彙や文法構造といった観点から生徒の言語能力をはるかに超えたものであってはならない。

　リーディングテキストの導入において概要を述べたタスクと同じタスクを用いることは、学習者の背景知識を活性化し、リスニング前に聞き取る内容を予想させる上で有益である。リーディングの場合と同じように、学習者の注意がリスニングの過程で一定の支援を受けることは理解に大いに役立つ。そうした支援はリスニングの目的を生徒に与えることによって達成しうるものである。加えて、語彙の事前指導もリスニングのテキスト中の単語を解読する上で学習者の支えとなり、理解を促進することにつながる。ここでは単語の発音を強調する必要がある。

　SpLD のある生徒は、一般的に同時に聞いて読むとか、聞いて書くといったことに困難を感じる。したがって、最初にテキストを聞く時には、学習者は聞くことだけにかかわり、主要な点を理解することに集中すべきであり、リスニングと並行して別のタスクを課すことは避けるべきである。最初のリスニングの後で、教師は生徒が主要な情報をどの程度理解しているかを確認し、その理解が不十分であれば、二回目のリスニングの間に学習者の注意をそうした点に導くような質問をすることもできよう。生徒がテキストを一定程度大まかに理解しているようであれば、表やフローチャート中の欠落情報を補ったり、質問に短く答えるといったようなリスニングタスクを提示することも可能である。その場合、生

徒がリスニングの前にタスクの情報を読む時間を十分に持つこと、書かれているタスクの指示を理解しているということを教師が確認することが重要である。SpLD のある生徒にはリスニングの間にリスニングタスクに対する答えを記録するということは要求しないほうが良い。というのも、注意をリスニングとライティングの間で区別することは困難だからである。同様にタスクとしてのメモを取ることは、彼らにとっては特に難しいことが分かっている。テキストが短い場合、生徒はリスニングの後にそうしたタスクをすることはできるだろう。代わりに、リスニングの過程において一定間隔で音声インプットを途中で止めて、学習者に答えをメモさせることもできよう。第二言語のリーディングやライティングに生徒が非常に困難を覚えるようであれば、リーディングやライティングを伴うタスクを口頭での理解確認のための質問に替えることもできる。リスニングテキストに示されている指示内容を実演したり、リスニング教材の内容を表す絵を描くといったように身体の動きを含むタスクを工夫することにより、リスニング指導に多感覚指導の要素を取り入れることもできる。最終的なリスニングでは、生徒が理解するのに困難を覚えた、リスニングテキストの該当部分に焦点を当てるように求めることもできよう。その後、続いてそうした困難点やテキスト内容についての誤解を解消するための議論をクラスで行うことも可能である。

　リスニングテキストは、更なる言語発達のための良いリソースとして機能する。というのもそれは、豊富な語彙のインプットを提供し、学習者が慣用表現を習得したり、文法構造とコミュニケーション機能とを関連付ける上での助けとなるからである。リスニング後のコミュニケーション活動もまた、スピーキングやライティング技能の伸びを促進する。さらに、SpLD のある生徒は中心となるアイデアに焦点を置き、賢明に推測しながら、テキストの続きを予測したり、テキストのその後の展開を予測するといったリスニング方法についてのトレーニングを行うことからも学ぶ。

　多感覚指導の原則が、リスニングの指導においても応用可能である。前述した指導技術や方法の記述を振り返ってみると、注意深く選択されたリスニングテキストは、生徒の話し言葉の理解能力の発達が累積的に、

また構造化された形で進むということを保証していることが分かる。リスニングテキストの理解に必要な言語構造はリスニング活動の前の段階で明示的に指導され、リスニング後にリスニングテキストで出会った構造や単語についての更なる説明を受けることができる。SpLD のある生徒は通常、第二言語のリーディングで十分なインプットに触れていないので、第二言語の話し言葉を聞く豊富な機会を提供されることが重要である。動きを伴ってリスニング教材に対して反応をするということが含まれている多感覚のリスニングタスクも、生徒にとってリスニングをより楽しいものにして、単語や表現の習得を支援することになる。

スピーキング指導

スピーキングは、ほかの技能の習得と比べると SpLD のある生徒が秀でており、それほど困難を感じない言語能力の一要素である。カリキュラム上やアセスメントの面から、また一般的な言語学習上のニーズがリーディングやライティングを含む技能の、より高度な能力を要求しない外国語学習環境では、口頭での言語技能が言語教授のプロセスで中心的な役割を果たすことになり得る。したがって、SpLD のある生徒を特に対象にした多くの指導プログラムが、もっぱら口頭コミュニケーションに焦点を当てている（Kormos他，2010b を参照）。こうしたプログラムでは、スピーキングの指導でよく用いられる教授法が SpLD のある生徒の困難点を考慮に入れ、調整された上で試みられる。こうした学習者が、第二言語で話す際に直面する主な課題は、単語を素早く効率的に想起すること、単語の発音を思い出し、正確に単語を発音する、単語の構成要素から文を意識的に作る、より長くつながりのある内容を口頭で話すといった内容を含んでいる。SpLD のある生徒の中には、とりわけアスペルガー症候群のある学習者には、第二言語での言語使用に関する適切な社会的な慣習を用いることに困難な者もいる。第二言語でのスピーキングに対する更なる壁は、SpLD のある生徒は自信がなく、目標言語を用いてのコミュニケーションを行う上で、とりわけ大勢の前でのコミュニケーションにおいて不安を示すということである（Piechurska-Kuciel，2008）。

話し言葉の能力で SpLD のある生徒の自信を高めるためには、口頭

でのコミュニケーション活動が言語学習の最初の段階から導入されることが必要である。学習者は最初の段階でもコミュニケーション場面で簡単な個人的な質問に答えるといったような、一語二語での発話をすることを促される必要がある。大半のオンライン辞書は第二言語の単語の意味だけでなく、その発音も提示している。これにより、単語の音韻を覚える助けになり、発音を向上させることにもなる。単語や文レベルでの発音やイントネーションの技能を向上させる双方向の活動もネット上で利用できる（http://www.englishcentral.com）。学習者は簡単な文から複雑な文へ、また一文や二文での発話でやり取りする状態から、より長い口頭談話を構成する段階へと徐々に伸びていくことができる。このことは、多感覚指導における累積的な進歩という原理が、スピーキングの指導においても守られていることを保証している。SpLD のある生徒は第二言語の単語や表現を長期記憶の中で記号化することに困難を覚えているという事実により、口頭コミュニケーションのために句や短い文を意味ある文脈で用いることのできる十分な、また多様な練習機会を必要としている。さらに、話し言葉に動きが伴う多感覚スピーキングタスクは、学習者がコミュニケーションのための句や表現を覚える上で、とりわけ有益な手段にもなっている。

　コミュニケーションのためのタスクをどのように実行するかに関して、SpLD のある生徒が明確な説明を受ければ、スピーキング技能の発達にとって助けとなる。したがって、例えば母語話者がタスクを実行しているのを聞くといったように、タスクのモデルを提示されるだけでなく、タスクがどのように構成されているか、また、相互作用の中で様々なコミュニケーション機能が第二言語を用いて、どのように実現可能かといったことも提示されると有益である。SpLD のある生徒は、注意をコミュニケーションの内容と言語形式とに分けることが難しいので、タスクをうまく達成するために必要な語彙や統語構造を復習することが望ましい。加えて、生徒が意図したメッセージを伝えるために操作しうる句や構造を含んでいるタスクの枠組みも提供することができよう。SpLDのある生徒は、またスピーキングの前に発話内容を構成できるように、より長い準備の時間も必要としている。

第 7 章　言語教授のための指導法

モデル提示と準備の段階の次には、生徒は間違うことを心配しなくてもすむように、また、多くの聴衆の前で話さなければならないといったプレッシャーもなく、小グループでタスクの練習をする機会を与えられることが勧められる。これにより、発話の繰り返しやその改善を図ることができ、第二言語コミュニケーションで SpLD のある生徒がしばしば経験する不安も和らげる可能性もある。ペアや小グループで活動している間に、教師はその様子を観察したり、個別のフィードバックを与えることができる。最後の段階で、選ばれたグループやペアが全体の前でタスクを実行することができるが、こうした状況で特に不安を覚える生徒の場合には、この段階は省略することも可能である。テキスト作りを支援し、学習者が話す内容を組織化し、覚えておくことを助けるパワーポイントでのプレゼンテーション、生徒に自身や互いの様子をビデオカメラに記録しておくように求めたり、(最近では携帯電話にカメラが組み込まれているが) リハーサルや計画的なパフォーマンスでのプレゼンテーションが可能となるようにポッドキャストやウェブキャストを準備するといったような、テクノロジーの活用もスピーキング練習への意欲を促す楽しい手段である。補遺6に特定の話し言葉の機能を指導する上で用いることができるタスクの枠組み例が示されている。

ライティング指導

　ライティングでより長いテキストを産出するのは、SpLD のある学習者には特に課題が多いだろう。したがって、多くの言語学習の文脈では、こうした学習者は、カリキュラムが規定しているライティングの必要条件をしばしば免除されている。学習者が教室外では主として口頭でのコミュニケーションのために第二言語を用いると考えられる場合は、テキストレベルのライティングの免除ということは適切かもしれない。しかしながら、SpLD のある生徒が十分なレベルのライティング能力を示すことを期待されている状況もある。こうした場合には、ライティングの指導は、作文の構成面といった側面のように、より高次なレベルと同様に手書きやスペリングを書くといったより下位のレベルで生徒が直面している困難も考慮に入れる必要がある。

ライティング活動は、非常に短い文レベルのタスクや不足している情報の一部を埋めるといったようなタスクから始めて、指導過程に徐々に導入される必要がある。生徒が手書きや個々の単語のスペリングに深刻な課題があると思われるような場合は、十分な助けや支援がなければ、より長いライティングの作品を書くことができるということは期待できない。ライティングは、SpLD のある生徒にとってはとりわけ困難であるという事実のために、ライティングタスクは意欲付けにつながり、興味深いものであるべきであり、成功感や達成感を提供するということが不可欠である。e メールを書くことやチャット、テキストメッセージなど現代のコミュニケーション技術の利用も推奨される。と言うのも、手書きをする必要がないので、紙とペンによるライティング活動の代わりや補助になりうるからである。

　実際のライティングタスクの前に位置付けられて、書く内容を計画したり、テキストの言語的な側面から学習者を支援する活動は、学習者のライティングの困難点を克服する上で重要である。ライティング活動に対する適切な準備がなければ、SpLD のある生徒が作品を書くという試みは失敗に終わる運命にあるだろうし、ライティングで自らの考えを表現するといった学習者の動機も大幅に下がってしまうだろう。このため、ブレーンストーミングの利用やテキストの概要を準備するといった活動が強く推奨される（双方向のマインドマッピングやブレーンストーミングのツールがインターネット上で利用できる。例として http://bubbl.us/）。加えて、学習者にモデルのテキストや補遺 4 に示してある文法活動における手紙の枠組みといったようなライティングの枠組みやテンプレートといったものを提供するということも有益だろう。さらに、SpLD のある学習者は、こうしたモデルやテンプレートを色分けすることからも得るものがある。と言うのも、それにより学習者は文を構成するためのヒントを得るからである。生徒は、パラグラフ（例えば、トピックセンテンスは赤、支持文は緑）やエッセイ（導入は長方形、本論は円、結論は三角）を構成する異なった部分を示す形や色の利用や操作を通じて自らの考えを構成しやすくなるということもあるだろう（Schneider & Evers, 2009）。ライティングタスクに必要な語彙や文構造を復習するということも、記憶の中にある必

要な言語項目や構造を活性化し、ライティングの際にこれらを想起する上で助けとなり、SpLD のある学習者を支援するものである。学習者に大文字、つなぎ語の使用、句読点などに焦点を当てるように指示するといった言語的な側面に焦点をおいた活動を設定することも言語面での正確さを向上させるだろう。しかしながら、学習者に過度に様々な点に注意するように要求するといったことを避けるために、ライティングタスクには、ただ一点に焦点化することが必要である。

　ブログを書く、オンラインで文書を共有し、編集するといったような現代のテクノロジーの活用を含むライティング活動も、SpLD のある生徒のライティングやリーディング技能を高めるための有効な手段である。こうした新しいオンラインでのライティング活動は動機付けとしても良い。なぜなら、生徒の作品をクラス全体に、さらに潜在的にはより広い一般の人々に示す一つの手段を提供し、学習者のライティングに対する本当の意味での聴衆（読み手）を創造するからである。そうした内容は簡単に編集でき、コメントも加えることができるので、手書き文字に困難のある生徒はこうしたタスクのほうが伝統的なライティング活動と比べて取り組みやすいと思うだろう。

　可能であれば、ライティングタスクは短めであるべきで、より長いテキストを書くことが求められる場合は、ライティングの過程で短い休憩を取り入れるのが良い（例えば、生徒は休憩中にライティング作品のためのイラストを準備するように求められる）。SpLD のある生徒はライティングの際に教師からの支援を必要とする。また、ラップトップ、電子辞書、スペルチェッカーなどの他の支援のための機器も学習者が作品を作る上で助けとなろう。例えばチェックリストやガイドラインを用いて、自分の作品を自己編集、自己訂正する方法を学習者に指導することは有益ではあるが、SpLD のある学習者はスペリングや文法の誤りを見つけるのが困難だと感じるかもしれない。しかし、そうした学習者でもテキストの構成上の問題は見つけることができるだろう。同様に、SpLD のある生徒は、教師が正しい形を提示せずに、スペリングや文法の誤りを示唆するだけの間接的な訂正からは得ることはないかもしれない。書かれた作品における訂正では、たくさんの誤りに下線が引かれているのを見る

ことは、生徒にとっては極めて意欲を削ぐものであるので、あれもこれもといった大量のものであってはならない。代わりに、フィードバックを行う時には、構成といったようにライティングの一つの側面に焦点化し、スペリングといったような他の側面は無視することが適切だろう。あるいは、ライティング作品のコピーを複数枚取り、ある側面に焦点化して一度に作品の一つのコピーを使いながら、別々の授業でフィードバックを行うこともできる。

　この章では、SpLD のある学習者に四技能、文法や語彙を指導する上での個別の指導技術と共に一般的な教授法を提示した。多感覚指導の原則が言語教育の様々な側面において、どのように実践しうるか、また、SpLD のある言語学習者が外国語をうまく習得する上で、どのように支援できるかについて示した。次章では、このようにして学習者が達成したことや伸びたことをいかに公平に、信頼できる形で測定するかに焦点を当てる。

重要項目のまとめ

- ●色分けする、絵を描く、付随する動きや動作化をするといった多感覚指導技術の活用は、新しい言語材料の記憶を助け、練習タスクを楽しく、変化に富むものにする。
- ●SpLD のある生徒には、文字及び話し言葉のテキストの創造や理解に加えて、文法、発音、スペリングなどを含む第二言語学習のあらゆる側面についての明示的な説明が助けとなる。
- ●頻繁で変化に富む練習や定期的な復習活動は、SpLD のある学習者が第二言語の言語項目や構造を長期記憶に留める上で助けとなる。
- ●ドリル、文やタスクの枠組み、モデルといったものは、第二言語の文法構造の自動化を促進し、スピーキングやライティング技能の向上に貢献する。
- ●小さな積み重ねのステップでの時間をかけた進め方は、SpLD のある学習者に十分な練習の機会を提供し、達成感を与える。産出（スピーキングやライティング）や理解（リーディ

ングやリスニング）タスクを注意深く構成し、授業進行のペースを考えることが極めて重要である。

● リスニングやリーディングの前の活動は SpLD のある生徒がリスニングやリーディングのテキストを処理したり、口頭や文字による談話を生み出す上で経験する困難点を処理する支援となる。

● 学習方法の応用のモデルを示したり、練習することは、学習者が第二言語学習上の困難点を克服するために有効に使える指導技術を発見する助けとなる。

演習問題

1．SpLD のある生徒を対象に以下の点を指導する45分の授業を構想しなさい。
   a）一群の第二言語の単語
   b）特定の文法構造
   c）スペリングの規則
   d）選択された一つのコミュニケーション機能（例、要求、情報を求める等）

2．SpLD のある学習者に適切だと思われるリーディング／リスニングのテキストを選び、そのテキスト選択の過程で何を考慮したか、また、SpLD のある生徒がテキストを処理する上で経験する潜在的な困難点に対応して、そのテキストをどのように調整する必要があるかを議論しなさい。

3．SpLD のある学習者向けに選択したリーディング／リスニングのテキストに基づいて45分の授業を構想しなさい。

4．SpLD のある生徒が特に有益であると判断するような言語学習タスクやゲームを含むウェブサイトやウェブに基づくアプリケーションを選びなさい。生徒が言語のどの側面を練習し、SpLD のある生徒にとってウェブサイトやアプリケーションがどのように適切であるかについて、該当のウェブサイト

やアプリケーションについて簡単なプレゼンテーションを準
備しなさい。

推薦図書

Nijakowska, J. (2010). *Dyslexia in the Foreign Language Classroom*. Bristol:
Multilingual Matters.

Schneider, E. & Crombie, M. (2003). *Dyslexia and Foreign Language Learning*.
London: David Fulton.

Schneider, E. & Evers, T. (2009). Linguistic intervention techniques for at-risk
English language learners. *Foreign Language Annals*, 42, 55–76.

アセスメント

はじめに

　第二言語のアセスメント分野において、SpLD のある生徒のニーズへの配慮は長らく軽視されてきた。EU諸国においてさえ、障がいのある生徒への外国語能力テストの利用可能性の問題が取り上げられるようになったのはつい最近のことである。Smythe（2005）と Shuter（2005）は、彼らの欧州外国語学習委員会（European Commission on Foreign Language Learning）と特別な教育的ニーズ（Special Educational Needs：SEN）による資金援助を受けた論文の中で、欧州では語学試験がしばしば大学入学や卒業、そして就職活動時に必須になっている点を指摘している。そのため SEN の対象となる人々がこれらの機会を利用できるよう、あらゆる努力をなすべきであると述べている。生徒の言語スキルの評価は、high-stakes[2] の標準語学能力テストだけではなく語学クラス内でも行われている。教室ベースのアセスメントは多くの場合非公式で、学習診断のために用いられ、テストの結果の影響力は high-stakesテストに比べるとより低いものの、学習者にとっては進級や進学などの重要な結果につながる可能性がある。テストの成績は生徒の自負心や自信、自尊心に影響を与え、さらには学習動機に強く影響する可能性もある。またテストは何をどのように教えるかを通して、指導プロセスにも影響を与えている（Alderson & Wall, 1993; Wall, 2000）。そのためアセスメントの手続きにおける妥当性、すなわち学習者の能力に関する正確な情報の提供は非常に重要である。さらにアセスメントは公正でなければならず、それは学習者に自分の知識を示すための十分な機会を与えることを意味する。しかしアセスメント手続きにおける公平性（fairness）と妥当性（validity）のバランスを確保することは、容易ではない。なぜなら語学テストで測られる多くのスキルは、まさに SpLD のある生徒にとって困

2　high-stakes とは、英語では「いちかばちかの」という意味だが、high-stakesテストとは、学校においてはクラス分けや進級、卒業、入学の判定などに用いられる社会的影響力の高いテストを意味する。

難なリーディング、ライティング、スペリングであるため、テスト結果が学習者の語学能力を十分に反映していない可能性がある。

　本章ではまずアセスメントのタイプについて概要を説明し、妥当性と公平性について論じる。次に high-stakes の語学能力テストを受験する際に可能な配慮について分析する。最後に SpLD のある生徒の語学能力のアセスメントに利用可能な、教室ベースでの評価手続きについて詳しく述べる。

言語アセスメントの主要な構成概念の概要

　アセスメントに用いられる構成概念の一つは、テストについての考え方である。テストとは、学習者の基本的な能力に関する推論に基づく学習者の行動サンプルを意味する。またテストにはそれによって引き起こされた行動を評価する、いくつかの基準が含まれる。アセスメントという語はテストと同義語で頻繁に用いられるが、この二つの用語は区別される必要がある（Brown, 2004）。アセスメントは継続的で現在進行中の生徒の成績と能力への評価であり、その形式は多様で、例えば「良くできました」などの教師のコメントや、生徒の課題や自己評価のポートフォリオ評価などを含むことも可能である。テストとは、アセスメントの形式の一つである。

　アセスメントには公式と非公式の2種類がある。通常の非公式アセスメントは計画性を伴わず、教師の「とても良いですね」「時制にもう少し気をつけて」といったコメントや、活動へのご褒美シールなどの形式をとる。公式アセスメントとは、生徒の能力や学習成果に関する体系的で計画的な評価である。公式アセスメントの典型的な例には、成績、テストの点数、生徒の作文への書面での評価などが挙げられる。アセスメントはその利用目的によって分類することもできる。形成的評価は指導プロセスの効果に関心のある教師にとって有益な情報であり、必要な指導内容や手立てに関する決定の手助けとなる。ほとんどの非公式アセスメントは形成的で、授業での小テストや中間試験も形成的評価のタイプに含まれる。試験や能力テストのような累積的評価は、特定のスキルや

能力に関して生徒が何を習得したかの総合評価を行う。累積的評価は生徒と教師のほかに、しばしば保護者や管理職、そして教育委員会にも情報を提供する。

　テストはまた、それぞれ異なる役割を担うことができる。クラス分けテストは、生徒の能力レベルに合った学習集団への振り分けに用いられる。これらのタイプのテストは通常、一定の語学能力基準に基づいて実施され、指導との関連はほとんどない。診断テストは学習者のL2における強みと弱みの把握に役立つが、特定のカリキュラムには直接関連しないことがある。診断テストの主な目的は、生徒に何を指導するかに関する決定の手助けだが、生徒や管理職にも有益な情報を提供する。進度テストは生徒が学習しているシラバスやカリキュラムに基づいて、通常はクラス担任が作成・実施する。進度テストのほとんどが非公式で影響力は弱く、その目的は指導への情報提供である。到達度テストも、学習者が語学の授業で学習した言語の特定の内容を習得したかどうかを測定するが、進度テストよりも実施される回数は少ない（到達度テストは通常学期や年度末に実施される）。しかしその結果は進度テストよりも重要な結果につながる可能性がある。最後に、能力テストは生徒が授業で受けた指導と関係なく、第二言語能力を測定することが目的で、テストに合格するために受験者ができるはずの内容を作成者があらかじめ設定している。このテストは、生徒がその言語スキルを将来どれほど上手に使えるようになるかを予測するよう設計されている。そのため能力テストは通常high-stakesで、外部機関によって実施される。

妥当性と公平性

　本章の「はじめに」で述べたようにアセスメントにおける主要な問題は、測定の正確さ、言い換えるとテストの妥当性にある。Henning（1987）は妥当性について次のように説明している：

　　妥当性とは、測定する目的のものを測定するにあたって、与えられたテストまたはその構成部分の適切さを意味する。いずれのテストも意図した測定内容を測定する範囲では妥当であると言える。したがっ

て、テストを説明する際に用いられる妥当性という語は、通常は「〜に対する」という前置詞と共に用いるべきであろう。つまりいかなるテストも、特定の目的に対しては妥当であるが、別の目的に対しては必ずしもそうではない（p.89）。

Messick（1989）は妥当性を「テスト得点あるいはその他の評価形態に基づいてなされる推論や行動の適切さが、実証的証拠や理論的根拠によってどの程度支持されるかという、統合的な評価判断」（p.13）と定義している。さらに、妥当性はテストに固有な特性ではなく、そのテストが用いられる文脈及び得点の解釈方法に依拠する（と強調している）。さらにMessickは妥当性には次の二つの脅威があると主張している。一つは構成概念の不十分さや不完全さによって、構成概念に関連した要素が無視されることで（例：ライティングスキルを測定するためにディクテーションテストを用いるなど）、テストが意図した内容の測定に失敗することである。もう一つの脅威は構成概念に無関係な分散によって、構成概念の中心ではない事項も測定する際に生じる（例：ライティングの課題で書字の正しさ・美しさの評価基準を含むなど）。後者が妥当性に与える脅威は、特定のグループのテスト受験者へのバイアスにつながり、その他のグループへの不公平なデメリットとなる可能性がある（以下の公平性についての議論を参照のこと）。さらにMessickは、与えられた状況におけるテストの関連性と実用性と同じように、妥当性にはテストの社会的な結果が含まれることを強調している。こうした近年の妥当性の概念化において、テストの公平性は不可欠な部分である（Kunnan, 2004）。妥当性と公平性の相関的な特徴は、以下に示す、障がいのあるアメリカ人法（Americans with Disabilities Act of 1990）のような法的文書にも反映されている。

> ……試験を提供する民間団体は……その試験が個人の感覚や操作、会話スキルを測定する主旨でない限り、その障がいを反映するのではなく、むしろ正しく個人の能力、到達度、そのほか試験が測定する目的の因子を反映できる場所と方法におい

て試験を選択・管理する義務を負う（Americans with Disabilities Act of 1990, 56, Federal Register 1630.10）。

SpLD のある生徒の言語学習困難に関するこの要約は第4章に示されており、こうした学習者にとってアセスメントにおける公正な扱いが非常に重要であることを明示している。米国教育研究協会（American Educational Research Association）（1990）が定義する公平性には次の四つの原則がある：バイアス（系統的に差異を生じさせるもの）がないこと、テスト手続きにおける公正な扱い、テスト結果の平等性、学習の公正な機会である。バイアスがないとは、テストが「同一の受験者集団にとって点数が系統的に高くなったり低くなったりすることにつながるような、構成概念に無関係な内容」を含まないことを意味する（American Educational Research Association, 1999: 76）。バイアスはテスト内容によっても生じる。例えばリーディングテストに特定の文化的背景知識を必要とするテストは、質問されている特定の文化をよく知らない生徒に否定的なバイアスを与える。バイアスは解答形式によっても起きる。その場合、測定されるべき言語知識の要素とは無関係の能力の適用を求め、課題を無事に完成させる妨げとなることがある。例えばリスニングテストで内容に基づいた絵を描かせることは、絵が苦手な生徒にとって不利である。解答形式によって生じるバイアスは、SpLD のある生徒の試験を考慮する際に非常に重要である。それゆえアセスメントに用いられる課題は、構成概念に無関係な内容が、特定の生徒に不利となるかもしれないという観点から、注意深く検討される必要があろう。もしそうしたバイアスに気づいたなら、アセスメントには代替課題と解答形式を採用する必要がある。

アセスメントが行われる過程における平等な処遇としての公平性には、アセスメントの構成概念と目的への注意深い検討が含まれる。SpLD に関する最も重要な公平さの側面として、適切なテスト環境が挙げられる。テストは生徒が自分の知っていることや知識を示すことを妨げないような環境下で実施されなければならない。SpLD のある生徒へのテスト環境を適切なものにするために、実施手続きをしばしば変更する必要があ

る。例えば注意欠陥・多動性障がいのある生徒であれば、テスト課題から注意が逸れないよう、他の受験者と離れた別室で試験を受ける必要があるかもしれない。

　テスト結果における平等さとしての公平性には、例えば能力的には比較的同じレベルで、第一言語や社会的背景が異なるサブグループのテスト受験者が同程度の得点分布を示すことが要求される。言い換えると、テスト受験者が特定のグループに属しているという事実が、合否に影響を与えてはいけないという意味である。最後に学習の機会としての公平性とは、テスト受験者がテスト準備にあたって公平な機会を得ることを意味する。

配慮と手立て

　公平性と妥当性には強い相関関係があり、ほとんどの場合妥当なテストは公平で、公平なテストは妥当であると言える。しかし特別な手立てを用いた場合、特定のテスト受験者グループへの公平さがテストの妥当性にマイナスの影響を与えることがある。SpLDの場合最も深刻な懸念は、テストの内容と受験プロセスにおいて提供された配慮（accommodation）や手立て（modification）がどの程度テストの構成概念の妥当性に影響するかにある。Hansen他（2005）は、語学テスト分野において測定するべき課題タイプと構成概念に関連した配慮調査のための初期フレームワークを作成している。そのモデルの紹介では、リーディング課題に読み上げ配慮を受けているディスレクシア生徒の事例を用いている。リーディング課題には、デコーディング（活字を音声化することができるかどうか；例：読む）と理解（音声化したものを理解できるかどうか）の二つの主要な特徴が内在している。読み上げ配慮は活字をデコーディングしなくてもすむことから、ディスレクシア生徒に不当な優位性を与えてしまう。つまりこれは配慮ではなく手立てであり、テストの構成概念の妥当性に影響を与える。その一方でリーディング課題の解答を筆記ではなく口頭で行うことを許可することは、測定されるリーディング課題の構成概念に影響せず、この調整方法であればテストの妥当性に影響を与えな

い。Hansen他（2005）のモデルは high-stakes の能力テストと、教室ベースのアセスメントの両方に適用することが可能であり、配慮と手立てを明確に区分できるため便利である。

> 　配慮とは測定されるテスト内容の本質を変えるものではないが、同学年のグループと比較した際に、生徒個人や集団の課題の遂行に個別に影響を与える。また配慮はその個人やグループに固有で個別の（課題遂行のための）アクセスを提供する。そのことによって、特定の生徒やグループが試験の形式、実施、解答以外の余計な影響を受けずにテストや課題を完成することができる。
> 　手立てとはテストの変更（実施方法、完成方法、評価の内容）を意味し、一律に全ての生徒に同じ影響を与える。「対象グループ」と「テストの変更」の関連性が欠如しているため、手立ては配慮とは見なされない（Hollenbeck 他，1998: 175-176）。

　しかしながら配慮がどのように妥当性に影響するかに関しては Hansen他（2005）のモデルで示されているよりも、はるかに複雑である。そしてしばしば特定の配慮が妥当性に影響を与えていると決めるのは困難である。Phillips（1994）は受験者に配慮が与えられるべきかどうかを決定する際に検討すべき質問リストを作成している。そのうち特に3問はこの問題に関連がある：

・その配慮は、測定される構成概念を変更するものか
・その配慮は、点数の意味を変更するものか
・その配慮は、SpLD のない受験者にもメリットがあるか

　これらの質問に答えるためには、配慮を実施した場合としない場合の両方の状況下で、SpLD のある生徒とない生徒のパフォーマンスを比較調査することが重要である。妥当性を侵害しない配慮であれば、SpLD のある生徒の得点が上昇するが、SpLD のない生徒には得点の上昇は見

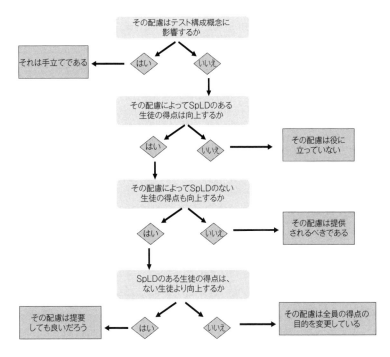

図8-1 配慮のテスト構成内容とテスト得点への影響に関するフローチャート

られないか、あるいは限定される。もし明らかな SpLD のない生徒に対してもその配慮によるメリットが大きければ、それは標準の実施手続き状況において自分の知識を最大限まで発揮していないことを意味し、そのテストの妥当性には疑問の余地があると言えるだろう（図8-1のフローチャート参照）。

ユニバーサル・テストデザインの背後にある考えとは、もしそのテストが障がいのある生徒を念頭においてデザインされていれば、全ての生徒により適切になるというものだ。そのような結果に結びついたのが、聴覚に障がいのある人のためのクローズド・キャプション付きテレビ製造という一般例である。ク

> ローズド・キャプション付きテレビは、当初は対象者のためだけの配慮として考案されたが、今や空港、レストラン、ヘルスクラブなどに普及し、環境騒音によって聞こえに「障がい」を生じる全ての人に対して聴覚的情報へのアクセスを提供している（Thompson他，2002:17）。

　一般的な教育テスト分野における研究調査では、SpLD のない生徒にもメリットとなる可能性のある配慮例が多く指摘されている。特に、時間制限のあるテストでの時間延長がそれに該当する（検討には Sireci 他，2005 を参照のこと）。研究調査からの示唆の一つとして、テスト時間の設定など特定のテスト実施手続きは、SpLD のある生徒に不利なことが挙げられるが、時間延長の許可が必ずしも常に役立っているわけではない（Camera他，1998）。しかしこのことは、SpLD のある生徒に解答完成のための延長時間を許可しなくてもよいという意味ではない。むしろテストに時間制限を設けることの本質と、測定されるべき構成概念との相関について再検討すべき問題である。なかには「より柔軟に構成され、実施されることで配慮そのものが不要になるよう義務付ける」（Sireci他，2005; Thompson他，2002）ユニバーサルなテストデザインを強く主張する教育評価測定専門家もいる。理論的にはユニバーサル・テストデザインは前途有望な新しい方向性を示している。しかし実際のところ、テストはいかなる受験者グループに対しても偏見を生じないような方法でデザインされ、実施されなくてはいけないという公平性の基本的条件を言い換えているといえる。例えばコンピューターを使ったテストの普及のように、テクノロジーがもたらす特定のメリットが、テストの利用可能性の問題を解消することは事実であろう。しかしながらテスト実施における実用性とは、常に完全に柔軟なテストの作成を制約するものである。例えばコンピューターを使ったテストであっても、通常はグループで実施される。そうすると常に別室での受験上の配慮を必要とする注意欠陥・多動性障がいのある生徒にとっては、気が散ることになるかもしれない。

配慮のタイプ及び配慮の選択

　教育・心理テストの基準（American Education Research Association,
1999）では、テスト手立ての6項目を挙げている。そのうち4項目は、
提示形式・解答形式・時間・テスト環境に関する手立てで、測定される
構成概念に影響しないため、手立てではなく配慮とみなすことができる。
ほかの2項目は、テストの一部のみの使用と代用テスト・代替評価の使
用であるが、これらは評価される構成概念に影響を与える。しかし教室
ベースの評価に関する議論で示されているように、この手立ては学級環
境で教師によってしばしば実施されている。表示形式の手立ては、生徒
へのテスト説明やテスト項目の提示方法に関する媒体の変更が含まれる。
例えばフォントや行間の拡大や、半透明カラーシートは、SpLD のある
生徒のテストに採用が可能だろう。解答形式における手立てとしては、
受験者が別の様式でテスト項目に解答することの許可が挙げられる。例
えば理解度チェック課題を筆記ではなく口頭で解答することは、統合運
動障がいの傾向のある生徒への配慮としてしばしば実施されている。そ
のほかよく行われている配慮は試験時間の変更で、生徒のテスト時間の
延長許可を意味する。最後にテスト環境の手立てとしては、受験者の別
室使用の許可や、車いす利用者にアクセス可能な場所の提供、照明の状
態の変更などが含まれるだろう。SpLD のある生徒に提供できる異なる
タイプの配慮については、表8-1 を参照のこと。

　主に米国で実施されている、high-stakes の標準テストにおける配慮
の効果に関する教育的研究では、SpLD のある生徒の3分の2が配慮を
受けていることが示されている（Bolt & Thurlow, 2004）。最も頻繁に実
施される配慮は、時間延長とテスト環境の変更である。数学のテストでは、
SpLD のある生徒へのアセスメント課題のインプットと説明にも読み上
げが頻繁に実施されてきた（Bolt & Thurlow, 2004）。しかし残念なことに、
この分野の研究は結論に達していないか、あるいはしばしばがっかりす
る結果となっている。上で述べたように時間延長がパフォーマンスに与
える効果に関する研究では、配慮の対象ではない生徒にもメリットが生
じていることが示唆されている（Sireci他, 2005）。さらに配慮の中には、

表8-1　SpLDのある生徒に提供可能な配慮（Special Connections, 2005に基づく）

提示形式の配慮	解答形式の配慮	時間の配慮	環境の配慮
口頭による読み上げ	コンピューターの使用	時間延長	個別の試験実施
文字の拡大	代筆者の使用	複数回または頻繁な休憩	別室試験
拡大鏡	解答用紙ではなく試験問題用紙への直接記入	テストスケジュールの変更	小グループでの試験
スクリーン・リーダー	スペリング補助機器やビジュアル・オーガナイザーなどの整理ツールの使用	テストを複数日に分けて実施	照明の調整、防音器具などの提供
半透明カラーシート			

生徒の成績を引き上げるのではなく引き下げていると指摘されるものもある（Elliott他, 2001）。こうしたことは提供された配慮が対象生徒のニーズに合致していなかったり、テストを受ける前に十分その配慮に慣れ親しむ機会がなかったりした場合に起きる（例：代筆者や代読者と一緒に課題を解く方法の練習や、スクリーン・リーダーなどの支援機器の使用練習など）。また、教師が常にテスト配慮の必要な生徒の特定や、どのような配慮が有効かの予測ができるわけではないことも研究的証拠によって示されている（Helwig & Tindal, 2003）。

　生徒への配慮を選択する際には、いくつか考慮すべき事柄がある。教師はしばしば必要な配慮選択に関して不適切な判断を下すという事実からも、生徒自身の意見を聞くことは非常に重要である。その生徒が学習上の問題を乗りこえるために通常用いている方略や機器への意見、以前どのような配慮を試し、それがどのように役立ったのか、そしてその使用をどのように改善できるかといった意見は、選択プロセスにおいて検討される必要がある。また、教師と試験実施機関は次のことについても十分検討する必要があるだろう。まず、その生徒に配慮は必要か、その配慮はどのようにしてテストの公平性と妥当性の両方を実現できるか、そしてアセスメントを行う現場の実情を鑑みていかに配慮を提供するのか。今後さらに検討を要する事項には、配慮をどのように向上させることができるか、生徒がいかに配慮を最大限活用することができるかが含

まれるだろう（下記の要約を参照）。

配慮の選択及び使用の際に考える質問（Special Connections, 2005 に基づく）
- その生徒の SpLD に起因する強みと弱みは何か
- どの種類の学習及び指導ストラテジーがその生徒に最も効果があるか
- その生徒は配慮を必要としているか
- その生徒にとって、どの配慮が説明へのアクセスとアセスメントを向上させるか
- その配慮は評価の妥当性にどの程度影響を与えるか
- その生徒は過去にどのような配慮を経験し、その効果はどうであったか
- その生徒が好きなもの・ことは何か
- その生徒の配慮の活用を改善する方法はあるか
- その生徒が試すべきほかの配慮はあるか
- 生徒が配慮の利用方法を練習する手段はあるか
- 選択した配慮の提供に関してどのような課題があり、どのように克服することができるか

　配慮選択の最後の質問は、その生徒自身が配慮を利用したいと望んでいるかどうか、そしてそれを必要と感じているかどうかである。SpLDのある学習者の中には語学スキルに十分な自信があり、配慮が役に立つと思わない者もいるだろう。我々がハンガリーでインタビューを行った学習者のような生徒は、配慮なしで学習目標に達成できることを証明したがっている可能性がある。ディスレクシアのある生徒は外国語の習得が不可能であるという、世間一般的な誤解に異議を唱えたいと望んでいるかもしれない。そのほかの生徒も、配慮を拒否することによって、SpLD があっても語学学習に成功できるという前例を作り、SpLD のあるほかの生徒を励ましたいのかもしれない（下記のKormos らの研究(2010)の生徒の引用部分を参照）。

私は配慮には慣れていました。ですが配慮申請をせずに試験
　に合格するよう挑戦したいと考えました。やはり周りの人たちは、
　ディスレクシアのある人は外国語の試験を合格できない、なぜ
　ならディスレクシアは外国語を学ぶ能力がないからと私に言い
　続けました。ですから、私が証明してみせようと思いました。
　　私が配慮申請を希望しなかった理由は、自分の失敗をディス
　レクシアのせいにするべきではないと思うからです。そうでは
　なくて、試験のためにできる限り勉強しなくてはいけないので
　す（Kormos他, 2010: 87 からのインタビュー）。

High-stakes 語学能力テストにおける配慮と手立て

　High-stakes 語学能力テストでは、様々な配慮が SpLD のある学習者
に提供されている。残念ながら配慮提供に関するシステムや許可されて
いる配慮のタイプ、そして配慮に関して一般公開されている情報は試験
主催委員会によって大きなばらつきがある。そのため、SpLD のある学
習者が配慮を主張することが困難になっている。

　配慮申請を行うかの決定や適切なアクセス手配の選択の際に、学習者
が取る最初のステップは試験委員会のウェブサイト情報の検索であろう。
テストの利用可能性（アクセシビリティ）に関する情報は、受験者だけ
でなく、彼らの試験準備を支援する教師も利用している。SpLD のある
学習者は、多くのウェブページの中で迷子になったり、関連のある情報
の特定を難しいと感じたりしているかもしれない。そのため配慮の申請
方法のガイドラインや異なる種類の配慮データは、ウェブサイトの目立
つ位置に示されるべきである。必要な情報の入手のために、テスト受験
生が試験センターとメールのやりとりをしなくてもすむよう、提供され
る情報は明確に記載され、十分に詳細が提供されなくてはならない。

　通常配慮申請の手続きには、SpLD の特性に関する書類の提出と希望
する配慮の記載が含まれる。主要な全ての国際的な語学試験主催委員会
は、専門家によって準備された公式文書の提出を要求しており、そこに

は学び方の違いの特徴に関する記述と、診断に使用した検査方法の一覧、診断での生徒の成績が含まれる。さらに受験者は過去に利用した配慮のタイプの詳細の記述と、要求する配慮の必要性を支持する書類の提出が求められる。しかし公式書類の作成年については、試験センターごとに違いがみられる。英国に本拠地をおく試験委員会では作成から2年以内の書類の提出を受験者に要求している一方、米国の試験実施機関は、学習障がいであれば5年以内、注意欠陥・多動性障がいであれば3年以内に作成された書類を受理する機関もある。もし試験委員会が2年以上経過した書類を受理するならば、それは歓迎すべきことである。なぜならSpLDとは一生を通じてその個人に伴う状態であるという教育心理学分野の主流意見を反映しているからである。さらに言えば、SpLDの心理アセスメントは多くの国では高額であり、試験委員会に提出するために直近の資料を入手することは、生徒に不要な財政的負担を負わせる可能性がある。

　現在提供可能な配慮も試験委員会によって異なる（2010年の配慮例に関しては表8-2 を参照）。テストの提示形式に関しては、ほとんどの主要試験委員会は透明カラーシートの使用を許可している。しかし受験者への課題説明の読み上げのために代読者を利用することに関しては、違いがみられる。この配慮がどう妥当性に影響しているのか、そしてSpLDのある学習者らに知識を証明する機会を提供しているのかを評価するには、今後さらなる研究が必要だろう。次ページで説明しているように、ディスレクシアの語学学習者へのインタビュー調査の中で、生徒がリーディングと課題説明の理解のために試験時間の延長を利用したことを述べている（Kormos他，2010）。したがって時間延長は、SpLDのある学習者の課題インプット処理における困難の克服を手助けする可能性がある。

　解答形式に関する配慮に関しては、試験委員会による一層の統一性が確認された。ほとんどの試験委員会はワープロや代筆者の利用を認めている。いくつかの試験ではSpLDのある生徒は解答を別の解答用紙に記入しなくてもよい。そうすることでテスト課題そのものに取り組める時間が延長されるだけでなく、解答時の記入の誤りを回避することができるだろう。

第8章　アセスメント

大手の試験委員会は、テスト時間に関して同様の配慮を提供している。受験者は監督者同伴での休憩を許可され、時間延長の利用も認められている。課題の解答には通常25%の時間延長の許可が恒例だが、特別考慮すべき事情がある場合、受験者はさらに時間延長を要求することができる。我々はハンガリーでのディスレクシア学習者を対象にしたインタビュー調査で、語学能力テストの際に延長時間をどのように使ったのかを説明するよう求めた（Kormos他，2010）。参加者らは延長時間が課題説明の処理と課題の読み、そして解答の見直しに必要であったと答えている。しかし、テスト制限時間内で自分の知識を最大限に出し切る自信があったため、この配慮を申請しなかった者もいる。このことはSpLDのある生徒への個別の判断や、特別な配慮に関する当該生徒自身の意見を考慮する重要性を強調している。先ほど指摘したように、時間延長がいかに試験の妥当性に影響するかに関した調査の証拠は相反するものである。そのため受験生全員のテスト時間に関しては熟慮が必要だろう。興味深いことに、テスト日程の変更や複数日での試験実施は試験時間に関する可能な配慮だが、大手の国際試験委員会では現在のところ許可されていない。これはおそらく試験の実用性と安全性の理由によるものだろう。

　試験環境への配慮も、少数の試験委員会によって提供されている。試

表8-2　high-stakes語学能力テスト3団体におけるSpLDのある受験生に提供可能な配慮（2010年入手データ）

	Cambridge ESOL	TOEFL IBT	Pearson Educational Test
代読者		✓	✓
透明色つきシート	✓	✓	✓
ワープロ	✓	✓	✓
問題用紙への解答記入	✓	✓	✓
代筆者	✓	N.A	
時間延長	✓	✓	✓
監督者つき休憩	✓	✓	✓
個別の試験監督			✓
プロンプター			✓

験実施機関の中には SpLD のある受験者に個別に試験監督を配置し、試験への注意維持を促すプロンプターの利用も許可している。これらの配慮は特に注意欠陥・多動性障がいのある受験者にとって役に立つ。コンピューターが中心となる試験では、個別の試験監督はそれほど求められる配慮ではない。しかし注意欠陥・多動性障がいのある受験者にとっては、コンピューター室にいる数名の受験者にすら注意が削がれる可能性がある。

教室ベースでのアセスメント

最もよく実施されるアセスメントは、教師によるものである。そのため語学授業で行われている評価手続きについて議論することは、特に重要である。high-stakes の語学テストを含む多くのアセスメントでも、手続きに関する5つの主なステージは、アセスメントの目的の設定、アセスメントの実施方法計画、必要な情報の収集、集めたデータの解釈、そして最後に、決定である（Genesee & Upshur, 1996 に基づく）。この5ステージはアセスメントの1サイクルを形成しており、そのアセスメント・プロセスに基づく決定の適切性は、別のアセスメント・サイクルで評価される（図8-2 を参照）。

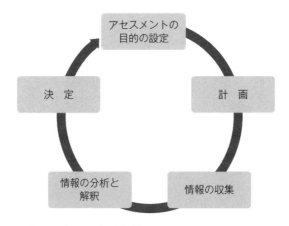

図8-2　アセスメント・サイクル

評価の目的

　アセスメントは複数の目的を持つことがある。例えば指導プロセスの効果についての評価、生徒の進度と達成度の評価、生徒の知識とスキルが外的に設置された基準を満たしているかの判断や、プログラムの初期や半ばでの生徒の強みと弱みの見極めなどである（McKay, 2006）。アセスメントの目的の確認には、アセスメント情報を必要としている者に関する検討も含まれる。それは教師自身なのか、生徒か、管理職か、教育委員会か。このように少し列挙するだけでも、重要な関係者らがいる。SpLD のある生徒に対応する際の評価目的の決定には、生徒の語学能力が測定される基準との関連性と適合性の検討や、その生徒への個別の教育目的の設定も含まれるだろう（下記を参照）。

アセスメントの計画

　アセスメント・プロセスの計画において最も重要な質問は以下である：
- アセスメントの対象
- アセスメント実施の時期はいつか
- アセスメントではどの課題と方法を用いるか
- アセスメント時にどのような配慮と手立てが実施されるか
- 入手した情報はどのように分析・評価されるか

　アセスメントの対象についての質問に関して、教室ベースのアセスメントでは、教師は生徒の語学知識とスキルのみでなく、語学学習における他の要因も評価することが多い。例えば生徒の動機や課題を達成するための自信のレベルなどである（McKay, 2006）。SpLD のある生徒の場合、何をアセスメントの目的とするかについての質問は、注意深く検討する必要があろう。SpLD のある生徒のカリキュラム目標は個人ベースで設計され、その生徒の強みと弱みが考慮されるだろう。生徒の個別プロフィールにもよるが、SpLD のある生徒は第二言語習得の特定分野での学習目標をいくらか引き下げる必要があるかもしれない。学習目標における手立てのいくつかは、いずれも些細なものと見なされ得る。例えば

ディスレクシア学習者に正確な単語のスペル習得を要求しないこと、ひいては学級テストでのスペルミスを問題視しないことや、学習者にスペルチェッカーの使用を認めることなどである。ディスレクシアと統合運動障がいのある生徒への学習目標をより実質的に変更する場合は、L2の読み書きにさほど重点を置かず、口頭やリスニングスキルのアセスメントに集中することが含まれるだろう。ハンガリーのディスレクシアのある語学学習者へのインタビュー調査でKormos他（2010）は、筆記課題、特にスペルの正確さを求める課題は、語学学習における不安感の主な原因となっている可能性があることを明らかにしている。この調査ではアセスメントの手立てがひとたび行われることによって生徒の不安感が減少し、語学学習でも大きな成功を収められることが明らかにされた（下記引用を参照）。

> 　私のヘブライ語の先生はディスレクシア生徒への指導トレーニングは受けていませんでしたが、スペリングを気にしませんでしたし、それが良かったのです。それこそ私が必要としていた全てで、今では私は二つの言語を話すことができます……もしスペリングがテストの対象でなくなれば、もっと楽になります。大変だ、絶対正しく答えなくちゃって、緊張して胸がドキドキする必要がないんです。このストレスから開放されると、もっと上手にできます。そのほうがずっといいんです（Kormos他, 2010: 12 のハンガリーのディスレクシアの生徒の引用より）。

　アセスメントは、あらかじめ定められた間隔をあけて実施することが可能だが、多くの場合教師は事前準備の不用な継続的評価や現場でのアセスメントを用いる。継続的評価は、指導プロセスをSpLDのある生徒の学習や特別ニーズに合わせるために特に重要である。継続的評価は第二言語学習時でもしばしば使用されており、学習者の目標言語能力は、内容中心の授業中に評価される。ダイナミック・アセスメントは、しばしばSpLDのある生徒に対応する際に専門家が用いるが（Feuerstein, 1980）、語学の授業にも適用が可能だろう（第7章も参照）。ダイナミック・

アセスメントでは生徒の達成度と進度は授業内で定期的に測定され、ア
セスメント・プロセスの結果は次段階の指導決定の際に基礎資料として
用いられる（Schneider & Ganschow, 2000）。

　SpLD のある生徒に対応する際に気をつけるべき点として、Genesee
& Upshur（1996）は、アセスメント実施の時期に関する有益な助言を
している。Genesee 他は、講座の一般的な目的が生徒のニーズと能力に
合致しているかを決定し、指導プロセス計画を支援するためには、学年
と講座が開始してすぐの時期に生徒のニーズと能力アセスメントを実施
すべきだと主張している。さらに生徒の到達度評価については、指導の
効果やペースに関して役立つ情報を提供するため、例えば単元や授業ご
となどの、より小さな指導単位での到達度評価を推奨している。SpLD
のある生徒に対応する際には、その重要性がますます高まる。なぜなら
SpLD のある生徒は同級生と比較して進度が遅い可能性があり、修正の
頻度が高くなるからである。さらに特定の指導的タスクは、SpLD のな
い生徒同様、SpLD のある生徒にもその効果が証明できない可能性がある。
また、定期的なフィードバックを生徒自身に提供することも必須である。
そうすることによって彼らが自身の学習プロセスを評価し、動機を高め、
不安感を鎮めることができる。それが、成功感や自己肯定感の向上に役
立つ。我々が第4章で指摘したように、SpLD のある生徒は、特に語学
授業において高い頻度で挫折感や強い不安を感じている。生徒の課題へ
の定期的で建設的なフィードバックは、学習者が外国語を学習する際に
対処しているストレスを和らげることができるだろう。

　計画段階においても、教師は SpLD のある生徒がどの配慮を要求する
かを決定する必要がある。それには課題の記入や解答形式、アセスメン
ト所要時間、評価が実施される環境などが含まれる。SpLD を担当する
経験豊かな教師らへのインタビュー調査で、教室ベースでのアセスメン
トについて最も多く言及された配慮は、色つき用紙へのテスト課題の印
刷や、文字間と行間の拡大、口頭による解答の許可、静かな部屋での個
別の試験実施であった（Kormos & Kontra, 2009）。教師らが提案した
その他の役立つ配慮は、試験用紙の視覚的レイアウトに関することであっ
た。例えば生徒が課題の先頭部分を容易に見つけることができるように

テストを作成し、生徒が課題をうっかり飛ばさないように課題内の項目をうまく配置するなどである。

　SpLD のある生徒のニーズに応えるため、表8-1 の配慮リストに加えて、手立てもアセスメント手続きに利用することができる。SpLD のある生徒を担当する経験豊かな教師へのインタビューで最も多く言及された手立てには、通常よりも少ない項目で短めの課題や、語彙の知識のアセスメントとして穴埋め課題の代わりに選択課題を用いるなど、代替課題の適用が含まれた（Kormos & Kontra, 2009）。注意維持と口頭による情報処理の困難があることから、SpLD のある学習者にとって、長文を読んだり聞いたりすることには高い負担が生じる。そのため SpLD のある生徒への可能な手立てとしては、同級生と同じタイプの課題でも長文問題を短めにする、あるいは一つの長文をより短くすることが可能だろう。ディスレクシアのある生徒に、アセスメント課題を解く際に難しいと感じることについて尋ねたインタビュー調査でも、学習者は読み書きテストでの長文の解答は難しく感じたと答えている（Kormos 他, 2010）。そのため、ディスレクシア生徒用に作成する理解度チェック課題は、長文の解答を求めないように変更する必要があるだろう。SpLD のあるほとんどの学習者は、聞くことと書くことを同時に要求されることを大変困難に感じている。そのためリスニングスキルのアセスメントでは、学習者はテキストを2回以上聞く機会や、テスト課題を読むための時間延長が認められるだろう。

アセスメント課題のタイプ

　語学科目におけるアセスメント課題の計画段階では、教師は可能な限りの手段を用いて、使用する課題と手順の妥当性、信頼性、公平性を確実にしなくてはならない（上記参照）。アセスメントは決して単一の課題に基づいてなされるべきではない。幅広い課題が生徒のスキルや能力の妥当な判断につながるように適用されるべきである。テスト課題とアセスメント手続きは、生徒と指導プロセスの双方に大きな影響を与える。そのため課題の選択基準の追加には、学習者に対する課題の信憑性と関連性を含む必要がある。もし可能ならば、アセスメント課題には生徒が

教室外でその言語を用いる状況や活動が反映されるべきだろう。またその課題は、その学習者の関心を引きつけ、やる気を高めるものでなければならない。アセスメント課題は生徒に成功感や達成感を与えるべきであり、それは学校生活では失敗経験が非常に多いSpLDのある生徒にとっては、ことに重要である。アセスメント手続きもまた、実用的でなければならない。言い換えると、学習環境の資源や性質を考慮した、扱いやすいものでなくてはならない。

SpLDのある生徒のためのアセスメント課題の選択と設計の際に考慮する質問

- どのスキル、能力、知識が測られるべきか。
- その課題は目的のスキル、能力、知識を測定するものか。
- その課題は楽しくて、やる気が出るものか。
- その課題には信憑性があるか。
- その課題は学習者に関連があるか。
- その課題は学習環境に制限があっても実施できるか。
- もしスコアやマークを要求するなら、課題の解答の際の成績は確実に評価されるか。
- その課題において、SpLDのある学習者は自分のSpLDに起因するどのような困難を経験するか。
- SpLDのある学習者に、より相応しいタイプの代替課題はあるか。
- アセスメント課題の解答にどれくらいの時間が必要か。SpLDのある学習者は課題の解答に必要な時間だけ、注意力を維持することができるか。その課題はSpLDのある生徒用に短縮できるか。休憩することはできるか。
- その課題はどこで行われるのか。テスト環境でSpLDのある学習者の集中力を乱す可能性のあるものはあるか。テスト環境には手立てを用いる必要があるか。
- SpLDのある生徒は課題解答のための指示を理解できているか。なすべきことを確実に理解するために、どのような支援

が必要か。

- 課題の入力（task input）は SpLD のある生徒に困難ではないか。課題の入力の際に配慮は必要か。
- 課題入力への反応は SpLD のある生徒に困難ではないか。解答様式に配慮は必要か。
- 課題の難易度は SpLD のある生徒に適切か。課題を容易にすることはできるか。その課題は生徒に達成感や成功感を与えるものか。

　本書で取り上げる範囲では、授業アセスメントのあらゆる手法について詳しく述べることはできないが、SpLD のある学習者のアセスメントに活用できる手法の要約を掲載する。伝統的なアセスメント形式には、授業内での小テストや作文がある。それらのテストに、我々がこれまで述べたような配慮提供の原則を用いて、生徒の強みと弱みに合わせた手立てを用いる必要がある。これらのテストには配慮の範囲を超えた手立てを加える必要や、従来とは異なる形式を用いたり、課題を短縮するといった手立てを行ったりする必要があるかもしれない。

　その他の授業アセスメントの手法には、自然な授業環境内での生徒の行動観察が含まれる。これにはいくつかの利点がある。観察によって、教師が授業内でのやりとりでの口頭パフォーマンスを評価することができ、その内容には生徒がいずれ行う課題が含まれている。授業観察では生徒は観察されていることに気づかず、テストへの不安感を回避することもできるだろう。SpLD のある生徒にとってテストへの不安感は、形式的なテスト状況下において高い頻度で生じる。授業観察ではその生徒の努力や粘り強さといった、語学学習の非認知的な側面を知る手がかりが得られる。観察を行う際には何にフォーカスするかの注意深い決定と、教師が授業の中で簡単に実施できるように十分その内容などを制約しておくことが必要である。誰を観察するのか（例：個々の生徒、小集団、クラス全体）、どの活動を観察するのか、どのように記録するのかについても前もって決定しておく必要がある（Genesee & Upshur, 1996）。記録を適切に残すことは、アセスメント・プロセスを信頼性のある有益な情

報にするためには必須である。授業観察はフィールド・ノートの形式で記録することができるだろう。フィールド・ノートは、事前に決定された基準をベースとした体系的な覚え書きや、あるいは情報を整理する過程で作られた体系化されていないコメントなどの記述でもよいだろう（下記の例参照）。

初歩レベルの語学学習者の会話パフォーマンス評価チェックリストのサンプル

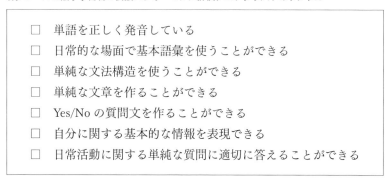

☐　単語を正しく発音している
☐　日常的な場面で基本語彙を使うことができる
☐　単純な文法構造を使うことができる
☐　単純な文章を作ることができる
☐　Yes/No の質問文を作ることができる
☐　自分に関する基本的な情報を表現できる
☐　日常活動に関する単純な質問に適切に答えることができる

　その他の授業アセスメント手法のうち、SpLD のある学習者のアセスメントに汎用的に使えるものにポートフォリオがある。ポートフォリオには多くの利点があり、特に SpLD のある生徒のアセスメント・プロセスに役立つだろう。ポートフォリオは一人ひとりの生徒の発達に関する継続的で全体的な視点を提供し、まだ習得できていない事柄よりも、その生徒に何ができるかを示すものである。ポートフォリオの課題も、生徒個人の強み・弱みに合わせた調整がしやすい。そのためポートフォリオによるアセスメントの活用は SpLD のある生徒に達成感と成功感を与えることができる。さらには、生徒の自信やアセスメント課題へのやる気を高める可能性もあるだろう。もし課題の選択や課題そのものの決定に参加できると、生徒は自分自身の学習への責任をいっそう強く感じ、その課題に当事者意識を持つだろう。学習者の自律性は、評価基準の設定とアセスメント・プロセスそのものに学習者が加わることによって、より強化される可能性がある。ポートフォリオはライティング課題の形式も含むが、生徒の口頭パフォーマンスの記録も選ぶことができる。第4章で示したように、外国語の筆記は SpLD のある生徒にとっては簡

単なことではない。ポートフォリオでのアセスメントは、課題とアセスメント基準の手立てを容易にし、アセスメントの不安感を減少させる形式である。そのため、SpLD のある学習者にとって、知識とスキルを示す最善の機会となるだろう。

SpLD のある生徒の授業内行動評価のための尺度項目評価サンプル

その生徒は他の人を邪魔することなく静かに活動に取り組めるか
常にできる　　1　　2　　3　　4　　5　　常にできない
その生徒は自分の順番が呼ばれるまで待っていられるか
常にできる　　1　　2　　3　　4　　5　　常にできない
その生徒は自主的に答えているか
常にできる　　1　　2　　3　　4　　5　　常にできない
その生徒は積極的にグループワークに参加しているか
常にできる　　1　　2　　3　　4　　5　　常にできない
その生徒は指示に従えるか
常にできる　　1　　2　　3　　4　　5　　常にできない

　教師は生徒とアセスメントの責任を分担し、自分自身の能力を評価するよう求めることもできるだろう。同級生のアセスメントも、語学クラスに適用できる評価方法の一つであろう。標準化された自己評価尺度は、すでに母語の言語能力評価のために作成されている（例：Common European Framework of Reference, Council of Europe, 2001）。しかしシンプルな自己評価の手段であれば、語学教師でも簡単に作成することができる。自己評価には、自分の学習が基準や標準をどのように満たしているかを学習者自身が判断することが含まれる。その基準は外部のものを用いたり、教師が作成したり、生徒と協同して考案する。生徒に自己評価することを認めることで、自分の学習を観察する機会を提供し、学習により一層の責任を与える（Holec, 1981）。自己評価は生徒が自身の学習プロセスにおける達成度や弱み、強み、そして効果について評価することを手助けするのである（Oscarsson, 1989）。自己評価は SpLD のあ

る生徒の学習のアセスメントにおいて、便利で補完的な手法として活用できるだろう。なぜなら自己評価は、自分自身の学習効率に関する重要な振り返りを促すからである。そのことが翻っては学習動機を高め、最終的にいっそう自律的な学習へとつながっていく可能性がある。さらに自己評価は、教師やhigh-stakesテストの教育委員会によって適用された評価基準に学習者が慣れ親しむ手段ともなり得る。第9章では、生徒の自己評価能力がどのように新しい教育内容に適応する助けとなっているかについて紹介する。

情報の収集と分析

アセスメントの次の段階は、これまでに述べてきた語学科目におけるアセスメント課題の実施に関係する。課題の取り組み方についての詳細で明確な指示は、いかなるアセスメント手続きにおいても重要である。SpLD のある学習者はワーキングメモリ内に複数の言語情報を保持することが困難なことが多いという事実からも、指示はシンプルでなくてはならない。複雑な指示を伝える際には、複数の段階や分量に分けて示す必要がある。もし指示が活字で提供されるのならば、教師は生徒が確実にその指示を理解できるようにする必要があり、必要に応じて教師が指示を読み上げてもよいだろう。可能であれば、課題の取り組み方を教師やほかの生徒が例示すべきである。

教室ベースのアセスメントは、アセスメントの基盤作りの効果もある。SpLD のある生徒は課題を解く際にサポートや支援を必要とするかもしれない。そのテストが自力で解答しなくてはならない high-stakes のテストでない限り、SpLD のある学習者が一人で課題に苦心しているのを放置すべきではない。ほんの少しの支援や、積極的な促し、あるいは励ましの言葉が、その生徒が課題のために努力し、困難を乗りこえる手助けとなることがある。アセスメントが提供する支援のタイプと量は、学習者の成績が評価される際や、アセスメント・プロセスの結果が関係者に報告される際に伝えるとよい。

学習成果を分析するための、あらゆる可能な手段の詳細について述べようとすると、本章で扱う範囲を軽く超えてしまう。そのため本章では、

SpLD のある学習者の課題評価のための一般的ガイドラインに焦点を絞ることとした。学習者が遂行した課題へのフィードバックには、複数の異なる形式を用いることができるだろう。例えば口頭や会話での評価コメント、マーク、得点、達成レベルの説明などである。SpLD のある学習者は、語学学習に困難を感じることが多いという事実がある。このことからも、生徒が学習を続けるように励まし、できないことよりもできることに目を向けられるよう、前向きなフィードバックを与える必要がある。注意欠陥・多動性障がいのような特定の SpLD タイプの学習者には、フィードバックを即座に与えるほうが、後日にするよりも向いているだろう。SpLD のある生徒の努力や進歩に気づいたなら、その成果がたとえ要求されている基準に達していなくとも、十分に労うべきだろう。もしフィードバックで学習者の知識の欠如を示す必要があるならば、能力の欠如としてではなく、今後の伸びしろとして示されなくてはならない。教師は SpLD のある生徒の誤りに対し、どの程度フィードバックを行うかを検討する必要もある。筆記や口頭パフォーマンスの誤りを訂正する際は、特定のタイプの誤りは無視し、その学習者が今フォーカスすべき分野を選択することも可能だろう。学習者は多くの間違いが強調された修正課題を受け取ったり、誤りの訂正のため会話をしばしば中断されたりすると、非常にやる気を失ってしまう。このような訂正のやり方は、フィードバックへの適切な返答を導く役には立たない。

　生徒の課題の採点やマーク付けの際に、気をつける点は数多くある。第一に、採点方法は信頼できるものでなくてはいけない。言い換えると、教師の採点には一貫性がなくてはならない。第二に、SpLD のある生徒の課題評価に、明らかな SpLD のない生徒と同じ基準を適応するかどうかを決定しなければならない。これまで述べてきたように、筆記課題の採点によく用いられる手立てとしては、スペルミスを考慮しないことが含まれる。SpLD のある生徒の成績は、より寛大な基準や低いレベルの学習者向けに設置した基準を用いて評価することも可能だろう。しかしこれら全てのケースにおいて、SpLD のある生徒の採点は、その他の学習者の採点とは異なる意味を持つことに注意しなければならない。スコアは保護者や教育委員会に提供される際には記録、報告する必要がある。

本章では、テストの公平性に関する基本的な理論原則について述べ、high-stakes のテストにおける機会とアクセスの平等性が確保される実践的方法を提示した。授業アセスメントでは、SpLD のある学習者にいかに配慮を提供することができるか、そして SpLD のある学習者の個人プロフィールに沿ったテストの設計と手立てについて示した。本章は、ここで指導とアセスメントに関するテーマを終える。本書の最終章では SpLD のある学習者が、ある教育ステージから次のステージへと順に進む手助けをどのように行い、最終的には仕事社会への移行をどう手助けできるかについて議論する。

重要項目のまとめ

- 妥当性とテストの公平性は必須であり、アセスメントの特性と相互に関係する。
- テストの公平性はバイアスの欠如とテスト手続きにおける公平な待遇、そしてテスト結果と学習の機会の公平性によってもたらされる。
- 配慮の供与はテストされる内容の変更を伴わないが、手立てはアセスメントの目標における変化をもたらす。
- 配慮は提示の方法や解答形式、時間、そしてテスト環境に対して実施される。
- SpLD のある生徒の性質や教育経験を含む多くの事実について SpLD のある生徒への配慮を検討する際には考慮する。
- 授業ベースのアセスメントでは、教師はアセスメントの目的を変更することが可能であり、生徒の強みと弱みに合わせてテスト課題や採点方法を変更することができる。ポートフォリオなどのアセスメントの代替手段も選択可能である。
- 学級担任はテスト環境と手続きについての配慮を考慮すべきであり、アセスメント手続きの際には SpLD のある学習者への支援を提供することが可能である。
- 時間、フィードバックの詳細、フィードバック時の口頭表現は、SpLD のある生徒の性格を考慮すべきである。

━━━ 演習問題 ━━━

1. 外国語能力テストを選択し、SpLD のある生徒への配慮に関する情報を探す。それらの配慮がどのように有益で適切かについて話し合いなさい。

2. ディスレクシアのある生徒グループのためのボキャブラリークイズ（単語テスト）を作成しなさい。特定のタイプの課題を選択した理論的根拠を述べ、テスト実施において必要な配慮と手立てについて話し合いなさい。

3. 注意欠陥・多動性障がいの生徒への授業ベースのアセスメントでは、どの種類の配慮と手立てが有益ですか。

4. あなたの学校が定期的に実施している high-stakes の語学テストを選択しなさい。以下についてどのような手立てが可能かを話し合いなさい。

   a）テストの最中について

   b）実施手続きについて

   c）異なるタイプの SpLD のある生徒にとってさらにテストを利用可能にするための採点について

推薦図書

Hansen, E.G., Mislevy, R.J., Steinberg, L.S., Lee, M.J. & Forer, D.C. (2005). Accessibility of tests for individuals with disabilities within a validity framework. *System*, 33, 107–133.

McKay, P. (2006). *Assessing Young Language Learners*. Cambridge: Cambridge University Press.

Thompson, S., Blount, A. & Thurlow, M. (2002). *A summary of research on the effects of test accommodations: 1999 through 2001* (Tech. Rep. 34). Minneapolis: University of Minnesota, National Center on Educational Outcomes. Accessed 8 March 2010. http://education.umn.edu/NCEO/OnlinePubs/Technical34. htm

移行と学びの進捗

はじめに

　この章では、特に我々が暮らす社会や学校教育制度によって規定されている体系化された学びの進捗段階に関して述べる。小学校から高等教育機関までのそれぞれの学校教育段階において、調整しなければならない環境の違いや新たな学習方法や方策、学習内容や学習到達度に対する周囲からの今まで以上の高い期待などといった児童生徒にとっての新たな困難がある。外国語教育は、小学校から中学校への移行のように、通常は主要な校種間の移行時期で正式に始まり、学校教育制度におけるあらゆる移行時期（例えば大学）において、カリキュラムに学習すべき言語が新たに追加される可能性もある。SpLD のある学習者は、適切で利用可能な方法で導入されれば、新たな言語を学習することに対して同級生と同じく困難を感じることはない。そこで語学教育教員は、新たな言語に初めて出会う児童生徒が、複数の特定の移行段階を経てきちんと学習できるように、様々な学びの嗜好や特性に配慮した指導方策を幅広く準備しておくことが必要である。児童生徒が学校教育制度の中で学習を進めていくにつれて、使用される教材や指導方法の変化など、他の教科などにも当てはまるような変化のみならず、新たに学習する言語と触れ合ったり、その言語を使ってコミュニケーションを図るように求められる状況にも変化が起こる可能性がある。言語発達の程度もまた、学校教育制度の中で児童生徒の学習が進むにつれて、どのような選択肢があるかを決めるための重要な手がかりとなる。英語を第一言語とする状況では、英語文化圏で育った学習者は自身の文化的背景が備わっているため、これから起こる変化に対しては、すでにある程度入手可能な情報源を持っている可能性がある。しかし、英語を第二言語とする状況では、語学学習者にとっては言語やその文化的背景への馴染みが薄く、予想もしていなかった変化をうまく乗り切ろうと努力しなければならないため、学校教育制度の中で学習を進める上でさらに不利になる可能性が高い。そのため、こうした状況における移行を推進する語学教育教員の役割は、さらに重要なものとなる。

最初の大きな移行は、保育園や幼稚園への就学時期であり、ほとんど
の時間を家族のみと過ごしてきた子どもたちが、正式な学校教育制度に
おける「幼児」として、家庭以外の場所でもかかわりをもつことになる。
その他の主な移行時期は、初等教育から中等教育、それから大学などの
高等教育機関への移行である。しかし、その途中にもあまり話題になら
ないたくさんの小さな移行時期があるが、小さいとはいえ、個人によっ
てはこうした小さな移行時期が大きな影響を与える可能性がある。こう
した小さな移行時期には、新年度の学級編制や学級内での班分けや席替
え、学期の終わり、当該年度における次に向けてのスタートなどがある。
こうした移行は、それぞれの子どもが次のレベルへと進もうとする準備
が感情的に、そして学力的にできているかに関係なく、年度のあらかじ
め定められた時に始まり、学級集団全体に影響を及ぼす。

　移行時期は、SpLD のある児童生徒にとって特に配慮や対応が必要な
ところであり、この章では、その理由について述べる。以前はうまく適
応していた児童生徒が、これまで SpLD の診断を受けたことのない者で
あっても、第二言語を学習する新たな経験もあいまって移行のストレス
を感じている可能性があり、いざ新たな環境に踏み込んだり、ニーズに
応じた学習方策が必要になったりしてから初めて彼らに認知的困難があ
ることが分かる場合がある。この章では、学校教育段階のそれぞれをス
ムーズに進行し、最終的に就労を成功させるために学習者を支援する方
法について提案する。

移行におけるストレス要因

　人生は、一つの段階から次の段階あるいは各段階への一連の移行や学
びの進捗によって成り立っている。移行は、自己同一性や地域、学校、
職場などにおける立場の変化を引き起こす長年に渡る変化の過程である
とされる。移行には、段階によっては小さく見えるものもあるが、人が
成長し、人格を形成する上で顕著になっていくものもある。最も明らか
な移行は、おそらく赤ちゃんから成熟した大人になるまでの記録可能な
身体的・環境的変化（発達）であろう。こうした発達は徐々に起こる傾

向があり、個々によってタイミングが異なる可能性があるが、我々の外見と、それぞれの発達段階における我々の行動と環境の双方の変化によって特徴付けられる。教育における移行については、考慮すべき認知的・学力的な発達の要素もある。しかし、さらに顕著なものは、心理的・社会的適応である。これは、我々が新しい役割と仮定する行動が適切かどうかを確認するために頻繁に行わなければならない。Lucey and Reay（2000: 192）が述べているように、「個々の人生における移行は常に感情の再調整が求められる」。

Lam and Pollard（2006）は、人生における移行の過程を説明するために様々な枠組みの包括的なアンケート調査を行った。この調査から、1）我々が担う新たな役割への準備、2）今までもっていた古い自我からの分離、3）我々が果たす役割や新たな環境への適応、の三つの段階があることが分かった。これらの段階には、我々が人生を送る中で、直面する移行時期を示すある特定の出来事や行事も含まれる。

移行は必然的なものであり、我々の人生では何度も繰り返し起こるものなので、たとえ年齢を重ねても移行が混乱を引き起こすほどの大きな影響が続くことを奇妙に思うかもしれない。人によっては生まれつき他の人よりもうまく変化に対処できる人もいるが、移行後に方向を見失ってしまったと感じるのは、何も SpLD のある人だけではない。しかし、SpLD による困難を経験する人々にとって、移行時期に特に大きなストレスを感じるのにはいくつか理由がある。例えば、彼らを成功に導くために学校教育段階の早期に築かれた支援方策は、現段階ではもはや適切ではないか、効力を失っているかもしれない。あるいは次の学校教育段

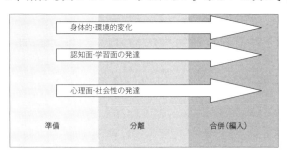

図9-1　移行の統合モデル

246

階では、以前から実施している支援方策がニーズに合致しているとはもはや本人たちが感じていないかもしれない。

　SpLD のある学習者は多様であり、だからこそ移行への応答には幅があることを常に留意しておくことが大切である。児童生徒の中にはこれから起こる変化についてワクワクしており、移行時期を新たなスタートを切るチャンスととらえている者もいるだろう（Lucey & Reay, 2000; Weedon & Riddell, 2007）。一方、多くの報告（例：Mellard & Woods, 2007; Tayloretal, 2010）では、ディスレクシアや他の SpLD のある児童生徒は、義務教育終了後、引き続き学校教育を受ける可能性が低く、もし彼らが高等教育を受けたら、明らかに SpLD のない生徒よりも困難を抱える可能性が高く、中途退学する可能性も高い。学校教育を終え、新たな就労の場へ移行することには、誰でも困難を示す。しかし、特に SpLD のある人にとって、かつての同級生や教員のほうが同僚や雇用主よりも、自分に対してよほど同情的だったと感じるかもしれない。

　ここ 10 年ほどで、特に英国、米国、オーストラリアでは、学習面における主な移行時期への注目が多く集まり、学校教育制度を通して若者の人生をスムーズに移行させるために様々な方策が導入された。英国では、初等教育から中等教育への移行時期において、こうした方策の導入が大きな成果を上げている。英国の子ども・学校・家庭省（現教育省）の受託研究によると、84% の子どもたちが、次に進学する学校について不安を感じていなかったことを明らかにした。16% の子どもたちが、何らかの不安を示していたものの、1 学期を経過した後（だいたい 12 週間後）には、新たな学校にまだ不安を感じている子どもの割合は 3 % に減った（Evangelow他, 2008）。

　子ども・学校・家庭省（当時）の研究による成功する移行の要素は、次の 5 つである。
1．友情を広げ、自己肯定感と自負心が高められている。
2．落ち着いた学校生活を過ごすことができる。
3．学校や職場で興味関心の広がりを示している。
4．中等教育段階で、新たなルーティンや組織に慣れることが

できる。
5．カリキュラムの連続性を経験している。

（Evangelous 他，2008）

　移行が成功したかどうかを判断する基準は、どれだけ迅速に移行の段階が完了したか、新たな物理的環境に対して本人がどれほど快適に感じているか、直面する学習面あるいは認知面の困難にどの程度対処できているか、そして特に要求されている社会性や心理面の変化にどの程度適応できているか、である。これらの要素にはある程度の重なりがあるとの指摘があるかもしれないが、特に SpLD の児童生徒にとっては過度のストレスや混乱を引き起こす可能性のある移行の側面について話し合うための良いスタート地点となる。

移行の環境的・物理的側面

　学校教育の開始によって、子どもは慣れ親しんだ家庭環境を離れ、恐らく初めて保護者がいない馴染みの無い場所で多くの時間を過ごすことになる。また学校教育では、子どもたちが主導権を握ることができない新たな日々のルーティンが次々に無理強いされ、子どもたちは新たな食事、作業、学習、休憩のパターンに適応しなければならない。多くの国において、初等教育から中等教育への移行は、実に複雑な時間割がかかわってくる。例えば、通常たくさんの教員がたくさんの授業科目を教えている高等教育機関への移行は、恐らくこれまでとは異なる構造化されていない個人の学びを深めるための時間づくりのような、様々な種類の時間割に適応することが求められる。こうした状況において、新たなルーティンに合わせることは、短期記憶や作動記憶（ワーキングメモリ）に困難のある学習者にとっては問題となる。時間感覚が異なる人にとって、参加している学習活動が突然終了し、それから全く異なる授業に集中しなければならないことが分かった時、混乱をきたすかもしれない。時間への気付きは、SpLD のある学習者には困難となる可能性があるため、教室を移動したり、授業や試験に備えたりするための効率的な時間配分ができないかもしれない。新たなルーティンを習得するまで、彼らはど

の教室へ行くべきか、どんな教材が必要か、そしてどんな準備が必要か
を忘れがちになる。

　以前在籍していた慣れた場所よりもはるかに大きく新しい校舎や敷地
を行き来することで経験する空間認知の困難さも、移行における悪化要
因となり得るし、読み困難や空間認知困難の傾向がある学習者の不安を
あおることになるかもしれない。成長と共に、学習者は保護者とではなく、
一人であるいは友人と、学校や大学への長くより複雑な経路をたどって
通学することが求められるようになる。SpLD のある多くの学習者にとっ
て、公共交通機関による移動は、彼らの特性による様々な困難をきたす
可能性がある。その困難には、知らない人たちとのやりとりや、乗るべき
バスや電車を覚えておくこと、あるいはどこで降りるか、そして徒歩で目
的地にどうやってたどり着くかを覚えておくことなどがあるかもしれない。

移行の学習面・認知面における課題

　それぞれの学校教育段階を経て学びが深化するにつれて、学習者は用
意されているカリキュラムの内容の難易度が高まる現実に直面する可能
性が高い。与えられる学習課題はより複雑になり、その認知的負荷はよ
り高くなり、学習量自体も増える可能性が高い。以前とは異なる新しい
教員、そして多くの場合、より多くの教員とかかわることは、時に全員
が学習者固有の強みや弱みに気づいているとは限らないこと、そのため
SpLD のある学習者に対して新しい考え方や内容を教示するための工夫
を行うことが不可能になることを意味する。

　学習者は、学校教育段階を経て学習が深化するにつれて、さらなる自
立が求められ、教員の指導方法がこれまで経験してきたものとはかなり
異なってくることは珍しくない。学習課題やグループ学習は、与えられ
た枠組みの中で学習者が興味を探求する自由を与えるために、時々導入
される。これは、SpLD の多くの創造的な学習者には合うかもしれないが、
教員の意図や求めていることを誤解していることに気づく者もいるかも
しれない。さらに、指示の複数のプロセスや段階を伴う学習課題は、ワー
キングメモリが弱い学習者に問題を引き起こす可能性が高い。

　SpLD の多くの学習者はまた、通常よりも情報処理速度が遅いため、

課題の完成に時間がかかることはよくあることで、課題の量が増えると、他の活動を断念せざるを得なかったり、全ての課題を完全に成し遂げられなかったりすることを意味する。作業の負荷を増加させることは、彼らにとって大きなストレスになる可能性があり、記憶や集中といった他の問題を悪化させる可能性がある。

移行時に必要とされる社会性

　第2章や第3章で述べたように、SpLDの診断を受けた学習者は、学校生活や私生活において様々なレベルで困難を経験する可能性がある。もし、アスペルガー症候群やADHDの特性がある場合、友人との人間関係の構築力や維持力が妨げられることを本人が自覚するかもしれない。アスペルガー症候群のケースでは、他人との社会的相互作用が困難であり、雑音が大きく、あまり親しくない人と一緒に過ごす大きな集団の中では特に困難を経験する可能性がある。ADHDに関連する衝動性や感情面の抑制の困難は、こうした特性を示す児童生徒と学習や交流を深めたりすることに他の児童生徒が警戒感をもつようになるかもしれない。

　新しい学級や学校、大学などの教育機関に移行する時、ほとんどの学習者の友人グループのメンバー構成もある程度変化する。これが、SpLDの児童生徒にとって、これまで直面してきた社会性・社交性におけるさらなる困難を強める不安を引き起こすことになる。こうした特性のある人と共に成長してきた幼い子どもたちは、後年年長の子どもや若者をより適切に受け入れられるようになるかもしれない。SpLDのある児童生徒は、以前社交場面で頼りにしてきた人が、自分よりもすぐに新たな友人グループの中に溶け込んでいく様子を目の当たりにし、自分が孤立していることに気づく。こうした経験は自尊心に悪影響を及ぼす可能性があり、自分は集団になじめないダメな人間であると自身を否定的にとらえるきっかけとなるかもしれない。

　通常、教育機関間で情報を共有するシステムが整っているものの、それぞれの学習者の人生において、自身のSpLDについて公表する責任を児童生徒自らが負う時期がやってくる。児童生徒の中には、移行時期を新たなスタートを切るチャンスややり直しの機会ととらえ、だからこそ

自分にとって個別の支援やカリキュラムの手立てが必要であるという事実を自ら認めたがらない者がいる。こうした児童生徒の気持ちを考慮せずに、教員は児童生徒が獲得した学習の質を基に彼らを評価する傾向があり、その結果、残念なことに、教員は彼らを能力が低い、あるいは態度が悪いととらえがちである。コミュニケーション不足によって形成されるこうした印象は、たとえ本人が SpLD であることが明らかになったとしても、教員と築くことができる人間関係の質に重大な問題を与える可能性がある。

心理的な移行

　恐らく、あらゆる成功する移行の最も重要な側面は、新しい環境や役割の中に自分たちがいることを頭の中で想像して思い浮かべることや、その新しい役割に関連する活動に参加すること、そして正しいマナーに従って行動することによって個人が準備すべきことを考えられる能力をもつことである。アスペルガー症候群の傾向がある学習者にとっては、社会的想像力がかなり限定されているため、特に困難である。移行段階にある全ての学習者にとって一つの重大なストレス源は、未知の世界に直面することである。知らない人たちと未知の環境で今までとは異なる方法で操作することが求められる知識（情報）は、どのようにそのシナリオがうまくいくのかを視覚化したり想像したりできない学習者にとっては大きなストレス源となる。

　新たな役割を選ぶことは、必然的に古い仮面がはがれ新たな顔が見えてくることを意味する（Luay & Reay, 2000）。例えば高校から大学へ移行することは、もはや「生徒」としては扱ってもらえないことを意味し、その代わり「青年の学習者」としてみられる。これは、その人が快適さを育くんできた自己や自我の一部からの別離になるため、喪失感を伴うかもしれないし、それを感情レベルでまだ感じているにもかかわらず、ほとんどの学習者にとってそれを口頭できちんと説明することに困難があるかもしれない。SpLD のために感情のコントロールが十分にできない学習者にとっては、これは耐えがたいことかもしれないし、移行時期が問題をはらむものになるかもしれない。

教育機関にはそれぞれ独自の文化や価値観があるため、移行段階における難問の一つが、その教育機関の行動的・観念的な水準を確認し、対象の児童生徒が入学後にその教育機関の在籍児童生徒と打ち解け、その教育機関の一員として完全に受け入れられることが可能かどうかを見極めることである。独自の世界観をもつ SpLD のある学習者にとって、このことは移行時期を複雑にさせるもう一つの要因となり、入学後の障壁になるかもしれない。

　誰にとっても学校教育における主要な移行時期に関しては、ある程度のストレスがあるだろう。初めて出会う同級生や教員との新たな人間関係の構築や、新たな物理的な環境への順応、そしてより大きな責任を担うことや、より大きな認知面の困難を経験することは、なぜ移行はストレスがかかる可能性があるのかを説明するあらゆる要因である（Maras & Aveling, 2006）。しかし、この節で概要を述べてきたような理由のため、これらの問題は SpLD のある学習者にとって悪化要因となる可能性が高い。よって移行にかかわる全員が、これから起こるであろう変化に対して学習者が準備すべきことを支援し、彼らの古い自我から心理的に分離し、新しい環境に物理的にも社会的にも受け入れられるように支援することが不可欠である。次節では、児童生徒や、保護者、そして現在学習者が在籍している教育機関や次に在籍する受け入れ先の教育機関が、こうした困難のある学習者の移行を成功させるために果たすべき実施可能な役割や方策を紹介する。

児童生徒やその家族ができること

　教育分野の専門家たちの間で、移行などの変化が起こる時に、SpLD のある学習者に影響を及ぼしうる困難への認識が高まりつつある。そして、多くの学校ではスムーズな移行を支援するための方策を適用している。しかし、これから経験する変化に対する準備を児童生徒が自ら実施することもできるし、家族もまた、この変化に対してその児童生徒を支援するスキルや資格を身につけるために極めて重要な役割を担うこともできる。

SpLD の若者に関する研究の中で、Goldberg他（2003）は、学校教育段階から成人になって以降の生活までを通じて移行に成功した人の中で、より際立ったあるいはより頻繁に存在すると彼らが主張している6つの性格的特性を見つけた。それらは、自己認識、積極性、柔軟さとねばり強さ、現実的な目標設定、支援システムの適切な利用、そして感情対処方策である。成功を導く要因は他にもあるが、これら6つの特性は、移行時期を通じてどんな人にも支援するうえで、そして人生における成功を保証する点でも、有効であろう。SpLD のために大きな困難に直面している人にとっては、幼少期からこれらの性格的特性を育むことで、人生における有効な方策になるかもしれない。

　自己認識力のある児童生徒は、彼らの強みや長所は何であり、彼らがより困難に感じる可能性の高いことは何かを理解している。彼らは、自身の障がい名を自ら名付けたり、その障がい名を他人から名付けられたりするよりも、単なる自分の個性の一つの要素に過ぎないことをよく理解している。この情報で理論武装することで、彼らは最後に成功へと導く移行に向けた準備をする段階（勉強する教科や進学先の決定、そして彼らに適合する可能性のある就労への道筋）で、自分たちの教育を選択できる可能性が高くなる。これは、彼らが SpLD と判定された際、正確な情報が与えられ、ひいては彼らの学習ニーズに合った方策を適用させる的確な指導を利用できるかが鍵となる。

　児童生徒は、熱心な支援スタッフが支援に関する情報を見つけ出し、学習者が理解できる適切なレベルで説明することで、より自己認識力が高まる可能性がある。学習者が、学んだスキルや方策を、他の学習活動へとうまく活用できた時に教員が少しおおげさにほめることは、彼らが自分の長所や能力の高さを確認することに役立つ。年少の SpLD のある学習者は、テレビ番組などのほとんどのメディアでは、自分たちのことをうまく描写できていないと感じているかもしれないが、近年の SpLD のある登場人物の特徴をうまく描写した子ども向けの文学作品が増え続けている。彼らと同じ困難を経験している人（現実の人物であれ、架空の人物であれ）についての物語を読み（または読んでもらい）、こうした物語の登場人物が利用できる代替方策について話し合うことは、自己認

識や自尊心に関する問題を解決するための実りの多い道になるかもしれない（これらの教材は、「LD online」のホームページ：http://www.ldonline.org/kids/books/friends で販売されている）。保護者が、子どもたちのために、同じような困難を克服した大人にロールモデルになってもらったり、助言や激励をしてもらったりするために招へいすることも可能かもしれない。

自己認識力の高さは、強い自己同一性の意識の強さとも関連しており、それが SpLD のある学習者が学校教育段階を進む道筋を決める要因の鍵となる。もし自身が従来とは異なる状況にいたり、新たな役割を担ったり、新たな環境にいることを想像できるなら、物理的な移行はさらに簡単になる。繰り返すが、移行することがどのような感覚で、何が同じで何が異なるかを率直に議論することは、若者の移行にとって必要な心理的調整をすることに役立つ可能性がある。保護者は、SpLD のある若者とこうした議論を始めてみることができるであろう。そして教員と連携を図ることにより、家庭でなされた学習が強化される。

積極的であることは、ほぼ間違いなく誰もが伸ばすべき優れたライフスキルである。ネガティブな学習経験が原因で自尊心がとても低くなってしまった学習者は、自分の考えや意見が否定されることへの恐怖心を抱かせずに主導権を握る自信をつけさせる分かりやすい指導が必要になるかもしれない。もし、彼らを新たな学習場面へ完璧に取り込もうとするならば、たとえすぐに実行されなくとも、SpLD の若者の声に耳を傾けるべきであるし、彼らの提案を認め、受け入れることが重要である。教員は、学習スタイルについて話したり、本人がもっと学びやすいカリキュラムのあり方について自ら話し合ったりできるように、児童生徒との距離を縮めるようにすべきである。

最初は、児童生徒は家族に同行を求めるかもしれないが、自分のことは自分で話をするよう後押しするとよい。そして他人が自分のために擁護役を買って出てくれる状況に依存させないよう、できるだけ早く自分で話をさせるようにするとよい。学校教育段階が進むにつれ、学習者は自分のセルフ・アボドカシー（他人に依存せず自分が法的・実生活上の責任を引き受けること）に対してより大きな責任をもつことが求められるようになるだろう。ある時点で、自分の障がいについての自己開示が必

要になるだろうし、他人から拒絶されたり差別されたりすることを恐れて、自己開示に対して児童生徒が不安な気持ちを抱くようになるのは当然のことである（Madriaga, 2007; Weedon & Riddell, 2007）。これもまた当然のことだが、高等教育機関に在籍する障がいのある生徒数は実際よりも少なく報告されている可能性が高い（Fuller他, 2004）。どのように学習困難について自己開示し、周囲に情報提供するのかについての良いモデルをもっておくことは、児童生徒が自己開示する機会が訪れた時により大きな自信がもてるかもしれない。

　粘り強いことや根気強くタスクを遂行することは、目標の達成を可能にする価値の高い特性だが、より柔軟性のある粘り強さのほうが適切であると理解しておくことも重要である。つまり、同じ目標を達成させたり、目標を変更する必要があったりする時に、異なる方策の適用が必要になることがあるが、前者の学習者はそのような変更がとても困難な可能性があるということである。これは自己意識とも関連している。つまり学習者は、自分の限界はどこかを認識できていることが重要なのである。もし、移行準備段階で作成された計画が、新しい教育機関へと移行する際に全面的に引き継がれるには、能力以上のことを求め過ぎていたり、逆に不十分だったりすることが判明したら、スムーズな移行を確かなものにするために、後にその計画を変更する必要があるかもしれない。学習者が学びの進捗状況を自ら確認でき、教員や支援スタッフとともにその進捗を阻んでいるあらゆる障壁について話し合えることが理想的である。現実的には、より年少の学習者には、親や保護者がその役割を担うが、将来的にはその役割を自らが担うために必要な積極性を子どもたちが身につけられるように支援することが大切である。

　現実的な目標設定もまた、自己認識力や柔軟な粘り強さと関係している。もし長期的な目標達成につながる短期目標が綿密に示されれば役立つが、即座に達成されるべき行動と最終的な到達点の両方が、獲得可能性やタイムスケジュールの観点から現実的に設定されなければならない。ほとんどの若者は、移行準備段階である程度このことに関する指導を受けておく必要があるだろう。学習者が自身の能力の範囲内で目標に向かって努力していることを確信するためには高いレベルの自己認識力

が必要であり、途中で、あらゆる越えられない障壁を回避することが可能であることを認識するためには、ある程度の柔軟性が必要とされるかもしれない。家族のように、学習者のことを最もよく知っている人物が、本人と話し合い、教育やキャリアの道筋を計画する適切な技能を身につけさせるために寄り添うことが理想的である。

　Goldberg他（2003）は、支援制度の適切な利用は、成人への移行を成功させる上で重要であると述べている。学習者に対する支援制度で利用可能なものには、家族や友人といった非公式のネットワークや、専門家や教員によるより正式な公的機関の支援がある。専門的なソフトウェアや電子機器による支援の利用も含まれる。重要なのは、学習者が、何が利用可能あるいは利用すべきかが分かっており、自身のニーズに適切な支援を最大限利用できることである。しかし、移行の時点で、これらの支援ネットワークが変化する可能性が高いことも念頭に置く必要がある。専門家が児童生徒と共に、新しい教育機関に異動することはめったにないし、支援してくれた同級生も彼らが異なる社会集団へと入っていくことや、以前と同程度の支援が提供できなくなることに気づくだろう。しかし他方では、学校教育のある段階において、財政的支援によって学習者がより自立するために役立つ、新しいあるいはより優れた施設設備が利用できるかもしれない。移行準備段階において、学習者自身あるいは学習者と保護者が新しい教育機関で学習者が受けることが可能な支援の内容や種類、程度を調べておくこと、そして支援する専門家と連絡を取り合うことは必須である。こうした最初の話し合いの場を設定するために、入学予定の教育機関に連絡をとるには、ある程度の積極性が必要になる。そしてこれが、保護者が支援をする存在であり続けるのではなく、若者にその主導権を与える理想的な機会になるかもしれない。慣れ親しんだ支援チームとの別れは、成長の一部であり、人生を次へと進める過程であることを受け入れられるようになるにはある程度の時間が必要かもしれない。これからどこで働くかを前もって見学しておくことで、これまでとは異なる新たな人たちと仕事をする現実を受け入れやすくなるかもしれないし、こうした経験を通じて、新しい状況の中にいる自分自身の姿を視覚化することが可能になる。

最後に、感情対処スキルを身につけることは、同級生よりも挫折や
ストレスが心理的負担となりやすい SpLD の若者にとって重要である。
Goldberg 他（2003）は、研究に参加した若者が、もし不安に関連する心
理的症状を引き起こす原因を突き止め、それを回避することができれば、
うまくストレス対処ができたことを報告した。これには、困難なタスク
を一時中断する、休憩時間にはいったんそのタスクを遂行する状況から
物理的に離れてみる、友人に会って話をする、あるいは、医療の専門家
によるカウンセリングを予約する、などが含まれる。移行の時期はいつ
もストレスの引き金になりがちである。だから、学習者はそのことを理
解し、ストレスのネガティブな側面に打ち勝つために役立つ方策を準備
しておくと良いだろう。家族もまた、ストレス状況下における本人の様
子をよく観察し、ストレスに対する本人の身体的・感情的反応に気づき、
それを和らげる方法を教示することで支援できる。

　本節で紹介した 6 つの性格的特性のうち、最も重要なのは自己認識力
であることは言うまでもない。なぜなら自己認識力は他の性格的特性を
身につけ、伸ばしていく能力にも影響を及ぼすためである。SpLD の若
者がさらに自己への気づきができるように支援することで、家族は、準
備段階から新しい状況で完全に受け入れられるようになるまでの移行を
継続的に支援することができる。

　児童生徒は移行がスムーズに進んでいることを確かめる方策を自ら導
入することや、家族からの支援や支援ネットワークの力を借りて移行に
向けた準備をすることができるが、彼らが現在学んでいる教育機関や、
次に学ぶ予定の受け入れ先教育機関も、発生する可能性のあるストレス
を最小限に抑えながら彼らが移行できるようにする責任がある。そうす
ることで彼らは可能な限り早期に学習に集中できる。そのためには教育
機関と児童生徒間の良好なコミュニケーションが重要であり、児童生徒
やその家族と協力し合うことで、自立を育むことにも役立つ。しかし、
教育機関が SpLD の児童生徒や学生を支援する最も重要な方法の一つは、
最終的に成功するキャリア発達へと導く将来の選択肢について、質の高
い助言を提供することである。

現在在籍している教育機関ができること

人格や学力の育成

学校は、SpLD のある学習者を成功させるポジティブな人格を育成するために、家庭で行われる作業を強化する多くのことができる。語学学習クラスは、これまでの節で述べてきた問題の多くを切り開く理想的な場である。なぜなら、新たな言語を学ぶ場では、その言語能力から派生する力から得られる新たな社会的秩序があり、それに基づいて自我や自己イメージを再構築する可能性があるからである（Norton, 2000）。例えば、語学学習場面において、個人の特性や感情を表現する言語のリストは、語彙学習にもなり得るし、その後、それらの語彙のポジティブな側面とネガティブな側面について話し合うことも可能である。ロールプレイは、消極性の問題について、親密度の高い状況において、登場人物が主導権を握らなかったり、他人から必要な支援を求めようとしなかったりしたらどうなるかを、学習している語彙を使用しながら探り始めることができる。第8章で示しているように、教員は学習者の正確な言語使用をほめるだけでなく、集中し、粘り強さを示していることについてもほめる必要がある。

良好なコミュニケーション

スムーズな移行を確かなものにするために、児童生徒と家族間、そして現在在籍している教育機関と受け入れ先の教育機関でのコミュニケーションを、実際の移行時期のかなり前から準備を開始し、分離期間を通じて継続し、もし必要であれば入学後も継続する可能性を残しておくことが不可欠である。現在在籍している教育機関と受け入れ先機関の支援チームの教職員による早期からの連絡調整は、移行する学習者に必要な施設設備や準備が利用可能かを確認するために実施しておく必要がある。これにより教職員は、様々な移行の選択肢の適合性についての包括的なアドバイスを行うことが可能になるし、受け入れ先機関にとっては、ま

だ導入されていないあらゆる支援の準備を行うことが可能になる。英国の事例では、Evangelous他（2008）が報告しているように、支援スタッフや地域の中学校の教科教育担当教員が、定期的にその学校に卒業生を輩出している小学校を訪問する。そうすることで、中学校の教員が小学校の教員と話し合いをする機会ができるし、学習者にとっては中学校の教員と打ち解け、良好な関係を深めることができる。

　また、SpLD のある学習者が非公式なネットワークであれ、公式に準備された行事であれ、新しい学校の同級生と連絡を取り合うことを可能にしておくとよい。Maras and Aveling（2006）は、移行の接続がきちんとできている教育機関では、行事やコミュニケーション手段が増え続けていると述べている。こうした行事には、互いに手紙やメールを出し合ったりする‘ペンパル（文通）’のような活動も含まれる。こうすることで新入生は、質問を投げかけることのできる相手をあらかじめ学校の中に作っておくことができる。語学学習者にとっては、その学んでいる言語で文章を書く機会ができるので、実際の学習課題の中で、学んでいる言語のスキルも同時に伸ばすことが可能になる。入学希望・予定の学習者が家族と共に参加可能な社交的・文化的な行事やオープンスクールは、新しい教育機関の物理的環境や人に慣れてもらうことに役立つ。

　移行期間の橋渡しをする教材は、場所によっては入手可能かもしれない。そのため学習者は、昨年度小学校で使用していたものと同じ教科書を、中等教育の1年目で使用する。それによってカリキュラムの強い連続性を確かなものにする。Evangelous他（2008）は、英国では実際のところ全ての学習者にとって、初等教育から中等教育への移行をより簡単にする優れたシステムを導入していると結論付けており、特に障がいのある学習者にとっては、移行時期の2年も前に準備期間が始まることとなる。しかし、その他の移行時期において、学習者が義務教育学校に入学したり卒業するのを支援したりするために、ある程度の努力が依然として必要である。

自　立

　学校や大学は、児童生徒や学生が自立を育む支援をしたり、先述した

ような方法でその機関から提供される正式な支援制度から自立を促すために家族と連携したりすることで彼らを支援できる。しかし、これは個人の発達や学習面の成長の度合いに基づいて慎重に対応しなければならない。児童生徒の中には、多くの同級生のようにありたいと望み、提供される支援を断って、一人で課題をやり始めたがる状態になる者もいる（Mellard & Woods, 2007）。これは、移行時期において、彼らが自身の成長を実感し、おそらく移行を自身にとってのやり直しの機会ととらえ、移行後の新たな世界に新たな自分を示そうとする時に、こうした傾向が出てくる。初めて出会うあるいは信頼関係が構築できていない新しい支援スタッフからの指導を受けるという状況もまた、彼らが支援を必要としていることを自ら申し出ようとする意欲の減退につながっているかもしれない。

　残念ながらTaylor他（2010）が指摘したように、学習者がすでに準備ができている自立の程度を明らかにするには常に現実的でなければならない。教職員は、学習者が自身の教育についての重要な決定を学習者自身に行わせたいという願いと、必要であればセーフティネットを提供する教育的義務とのバランスを保たねばならない。もし児童生徒が利用可能な支援を受け入れない場合、なぜそのように決断したのかを理解することが必要である。また、彼らが予期したり望んだりしたほど簡単に新しい受け入れ先機関への編入ができていないと感じたら、希望すれば彼らが以前受けていた支援の内容に戻せることを知らせておくことも重要である。この点が、支援を減らすと起こり得る結果を査定し、どのように移行を管理するのが最善なのかを決定する上で、新旧の機関における相互コミュニケーションが重要になるところである。

キャリア相談

　将来について決めなければならない時期がやってきた時、SpLDの児童生徒は自身の能力を低く見積もる傾向があり、同級生と同じレベルの自信を持っていないことが多い。このことが目標を低く設定する原因となっている。Polychroni他（2006）は、ディスレクシアの児童生徒は、自身の学力について低い自尊心を持つ傾向があることを発見したが、こ

れは、義務教育修了後の自己像を彼らが想像することを阻んでいる一つの要因かもしれない。そこで彼らは、説得力のある志願書を書いたり、面接でうまくやってのけるようなスキルを育成するためのより分かりやすい対策指導や励ましが必要である。

　残念なことに、この支援には彼らを勇気付けるための教職員が常に配置されているわけではない。Madriaga（2007）は、教育体制にはある程度の隠れた「障がい者差別」が今でも存在し、その結果、SpLD の児童生徒が彼らの潜在能力をフルに出し切れるようにバックアップするような高い期待をあまり彼らに寄せない指導者もいると述べている。児童生徒や保護者はこうした期待感の低さを感じ取る。だから義務教育後の長期計画は整っていないことが多いのである。これは、さらに学びを深めていくための心の準備の欠如や不十分な資金提供が生じる原因となり得る。

　英国では、『National Disability Team』(2004: Madriaga, 2007 より引用)という団体が、何が必要かの気づきや、必要な学力や移行のためのライフスキルへの気づきの欠如は、学校段階を経て学びを深める時に SpLDの児童生徒が直面する最大の問題であると述べている。初等教育から中等教育（11歳）への移行時期において、英国ではこうした作業が行われているにもかかわらず、障がいのある児童生徒が義務教育段階以降へと進学する場合、まだたくさんの改善の余地がある。一つの教育機関からもう一つの教育機関へと簡単に移行できる制度的構造をもたない世界中のその他多くの国においても、SpLD の児童生徒は英国の同等の立場の人よりも新たな教育場面に順応することに、更なる困難を経験するかもしれない。

受け入れ先機関ができること

移行における段階

　本章の最初の節で述べた物理的・環境的な問題において、多くの中学・高校では、新入生が移行時に実際に直面している、あるいは直面することが予測される困難を軽減させるためのステップをすでに踏んでい

る。新学期がスタートする前に、公式な登校試行日や交流イベントを非公式に実施したりするなど、事前に学校へ訪問できるようにすることで、中学・高校を子どもの大きな想像の世界から既知の経験へと変えることができる（Lucey & Reay, 2000: 202）。学校訪問は、環境への親近感を高め、新入生が校内を行き来するための目印をより多く把握できるため、どこにいるかをより正確に認識することが可能になる。大学は、ツアーや情報が豊富にあるオープンキャンパスを多く実施しているので、訪問するにはもってこいの場所である。

　SpLD のある学習者は、他の児童生徒よりも頻繁にかつ長時間受け入れ先機関を訪問する必要がある。新しい環境で過ごす時間があまりにも短ければ、すでに経験している不安を単に増大させる可能性がある（Maras & Aveling, 2007）。アスペルガー症候群の学習者は、環境の中に自分たちが存在することを想像する能力の欠如を補償するため、より多くの経験的準備が必要な場合がある（Eliot & Wilson, 2008）。Evangelous 他（2008）によると、英国では、学校によっては、その環境が新入生自身のものであると感じてもらう機会を設けるために、新学年度の初日には新入生のみが通学する規定を適用しているところがある。またある時は、特に混雑した状況に困難を示す児童生徒は、早く登校し、遅く下校できるように、そして他の児童生徒が授業中に校内を移動できるよう指導することもある。同級生や支援スタッフは、本人がその新たな環境の中を1人で行き来するのに十分な自信をもつことができるまで、教室間をガイドする役として指名されることもある。

　SpLD のある児童生徒の中には、集中や行動に影響を及ぼしうる極度の不安を示す者もいる。移行は潜在的な不安の引き金と戦うようなものである。だからこうした学習者にとって、集団に戻る前に、落ち着けるスペースをすばやく見つけることが望ましい。特にもし移行前よりもよりたくさんの持ち物を家から持ってこなければならない場合、持ち物や本、教材を整理できるスペースが提供されれば、本人は喜んで移行を受け入れるであろう。

支援要件の再評価

　学力面の困難が増すにつれて、SpLD の児童生徒に提供する支援について再検討する必要がある。これは徹底的に実施される必要があるため、児童生徒が現在在籍している機関と受け入れ先機関との間で十分なコミュニケーションを図るだけでなく、その児童生徒（保護者のほうが適切と考えられる場合は保護者）の思いを考慮することも必要である。受け入れ先機関の教職員からの情報は、異なる授業や教育でどのような調整が必要かを決めるためにとても利用価値が高いかもしれないし、もし支援機器を購入する予算があれば、それを取り扱う民間専門業者の信頼のおける評価者による助言も参考にする必要がある。極めて重要なのはタイミングである。SpLD のある学習者を支援するための学級経営上の多少の変更であれば時間も費用もかからないが、もし支援機器を注文し、それを設定する必要があるなら、児童生徒がその使い方を習得する時間が必要になるし、もしスケジュールや目標に対する組織上のあるいは構造上の変更が必要なら、関係者全員がどのような変更を伴い、なぜその変更が必要なのかを理解していることを確認するために長い時間が必要になるだろう。こうした理由により、新学年度が始まる前に、評価をきちんと実施しておくことが必要である。新たな環境や状況に素早くなじめない児童生徒は、その年の残りの時間をみんなに遅れずについていこうと必死になり、さらなるストレスを経験し、そして留年や退学になる可能性があることに気づくかもしれない。

　支援内容の定期的な見直しは、物理面の支援ができているか、それから本人の学習や社会性が獲得されているかを確認するために不可欠である。学習者の中には、1 対 1 による専門家または同級生からの支援が、授業中や個別での学習時間中、長期間必要または有効になるかもしれない。教育機関によっては、指名された教職員が特定の学習者に対する責任を負っていたり、役割分担をしたりするチームがあるかもしれない（Maras & Aveling, 2006）。これらの同級生または助言者による支援は、より広い社会的なきずなを築いていく過程の一部と見なされた時に最も効果的である。理想的には、できるだけ早期にグループの全てのメン

バーを包含し、受容する新たなグループの自我を形成する機会が必要である。移行準備段階において、できるだけ早期に新しい同級生や教職員、支援スタッフに会っておくことは、SpLD の児童生徒の多くが特に難しいと感じている分離段階を支える人間関係を構築する機会を彼らに与える。Evangelou 他（2008）によれば、編入への一つの主要な障壁は弱い児童生徒に対する同級生からのいじめやハラスメントである。SpLD のような顕在化していない障がいを含む、あらゆる障がいのある学習者は、特にこうしたいじめやハラスメントに遭うリスクがあるため、教職員はこれらのサインを見逃さないよう常に目を光らせておく必要がある。強い人間関係のネットワークづくりの指導をしておくことで、こうしたリスクを減らすことができる。よって第6章で提案しているような受け入れ先の機関で始めることができる様々なグループ構築活動も効果的である可能性が高い。

情　報

受け入れ先機関が素早く、費用をかけずに実施できる情報入手方法の一つは、あらゆる SpLD のある新入生の指導にあたる教職員間で常に情報共有をしておくことである。英国の障がい者施策に関連する法律では、1人の教職員が児童生徒に障がいがあることを知ったら、その機関の教職員全員がそのことを知っていると見なされる。よってその学習者と直接かかわる教職員全員が要求されたカリキュラムの調整の詳細を段階的に実施するための良好なコミュニケーションシステムの存在が重要になる。これには、児童生徒がグループに貢献できる可能性のある長所や能力についての概要とその児童生徒が困難に感じている点（形式的な例は第5章を参照）についての概要を含む必要がある。可能な限りすぐに児童生徒についての情報を得て、支援策をあらかじめ考えておくことが許されるべきであり、英国の「情報公開制度」（他の国における同様の法律）のもと、児童生徒は彼らに関するあらゆる文書を閲覧する権利がある。そのため、彼らと快く共有できないことは何も書いてはいけない。

障がいのある大学生（SpLD も含む）の経験に関する Fuller 他（2004）の研究は、どの程度これらの制度がうまく機能するかについて焦点を当

ている。大学の中には、義務化された専門性向上研修やトレーニングを受けていないにもかかわらず、誰よりも要求された配慮を適切に実施できるチューターがいることがあるが、これは個人の経験や知識ベース、各チューターの態度にかかってくるようである。

これから入学する教育機関についての新入生向けの情報に関しては、SpLD の児童生徒が新年度の最初の数週間でアドバイスや注意事項、ガイドライン、校則で押しつぶされてしまう傾向がある。その結果としてほとんど何も吸収されず、そのためこうした児童生徒は、ルールに違反していたり、新しい状況で完全に把握しておく必要のある情報をもっていないことにしばしば気づく。理想的には、最も重要な情報については、新年度が始まるよりもかなり前に与えておき、「点滴注射」のように、それを吸収する十分な時間を与えておくことが必要である。そうすることによって、こうした重要な情報を頭に入れておく必要に迫られた時には、すでにより多くの情報を学習できている可能性がある。

本章では、SpLD の児童生徒は、SpLD のことをすでに知っており、それについて学ぼうとしていることを前提に論じている。しかし、これが適用できない二つの児童生徒群がある。一つは、新しい状況へと移行する際、自身の障がいについて公表したがらない児童生徒と、経験している困難を補填する能力があるゆえに、学校教育の初期段階では正式に学習困難が判定されない児童生徒である。こうした児童生徒が学校教育段階を通して成長するにつれて、同級生と自分の認知機能の違いに気づく可能性が高まるかもしれない。そして慎重な指導者はこのことに気づき、正式なアセスメント（評価）を受けるように助言する。こうした気づきのある人や、判定された SpLD について公表しないことを選んだ人にとって、上述した移行段階においては情報入手や事前学習の要望がないかもしれない。しかし、他の手段が彼らに用意されていることが重要である。支援サービスに関する情報は、電子メディアやあらゆる社会事業団体からの情報や啓発パンフレット、関連イベントなど様々な形式で広く公表されているはずである。「障がい」の定義の狭い表現を使用するだけでなく、児童生徒が経験する可能性のある困難や違いの全てを説明する上で、ポジティブな描写が必要である。

第9章　移行と学びの進捗

移行を容易にする最大の要因は、介入を複数組み合わせて導入することであるため、どの改善策が他よりも重要なのかといった考え方をするべきではない。そのため、全ての学習者が新たな状況に慣れるために適切と考えられるあらゆる方法をできるだけ多く見つける必要がある。前述したように、保護者にとってパンフレットや計画的な訪問による情報の入手は重要なため、特にこうした情報の入手を移行期間中の目標にする必要がある。理想的には、全ての学習者が実際に移行する前に彼らの移行ニーズについて話し合っておく機会をもつこと、そして提示する計画は、彼らの希望や要求に応じて作成・実施されることである。ほとんどの機関では、まだこうした理想からは大きくかけ離れているが、少なくとも学校教育段階や、いくつかの国においては移行期間の重要性について重大な関心を寄せる明るいきざしが見え始めている。しかし、教育の一つの目的は、若者が自立して生活する能力を高めることであり、本章の最後の節では、ほとんどの人にとって重要となる、雇用先を探すことを含む学校教育における移行から就労といった大人の世界への移行のあり方について検討している。

就労への移行

　インクルージョンやSpLDのある人々の受け入れなどに象徴される学校教育制度に認められる進歩は近年目覚しいが、多くの国が障がいのある失業者や雇用者を保護する法律を制定しているにもかかわらず、労働の世界ではまだそれが遂行されていない。Reid（1998）は、ディスレクシアのある求職者にとって、仕事に応募するだけでも困難を伴うことを指摘している。例えば、応募書類を書くことも、友人やメンター（助言者）からの支援があれば克服できる障壁かもしれないが、圧迫面接でのインタビューの状況では、SpLDのある人にとっては質問の内容をすばやく理解して処理し、その要点が何かを覚えておきながら鍵となるポイントを見つけ、論理的に答えなければならない状況に困難を伴うかもしれない。Goldber他（2004）は、SpLDのある人々について、その限られた能力が原因で失業することも多く、その結果、家族や友人と働いたりなど、

非正規な方法で仕事を見つけたり、日雇い労働をしながら、彼らの能力の長所を生かして、後に正規労働を得ている傾向があることを明らかにした。第二言語を使用する SpLD の可能性がある人の困難は、恐らく親戚や社会的なネットワークのない国では更に増大する。

　物理的な環境や社会的インテグレーション（統合）、そして心理的な適応の変化に対して、学校教育制度を通じた移行時期で生じる同様の困難に、新規採用者も同様に直面する可能性が高い。しかし、現在在籍している教育機関による準備段階におけるある程度の支援の可能性は別として、特に、もし新規採用者の障がいが雇用先に知られていない場合、多くの場合、専門家による支援チームが設置されていたり、スムーズな移行プロセスに必要な配慮が行われていたりする可能性はほとんどない。だからこそ、語学学習者が自ら必要な支援を導き出し、職場の同僚とやるべき業務に関する情報を共有するための社会言語スキルをきちんと備えておくことが不可欠なのである。

　障がいの自己開示についての主要な課題については第 5 章で詳細に触れているが、これに関連する情報としては、職場においても、自己開示するかしないかを最初に決めることである。職場における障がいに関する複数の研究によると、ほとんどの人が自身の障がいについて自己開示せず、そのつもりさえもなかったということが明らかになっている。この情報共有に対する消極性には多くの理由がある。SpLD であることを自己開示しない主な原因は、同僚から拒絶されるのではないかという恐れによるものである（Roberts & Macan, 2006）。そして、もし自分が SpLD であることを告白したら、雇用主から退職を余儀なくされるのでは、といった恐れもある（Maderiaga, 2007）。競争が激化している求人市場において、採用のためにより多くの応募者を集めている雇用主であるほど、こうした雇用主に対する SpLD のある人の恐怖心が強まるようである。しかし、もう一つの要因は、どのように障がいが自身の能力や業績に影響を与える可能性があり、仕事をきちんとやりこなすためにはどのような調整や機器があるのかといった自身の障がいについての知識の欠如である（Gerber他, 2004）。これに関連することとしてはセルフ・アドボカシー（他に依存せず、可能なことは自らが行いつつ、他人に自分の障が

いや困難を理解してもらうこと）の程度が低く、雇用先で彼らの人権がどのように法律的に保護されているかについて十分に理解しておらず、彼らが経験している問題や困難に注意が向けられる可能性も低い。外国で働いている人たちは、その国の法律が彼らをどう保護しているのかについてほとんど知らない可能性がある。中には入社試験に合格し、仕事を継続することができる限り、わざわざ障がいを自己開示する必要はないと考えている人もいる可能性もある。

　概して、職場において障がいを自己開示することの利点は、教育においてはしっかりとしたエビデンスはないものの、それでもやはり雇用主や同僚に対して自身の SpLD についての情報を共有したいと強く思っている人もいる。これは、専門家の設置や、融通を利かせた提出期限の設定、あるいは生産ラインの上司からのより分かりやすい指示のような、彼らの業務や生産能力を向上させる可能性のある配慮をしてもらいたいという意図が伴っているのかもしれない。もし当初SpLD のことを隠し、後にその障がいが業務や生産能力に与える影響の大きさによって明らかになったら、会社をだましたような罪悪感をもつ可能性があるため、始めからオープンであるほうがよいという気持ちもあるのかもしれない。Roberts and Macan（2006）も、障がいを自己開示しないことは、障がいのある人への見方の否定的な側面を強化する影響があるかもしれないが、障がいを自己開示する人は、その時期や方法を選択でき、本人の自尊感情を高める状況を調整することで、可能な限り肯定的な見方を提示することができる。

　いつ、どのように告知すべきかは、考慮すべき重要な問題である。例えば、求職者は、障がいについての情報をインタビュー時に告知すべきか、あるいは採用が決まって配属や業務上の役割が確定した時のみ告知すればよいのか、といったことである。先述した自己認識とこれまで学習した事項を発展させることの一環として、自身が SpLD であることを自覚しており、学校教育において成功体験を積むことのできた適切な支援を受けたことのある若者が、彼らの SpLD をポジティブな特性としてオープンにできる十分な自信を築いて欲しいと願う。彼らの才能を最初に示すことで、コミュニケーションシステムや機器の使用が必要かもしれない

というイメージを周囲が持ち始める前に、彼らはどんな会社にとっても財産になる可能性があることを伝えるのである。語学教育教員は、学習者が職場環境に入る前に、彼らのニーズを説明するために自由に使えるコミュニケーションツールがあるかどうかを確認することも支援につながる可能性がある。雇用主はまた、採用決定から勤務開始までのプロセスにおいて秘密裏に自己開示をするための機会を与えたり、障がいのある従業員に配慮を提供する法的義務を遵守したりすることによってそのプロセスを支援することができる。この方法で、新規採用者の中でも持てる力を最大限に発揮することができ、移行の編入段階を容易にし、最終的には雇用主は多様性のある労働力としての利益を得ることが可能になる。

結　論

　本書は SpLD の児童生徒への語学教育に関する広範囲の事項に着目している。こうした事項の中には、他ではほとんど取り上げられていないものもある。また、時間的制約により、こうした事項は指導プログラムの解説から省略されることが多いが、著者らは次の二つの理由で、ここに含めることが重要と感じた。一つ目として、状況（特に ESOL/ESL の状況）によっては、語学教育教員が、新たな言語コミュニティと接触する唯一のあるいは主要な接点としての役割を担うかもしれない。また、言語教育の授業が終了した後に評価して情報共有したり、学習のさらなる向上を促進する環境を支えたりする役割を担うかもしれない。二つ目として、新たな言語を学習することにより、児童生徒はこれまでに経験したことのない困難を示すことがある。だからこそこれまで隠れていた学習困難が顕在化する可能性がある。したがって、語学教育教員は、そうした児童生徒が SpLD であることに初めて気づく存在になるかもしれない。そして教員は、クラスでの児童生徒の学習成果にその困難がどのように影響を及ぼすかだけでなく、その学習者が全般的に成功できるようにどのようなステップを踏ませることができるかを把握する必要がある。

　本書で取り上げた全ての話題は、著者自身の経験と最善かつ最新の実践研究や理論の引用に基づいて述べられている。この分野は意見の相違

や困難の理解に悩まされることが多いが、本書は首尾一貫してこうした問題に対してポジティブなアプローチを選択し、SpLDのある語学学習者は相当な困難に直面しているにもかかわらず、それでも希望的観測をもつことができる理由を示すことができていれば幸いである。きちんと情報提供され、思いやりのある教員からの適切な支援と指導を受けることによって、SpLDの児童生徒は語学学習者として成功する可能性がある。

重要項目のまとめ

- 人生の移行時期は、誰にとっても困難を伴うが、SpLDのある児童生徒は、SpLDのない同級生と比較すると、移行時により大きな困難を経験する可能性が高い。

- 移行は、三つの段階から成立していると考えられる。移行を成功させるには、次の新たな状況に向けた準備段階をまずクリアしなければならない。次に以前の状況や習慣からの離脱のプロセス、そして最後に新たな状況への完全な編入である。

- これらの移行段階は、複数の異なる要素を伴っており、その中で最も重要なのが物理的・環境的な変化、認知面・学力面の向上、そして移行の心理的・社会的側面である。

- 移行の時点でストレスを引き起こしうる物理的・環境的な要因には、親密度が低いことや大きな校舎や敷地を行き来しなければならないこと、新たなルーティンやスケジュールに従って学習しなければならないことなどがある。

- 移行時期で生じる学力面の要求レベルについては、学習時間が増大し、より複雑な認知面のハードルが高まり、自主的に学習することへの期待度がより高まる。

- 移行の社会性や心理面には、より広範囲に新たな知人ができることやより形式ばった人間関係ができること、新たな役割に関連する新たな社会的身分を受け入れること、その新たな組織における文化や気風を理解することが含まれる。

- 児童生徒は、学校教育段階だけでなくその後の人生を通じて有益な個人の特性やスキルを育成することで、移行のネガ

ティブな側面を最小限にとどめることができる。これには、高い自己認識力やキャリアについての現実的な決断力をもち、いつどのように支援を求めるべきかを理解しておくことが求められる。

● 教育機関は、組織内だけでなく、受け入れ先機関との良好なコミュニケーションを図るシステムを維持することで、その移行プロセスを支援することが可能である。教育機関は、児童生徒が受け入れ先機関の物理的環境や人的環境に慣れると、カリキュラムの実践やカリキュラム・マネジメントにおいてより適切な調整・修正を行うことが可能となる。

● 雇用主も、SpLDであることを公表する機会を提供したり、障がいに関する法律に従って彼らの業務を決定したり、SpLDのある個人が職場で使用可能なスキルや個人の特性への価値付けを行うことで、キャリア向上のプロセスを支えることが可能である。

演習問題

1a. あなたは、これまでの人生においていくつの移行段階を踏んできたか？　今後さらにいくつくらい移行段階を踏むことになると思うか？

1b. 学校や職場にいる同僚や同級生と1a.の答えと比べた時、同じような出来事を移行段階として挙げているか？

2a. 成功した移行の事例を一つ選び、その移行をスムーズに成し遂げることができた要因を記したリストを作りなさい。

2b. 成し遂げることが困難でうまくいかなかった移行の事例を一つ選びなさい。その移行がよりスムーズに成し遂げられるには、どのような支援があればよかったと思うか？

3. SpLDのある言語障がい者と以下の点について話をしなさい。この講義または研修を受ける前、どんな心配があったか？その心配が現実になってしまったことはあるか？　思いもよ

> らなかったスムーズな移行をじゃまする障壁はあったか？
>
> 4．あなたのクラスから別の学校や大学へ転校または進学する
> SpLD のある語学学習者におすすめの実践方策はあるか？

推薦図書

Lam, M. S. & Pollard, A. (2006). A conceptual framework for understanding children as agents in the transition from home to kindergarten. *Early Years*, 26, 123–141.

Madriaga, M. (2007). Enduring disablism: students with dyslexia and their pathways into UK higher education and beyond. *Disability and Society*, 22, 399–412.

補遺 1

スクリーニング面接のためのフォーマット例

極秘情報

児童生徒氏名	....	実施日	....
出席（学籍）番号	....	実施者	....
国籍	....	母語	....
住所	....		
生年月日	....	電話番号	....

- どのような授業をとっていますか。
- それらの授業についてどう思いますか。
- 将来はどのような進路を考えていますか。
- 小学校について、どのようなことを覚えていますか。
  （例：小学校は何校通いましたか。どこにありましたか。懐かしく思う学校がありますか。楽しかったですか。何が得意でしたか。友達はいましたか。特別の支援を受けていましたか。
- 級友と同じ時間に読み書き・話すことの勉強をしていましたか。
- 次のいずれかに問題がありましたか、またはありますか。（可能であれば例を挙げてもらう）【見ること・聞くこと、靴ひもを結ぶ、手書き、運動、左右の認識、時計を読む、時間通りに正確な場所に到着する、指示やメモを覚える、リストを覚える、テスト受ける、授業中にノートを書く】
- どのようにして中学校に入りましたか。【例：特別支援学校でしたか。あなた自身が選びましたか。特別の支援を受けていましたか。】
- 高等教育機関へ行きましたか。（もしそうであれば、何を勉強しましたか。なぜそれを選択しましたか。特別に支援を受けましたか。）
- 何かの試験を受けたことがありますか。（どのような試験ですか。いつ、受けましたか。結果はどうでしたか。どう感じましたか。）
- 試験の際に特別措置を受けましたか。いいえ・はい。どのような措置でしたか。
- このようなアセスメントを受けたことがありますか。いいえ・はい。いつ受けましたか。（このような質問をこれまでに受けたことがありますか。心理士の面談を受けたことがありますか。）
- アセスメント結果報告書の閲覧・複写は可能ですか。はい・いいえ
- この学校で何らかの支援を受けていますか。
  （だれから、どの位の頻度で、どの科目（内容）について受けていますか。あなたのために書いてくれたり、読んでくれたりする人はいますか。）
- ICT機器を使うことについてどう思いますか。何か機器を使っていますか。（録音機器、ワープロ等）
- 言語学習の際にどのような困難を感じますか。
    【リスニング：周囲の雑音が気になりますか。会話が長くなると流れがわからなくなりますか。

リーディング：読み直しをしますか。読むのがゆっくりですか。単語の位置
　　　　　　　　　　が変わることがありますか。
　　　ライティング：綴りが難しいですか。考えをまとめるのが難しいですか。書
　　　　　　　　　　き始めるのが難しいですか。単語を覚えるのが難しいですか。(筆
　　　　　　　　　　記する際) 手が痛いですか。
　　　スピーキング：長い単語の発音が難しいですか。音節を混同しますか。
　　　語彙　　　　：意味、音、綴り、形を覚えることが難しいですか。
　　　文法　　　　：文法規則を覚えたり、使ったりするのが難しいですか。】

• 暗記力はいいと思いますか。(人の名前、友達の誕生日、人と会った時や場所、鍵
を置いた場所を覚えていますか。日記や備忘録を使っていますか。)
• 整理整頓ができていると思いますか。(本やノートがきちんと整頓されていますか。
物がどこにあるのかわかりますか。やるべきことがいつもきちんとできていますか。)
• 他に気になることがありますか。(例：家族のこと。トラウマ。身体的障がい等)
• 受検者の様子（自尊心や自己意識、特定の出来事を覚えている能力、考えを表現
する力）

補遺 2

SpLD についての認識を高めるための教室活動例

手順：

1）クラスに母語やそのクラスで最も共通に使われている言語で短いテキストを提示する（2、3文か20〜30語のテキストで十分である）。以下の例1で示すものは英語によるものだが、他の地域で用いられているどんな言語であってもよい。できるだけ速く書かれている通りに正確に、そのテキストを書き写すように指示する。クラス全体で書き写すのにかかった平均時間を把握するために時間を計測する。「タスクにどのように取り組んだか」「タスクをやってみての感想は」などのフィードバックを生徒から引き出す。

（例：テキスト1）

これはとても簡単な練習です。利き手を使ってできるだけ速く文章を書き写しなさい。どれくらい時間がかかるでしょうか？

2）次に、読むのがより難しいテキストを生徒に提示する。例2はディスレクシアのある人の中で書かれたテキストを見た際に経験する視覚的な妨害を追体験しようとするものである。今回は、参加者に利き手ではない方の手を使って、書き写すように指示し、同じように時間を計測する。「このタスクをやってみての感想は」「メッセージに目を向けたか」というようにフィードバックを引き出す。SpLD のある生徒はこのタスクを完成するのに必要な細やかな身体の動きのコントロールにしばしば困難を感じ、テキスト情報を理解することよりもタスクの機械的な側面を処理することにより多くの時間をかける。

（例：テキスト2）

今度は利き手ではない手でこのテキストをできるだけ速く書き写しなさい。なぜそんなに難しいのでしょうか？

3）最後に馴染みの無い言語による同じ内容のテキストを示す（テキスト3はスウェーデン語である、インターネットから他の言語の例を簡単に入手することもできる）。同じように、生徒にテキストを書き写させ、時間を計測する。平均してどのくらい長く時間がかかるかを確認する（1回目よりも終える時間の個人差は大きくなるだろう）。「今度は書き写すのにこれまでとは異なった方略を用いたか」「一度にどれくらい覚えることができたか」などフィードバックを引き出す。多くの SpLD のある生徒にとってワーキングメモリは、平均よりかなり短いということを説明する。第一言語で書き写すように求められた際に、彼らが感じるのもこのような感覚であり、ましてや外国語での書き写しは難しいことを説明する。

（例：テキスト3）

Skriv nu på ett främmande språk, som svenska, och tänk hur svårt det är att måste titta pa varje ord. Visst tar det lite längre!

補遺3

初級レベルの子どもたちのための二つの語彙レッスン
レッスン1　音と意味との関連付け
指導対象の語彙：bed、take、chair、door、window（一度に５つの単語のみを指導、desk と table を一緒に教えるのは避ける。特に多くの言語でこの二つの項目に対して同じ単語を用いているので、この二つの単語を同時に提示すると生徒が混乱する可能性がある。）
準備：壁に貼るためのこの５つの単語の大きな５枚の絵、教師が手にして生徒に示すための少し小さめの５枚の絵、シャレードゲーム（ジェスチャーゲーム）のためのさらに小さめの５枚の絵

指導手順	ねらい	感覚チャネル
1．最初の単語（例えば bed）を示し、同時にその絵も示しながら授業を始める。教師の後についてその単語を繰り返すように指示する。数回全体で反復し、その後個々の生徒が正しく発音できるかを確認する。大きな方の絵カードを壁に貼る。	単語の音韻的な形（発音）を提示する	聴覚と視覚
2．2番目の単語（例えば table）で同じように進める。教室の別の場所の壁に2番目の単語の絵を貼る。最初は生徒に壁の絵のうち正しい方を指さすようにさせ、次に教師が小さめの絵を提示して、その絵が何を指すかを発話するように指示して、この二つの単語を練習する。	複数の単語の音韻的な形（発音）を提示し、積み上げ式に練習する。	聴覚と視覚
3．一度に1項目（1単語）ずつ加えながら、同じ提示方法と練習方法に従って指導する。生徒が5つの単語を覚えたように思われるまで、練習する。	複数の単語の音韻的な形（発音）を提示し、積み上げ式に練習する。	聴覚と視覚
4．絵によるディクテーション：1語ずつ発音し、生徒は聞いた単語を絵にする。ペアになって活動するように指示し、互いに単語を聴いて絵にする活動を交替で行う。	発音と意味の関連付けの練習	聴覚、視覚、運動感覚
5．単語競争：壁の絵まで生徒が走っていけるように教室内のものを整頓する。5人一組のグループになる。一度に二つのグループが対戦する。列になって並ぶように指示する。列の先頭の生徒が教師の発音した単語の絵の所まで走っていく。最初に正しい絵にたどり着いたグループが1点を獲得する。一番多くのポイントを獲得したグループが優勝となる。（このゲームは指導しているグループに適切ではないと判断すれば省略してもよい。また、教室が狭い場合は黒板に絵を貼り、生徒は正しい絵を丸で囲むという形の活動にできる。）1、2名のボランティアを募り、ゲームの進行役を任せ、他のグループに単語を言う役をさせる。	発音と意味の関連付けの練習	聴覚、視覚、運動感覚

指導手順	ねらい	感覚チャネル
6．シャレード：クラスから５名の生徒を選び、一人ずつに指導した５つの単語の小さい絵を配付する。生徒は順番に手にした絵単語の意味を動作で表し、クラスの他の生徒はどの単語の動作をしているかを推測する。クラス全員の生徒が最低１回は動作で演じる機会が持てるように、この手順を繰り返す。	発音と意味の関連付けの練習	聴覚、視覚、運動感覚
7．授業の終わりに、５枚の絵を示して、生徒にそれぞれの絵の単語を発話させて、再度提示した単語の復習をする。４による絵ディクテーション活動で生徒が描いた絵を使って、生徒同士がペアになって復習させることもできる。ペアの一人が絵の中の一つを指し、ペアの相手がその絵の単語を言う活動を交替して行う。	復習	聴覚、視覚、運動感覚

レッスン２　単語の綴りを学ぶ

指導対象の語彙：bed、table、chair、door、window の５つの単語の綴り字

準備：壁に貼れるような５つの単語の綴りを書いた５枚の大きな用紙、教師が手にして生徒に示すための単語の綴りが書いてある小さめの５枚の用紙、絵だけを描いた小さめの５枚の用紙、絵と綴りを書いた小さめの５枚の用紙、シャレードゲームのための単語の綴りを書いた５枚のカード、個々の生徒用の文字カード、ペアに一セットずつの封筒に入れた５枚の絵

指導手順	ねらい	感覚チャネル
１．最初に絵を提示し、絵の単語を生徒に発音させることで、前のレッスンで指導した単語の復習からレッスンを開始する。	復習	聴覚と視覚
２．最初の単語の絵をその綴り字と一緒に示す。子音と母音に色付けをし、難しいと思われる音を強調する。 （例）Door 単語を言い、生徒に教師の後につけて反復させる。単語を音に分けて、教師の後につけて音ごとに反復させる。 （例）[d][o:][r] "oo" のような文字の発音のように必要であれば音と文字との対応について説明する。壁に単語の綴り字を貼る。	単語の綴り字を提示する、音と文字との対応関係について明確な説明をする	聴覚と視覚
３．単語を作るために生徒に文字カードを準備するように指示し、次に空中か机の上でその単語を指でなぞるように言う。	単語の綴り字を練習する	運動感覚、視覚
４．単語を綴る上での困難点を強調した絵を準備するように指示する（図7-2参照）。さらに二つの単語で同じ手順を繰り返す。	単語の綴り字を練習する	視覚、運動感覚

5．三つの単語の綴り字を一旦教えたら、物の中から一つを示して、壁にある単語の綴り字を指さすように指示する。次に絵を再び提示し、絵の単語を完成するように文字カードを並べるように言う。	単語の綴り字を練習する	視覚、運動感覚
6．残りの2単語でステップ2～4を繰り返し、ステップ5で全ての単語を復習する。	単語の綴り字を段階的に提示し、練習する	聴覚、視覚、運動感覚
7．単語競争：レッスン1と同じゲームをする。但し生徒に物を描いた絵を示して生徒は壁に貼ってあるその単語の綴り字まで走っていかなければならない。	綴りと意味との関連付けを練習する	視覚、運動感覚
8．シャレード：これは前のレッスンと同じゲームであるが、生徒は物の絵を手にする代わりに単語の綴り字が書いてあるカードを受け取る。	綴りと意味との関連付けを練習する	視覚、運動感覚
9．ペアディクテーション：ペアに5枚の小さな絵が入った封筒を配付する。生徒の一人が封筒から一枚ずつ絵を取り出して、ペアの相手に絵を示し、相手は文字カードを使ってその単語を作る。文字カードを使って単語を書く機会をペアの両方の生徒が持てるように役割を交代する。	綴りと意味との関連付けを練習する	視覚、聴覚、運動感覚
10．復習と単語の記録作成：5単語全てを作るように文字カードを並びかえるように生徒に指示する。単語の綴り字を生徒に示し、次に間違いを見つけるように生徒に言い、さらに机間巡視をして生徒全員が正しく並べていることを確認する。生徒に空中か机上で単語の綴りをなぞるように言い、次にノートに単語を書き写し、単語の横に絵を描かせる。色をつけたり、絵に綴る際のヒントを加えるように促す（一例として図7-2を参照）。机間巡視を行い、全員が正しく綴り字を書いているかをチェックする。	復習	聴覚、視覚、運動感覚

補遺4

初級レベルの文法レッスン例

文法構造：be動詞を使って yes-no 疑問文を作る

準備：異なった6人を描いた絵（年とった、若い、悲しそうな、幸せな、背の高い、背の低い）、語句単位に分けてこの6人を説明している6つの色付きの文、封筒に入れたマッチングゲーム用の文構成のパーツ、封筒に入れた個人練習用の文構成のパーツ、「私は誰でしょう？」というゲームで生徒に配付するコピーした絵の用紙、生徒個々への手紙の枠組み

レッスン

指導手順	ねらい	感覚チャネル
1．人が描かれた絵を一枚ずつ提示し、平叙文を発話させる（例「彼は幸せである」「彼らは年とっている」等）。人々を説明している色付きの文を黒板に貼る。	平叙文の復習、タスクのためのインプットを提供	視覚、聴覚
2．疑問文であるということを生徒が気づくように、イントネーションを強調して、絵の中の一人の人について質問する（例「彼は悲しいのですか？」）。生徒から yes か no の答えを引き出す。全ての絵についてこの手順を繰り返す。生徒に疑問文を作るためには黒板の色付きの文をどう並べたら良いかを述べるように促す。	疑問文を提示して、疑問文の作り方に対するルールを導き出す。	視覚、聴覚
3．マッチングゲーム：3人一組のグループにする。三つの構成要素に分けた異なる文の入った封筒を配付する（例：[He]|is|[old]）。平叙文が出来上がるように生徒に順に列になるように指示する。それぞれのグループが自分達の文を言う。次に、列の順番を入れ替えて疑問文を作るように指示し、続いてクラス全員にその疑問文を伝えるように言う。	平叙文を作り、yes-no 疑問文を問う練習をする	視覚、聴覚、運動感覚
4．個人練習：構成要素別に分けてある3、4の文が入った封筒を一人ずつ渡す（例：それぞれの封筒に HE、SHE、THEY、IS、IS、ARE、OLD、YOUNG、SAD が入れてあり）、適切な順番にカードを並びかえて疑問文を作るように生徒に指示する。	疑問文作りを練習する	視覚、聴覚、運動感覚
5．「誰でしょうか」ゲーム：少なくとも6名の人物の絵があるコピー用紙を配付する。ペアにする。ペアの一人がペアの相手に自分がどの人物を選んだかは伝えずに、一枚の絵を選ぶ。ペアの相手は yes/no 疑問文で質問して相手の考えている人物が誰であるかをあてる。役割を交代して、ゲームを繰り返す。	疑問文作りと単純な疑問文に答える練習	視覚、聴覚

6．手紙を書く：手紙の枠組み（下を参照）を配付し、友達の一人に手紙を書くように指示する。その手紙では年齢や興味に応じて新しい車、玩具、ゲームなどについて尋ねるように言う。手紙の枠組みに使われている単語で生徒が知らないと思われる単語を説明し、（黒板、オーバヘッドプロジェクター、コンピュータスクリーンに）例を示しながら手紙の中の空白部分をどのように埋めていくかを示す。生徒が手紙を書いている間は、モデルの例を見ることができるように掲示したままにしておく。準備ができたら、パートナーの生徒をつけ、手紙を交換して読むように指示する。返事の手紙の型を配付して、手紙の返事の書き方を示す。受け取った手紙に返事を書くように言う。	疑問文作り、疑問文に答え、簡単な手紙を書く練習	視覚、聴覚

手紙の枠組み 1

　……様

　新しい……があるって本当ですか？詳しく教えてください。

・Is it……?

・Is……?

・

・

返事を待っています。

では、また。

手紙の枠組み 2

　　……様

お手紙ありがとう。はい、私は新しい……を手に入れています。

私の新しい……は……　　　It is……

近いうちにそれを見せてあげたいな。

では、また。

補遺 5

リーディングレッスンの例
目的：物語を理解すること
準備物：単語マッチングタスクとリーディング用のテキストのコピー
レッスン

1. プレ・リーディング活動　生徒に自分について信じがたい三つのことを考える
   ように指示する。あるいは、ポップスターについての三つの噂話や科学に関連し
   た三つについて考えるように指示してもよい。三つのうち二つは本当の内容で残り、
   一つは嘘とする。順番に生徒は考えた文を言い、残りの生徒は本当ではない文は
   どれかをあてる。教師が今からある物語を読むことを伝える。その物語では王女
   と結婚できるためには信じがたいことを誰かが言わなければならないのである。

2. 語彙の事前指導　マッチング練習　学習者は最初に一人でタスクに取り組み、
   次に答えを確認する。単語の発音や綴りを話し合う。単語を覚える手助けとして
   色付けをしたり、視覚的なヒントを用いて単語を記録しておく。

次の単語や表現をその定義と結びつけなさい。	
A）確かに	1）王や王女に話しかける話し方
B）盲目の	2）誰かに食料を提供する
C）誰かの助けを得る	3）見ることができない
D）誰かと婚約する	4）誰かと結婚する
E）誰かを養う	5）本当に
F）陛下	6）誰かに自分のために働くようにお願いする

3. 1回目のリーディング　以下の質問に答えを見つけるように言う（書くことに困
   難がある場合は、答えを書きだすことは求めないこと）

   a）この物語の登場人物は誰か
   b）若者は王妃とどうやって結婚できるだろうか
   c）王子が信じられないことは何か？　またなぜ信じられないのか

   読んだ後は、クラス全体でこの三つの質問を話し合う。

4. 2回目のリーディング　テキストの中で信じられない内容を含んでいる文に下線
   を引かせ、ペアでその内容がなぜ本当ではありえないのかを議論する。

5. リーディングの後　（より上級クラスで、こうした活動に馴染みのある生徒）ロー
   ルプレイのタスク。3人一組のグループに分け、それぞれの生徒に（ナレーター、王、
   ジョン）ある役割を与える。数回自分の担当する部分を何度か読むように指示す
   る。次に物語を劇化するように言う。最初は、テキストを見てもよいことにするが、
   2回目からは記憶に基づくように促す。ただし、物語で使われている正確な単語
   を使うことを要求しない。

物語の変更：小グループかペアに分け、「豚のお話」という物語を自分たちで選んだ
物語と換える。一番信じられない物語に対してご褒美を計画する（例：シール）。生
徒は自分たちの考えを話し合って、クラス全体に物語を提示する。生徒たちはどの

話が一番信じられないお話か、どのグループがご褒美に値するかを投票する。適切な書く力を生徒が身につけていれば、宿題として物語を書いてくるように指示できる。もしそうでないようなら、この活動に対しては書くことは使わない。

<物語>本当ではない

　昔とても美しいハンガリー人の王女がいました。ある日王女は父、つまり王様に信じられないような物語を話すことのできる男性とだけ結婚すると発表しました。多くの王子と騎士たちが自分の物語で王女を手に入れようと試みましたが、皆失敗に終わりました。ある日、ジョンという一人の貧しい若者がこのことを耳にして、王様の宮殿にやってきました。

　王様は若者が望んでいるものが何かをよくわかっており、物語を語るように言いました。若者は言いました。

　「私の父は豚を飼っています。陛下、素晴らしい豚なのです。その豚は父、母、7人の姉妹、私の家族を20年にわたって養ってくれているのです」

　「なるほど！」王様は言いました。

　「豚はどんな牛も叶わないぐらい毎朝多くの乳を私たちに与えてくれます」

　「なるほど！」王様は言いました。

　「はい、陛下。それに朝食用にたくさんの卵も産んでくれます」

　「なるほど！」王様は言いました。

　「さらに毎日母が豚の脇腹から美味しいベーコンを一枚切るのですが、毎晩また切ったところが増えていくのです」

　「しかし、近頃豚は母が脇腹からベーコンを切るのを嫌がるのです。それに目もかなり見えにくくなってきており、どこに向かっているのかが分からないようです」

　「では、誰かに豚を導いてやらせればよいではないか」。王様は言いました。

　「はい、陛下、そのようなわけで、たった今父は豚を世話するために王様のお父様を雇ったのです」

　「そんなことがあるもんか」。王様は叫びました。そして突然、王様は娘の約束を思い出しました。それで、王様は王女がジョンと結婚することを認めざるを得なかったのです。

補遺6

依頼に対するスピーキングの授業の枠組み例
目的：依頼したり、依頼に応える指導と練習
準備：母語話者が依頼したり、依頼に応えている録音、タスクシート
レッスン

1. リスニング活動　生徒は母語話者が依頼したり、それに応えている短い音声録音を聞く。最初のリスニングにおけるタスクは、依頼は何か、依頼は応じられるかどうかを見つけることである。答えを引き出し、対話の主要な内容を理解したかどうかを確認する。生徒と一緒に下の表の最初の二つの欄をホワイトボードに示して埋めていく。二回目のリスニングで、生徒は依頼したり、依頼に応える上で使われる表現に注意させる。生徒と一緒に下表の残り二つの欄を埋める。多様な表現がどのように使われているかを説明する。

何が頼まれているか？	頼まれたことをその人は手にするか？	依頼をするのにどんな表現が使われているか？	依頼に応えるのにどのような表現が使われているか？

2. 演示　教師が、この授業に出かける前に急いでいたことを生徒に伝え、生徒からいくつか物を借りる必要がある状況を作る。クラスの前で対話を演じるだけの十分な自信があると思われる生徒を1名選ぶ。その生徒が教師にペン、消しゴム、教師が持っていない物（黄色の鉛筆）を貸してくれるかどうか尋ねる。対話を実演する。

3. 練習タスク　生徒をペアにし、学習したばかりの表現を使って、依頼したり、依頼に応える必要のある役割演技を今から演じることを説明する。タスクシートの1を配付する。生徒のレベルがまだ十分ではない場合や、タスクの指示を理解したり、何を言うかを考えるのが難しいと判断すれば、二人の生徒をA役に、二人の生徒をB役にしてペアを組ませてもよい。そうすれば、タスクを行う前にタスクは何か、何を言うかをペアで話し合うことができる。タスクを遂行するように生徒に言う。役割を交代して、タスク2を行う。生徒がタスクを行っている間、机間巡視を行い、必要であれば支援を行う。また、生徒がどんな言語形式を正しく使っているか、共通の問題は何かなどを観察する。最後にボランティアを募るか、ペアを指名してクラスの前でタスクを演示させる。

タスク1
生徒A
あなたは家族に夕食を作ろうと思っていますが、作ろうとしている料理の食材のいくつかがないことに気づきました。隣の人に助けてもらえないかどうかを聞きます。以下の品物が必要です。
卵2個
トマト3個
人参1本
生徒B
隣の人が夕食を作るのに必要な品を貸してくれないかとやってきました。喜んで依頼に応じようと思いますが、冷蔵庫には以下のものしかありません。
卵3個
オレンジジュース1本
牛乳1本
トマト2個

補　遺

4．フィードバックと復習　依頼を行ったり、依頼に応える言語的な表現をどの程
　度上手に身につけたかについて生徒にフィードバックを与える。生徒が上手に使っ
　た表現を強調し、典型的な間違いについて話し合う。

文 献

Addy, L.M. (2003). *How to Understand and Support Children with Dyspraxia*. Wisbech: Learning Development Aids.

Adlard, A. & Hazan, V. (1997). Speech perception in children with specific reading difficulties (dyslexia). *Quarterly Journal of Experimental Psychology*, 51, 152–177.

Aitchison, J. (1987). *Words in the Mind*. Oxford: Blackwell.

Alderson J.C., Clapham, C. & Wall, D. (1995). *Language Test Construction and Evaluation*. Cambridge: Cambridge University Press.

Alderson, J.C. & Wall, D. (1993). Does Washback Exist? *Applied Linguistics*, 14, 115–129.

Allan, J. (1999). *Actively Seeking Inclusion: Pupils with special needs in 'mainstream' schools*. London: Falmer Press.

American Educational Research Association, American Psychological Association, National Council for Measurement in Education (1999). *Standards for Educational and Psychological Testing*. Washington, DC: Author.

American Psychiatric Association (1994). *Diagnostic and Statistical Manual of Mental Disorders* (4th ed.). Washington, DC: Author.

American Psychiatric Association (2000). *Diagnostic and Statistical Manual of Mental Disorders* (4th ed. revised). Washington, DC: Author.

Anastopoulos, A.D., Rhoads, L.H. & Farley, S.E. (2006). Counselling and training parents. In R.A. Barkley (ed.), *Attention-Deficit Hyperactivity Disorder* (pp. 453–479). New York: Guilford Press.

Anderson, J.R. (1983). *The Architecture of Cognition*. Cambridge, MA: Harvard University Press.

Anderson, J.R. (1995). *Learning and Memory: An Integrated Approach*. New York: Wiley.

Attwood, T. (1998). *Asperger's Syndrome: A Guide for Parents and Professionals*. London: Jessica Kingsley Publishers.

Augur, J. (1985). Guidelines for teachers, parents and learners. In M. J.Snowling (ed.), *Children's Written Language Difficulties* (pp. 147–162). Philadelphia: NFER-Nelson.

Ayres, A.J. (1972). *Sensory Integration and Learning Disorders*. Los Angeles: Western Psychological Services.

Bachman, L. & Palmer, A. (1996). *Language Testing in Practice*. Oxford: Oxford

University Press.

Baddeley, A.D. (1986). *Working Memory*. Oxford: Oxford University Press.

Baddeley, A.D. (2003). Working memory: looking back and looking forward. *Nature Reviews Neuroscience*, 4, 829–839.

Baddeley, A.D. & Hitch, G.J. (1974). Working memory. In G. Bower (ed.), *The Psychology of Learning and Motivation, Vol. 8*, (pp. 47–90). New York: Academic Press.

Baird, G., Simonoff, E., Pickles, A., Chandler, S., Loucas, T., Meldrum, D. & Charman, T. (2006). Prevalence of disorders of the autism spectrum in a population cohort of children in South Thames: the Special Needs and Autism Project (SNAP). *Lancet*, 368 (9531), 210–5. 204 Teaching Languages to Students with Specific Learning Differences.

Bajko, A. & Kontra, E. (2008). Deaf EFL Learners Outside the School System. In J. Kormos & E. Kontra (eds.), *Language Learners with Special Needs: An International Perspective* (pp. 158–188). Bristol: Multilingual Matters.

Bandura, A. (1986). *Social Foundations of Thought and Action: A Social Cognitive Theory*. Englewood Cliffs, NJ: Prentice-Hall.

Barkley, R.A. (1987). The assessment of Attention Deficit Hyperactivity Disorders. *Behavioral Assessment*, 5, 207–233.

Barkley, R.A. (1997). Inhibition, sustained attention, and executive functions: Constructing a unifying theory of ADHD. *Psychological Bulletin*, 121, 65–94.

Barkley, R.A. (2000). *Taking Charge of ADHD. Revised Edition: The Complete, Authoritative Guide for Parents*. New York: Guilford Press.

Barkley, R.A. (2006). *Attention-Deficit Hyperactivity Disorder*. New York:Guilford Press.

Barkley, R.A., DuPaul, G.J. & McMurray, M.B. (1990). A comprehensive evaluation of attention deficit disorder with and without hyperactivity as defined by research criteria. *Journal of Consulting and Clinical Psychology*, 58, 775–789.

Barkley, R.A., Fischer, M., Edelbrock, C.S. & Smallish, L. (1991). The adolescent outcome of hyperactive children diagnosed by research criteria, III: Mother-child interactions, family conflicts, and maternal psychopathology. *Journal of Child Psychology and Psychiatry*, 32, 233–256.

Baron-Cohen, S. (2008). *Autism and Asperger Syndrome*. Oxford: Oxford University Press.

Barton, L. (1997). Taking Sides. In L. Barton & M. Oliver (eds.), *Disability Studies:*

Past, Present and Future (pp. 138–159). Leeds: The Disability Press.

Barton, L. (2003). *Inclusive Education and Teacher Education: A Basis for Hope or a Discourse of Delusion?* London: Institute of Education.

Barton, L. & Tomlinson, S. (1984). The Politics of Integration in England. In L. Barton & S. Tomlinson (eds.) *Special Education and Special Interests* (pp. 65–80). London: Croom Helm.

Becker, H. (1963). *Outsiders: Studies in the Sociology of Deviance*. London: Free Press of Glencoe.

Beresford, D. (2005). 'Service User': regressive or liberatory terminology? *Disability and Society*, 20, 469–477.

Berninger, V. (2000). Development of language by hand and its connections to language by ear, mouth, and eye. *Topics in Language Disorders*, 20, 65–84.

Berninger, V.W., Abbott, R.D., Abbott, S.P., Graham, S. & Richards, T. (2002). Writing and reading: Connections between language by hand and language by eye. *Journal of Learning Disabilities. Special Issue: The Language of Written Language*, 35, 39–56.

Berninger, V.W., Abbott, R.D., Jones, J., Wolf, B. J., Gould, L., Anderson-Youngstrom, M., & Apel, K. (2006). Early development of language by hand: Composing, reading, listening, and speaking connections; three letter-writing modes; and fast mapping in spelling. *Developmental Neuropsychology*, 29(1), 61-92.

Biederman, J., Faraone, S.V., Mick, E., Spencer, T., Wilens, T., Kiely, K. *et al.* (1995). High risk for attention deficit hyperactivity disorder among children of parents with childhood onset of the disorder: A pilot study. *American Journal of Psychiatry*, 152, 431–435.

Bishop, D.V.M. & Adams, C. (1990). A prospective study of the relationship between specific language impairment, phonological disorders and reading retardation. *Journal of Child Psychology and Psychiatry*, 31, 1027–1050.

Bogdashina, O. (2003). *Sensory Perceptual Issues in Autism and Asperger Syndrome: Different Sensory Experiences –Different Perceptual Worlds*. London: Jessica Kingsley Publishers.

Bolt, D. (2005). From Blindness to Visual Impairment: Terminological Typology and the Social Model of Disability. *Disability and Society*, 20, 539–552.

Bolt, S.E. & Thurlow, M.L. (2004). Five of the most frequently allowed testing accommodations in state policy. *Remedial and Special Education*, 25, 141–152.

Boon, M. (2000). *Helping Children with Dyspraxia*. London: Jessica Kingsley

文　献

Publishers.

Booth, T., Ainscow, M., Black-Hawkins, K., Vaughan, M. & Shaw, L. (eds.) (2000). *Index forInclusion: Developing Learning and Participation in Schools*. Bristol: Bristol Centre for Studies on Inclusive Education.

Booth, T., Swann, W., Masterton, M. & Potts, P. (eds.) (1992). *Curricula for Diversity in Education*. London: Routledge.

Bowers, P.G. & Swanson, L.B. (1991). Naming speed deficit in reading disability: Multiple measures of a singular process. *Journal of Experimental Child Psychology*, 51, 195–219.

Bradley, J., Dee, L. & Wilenius, F. (1994). *Students with Disabilities and/or Learning Difficulties in FE: a review of research*. London: National Foundation for Educational Research. Accessed 5 September 2000. www.nfer.ac.uk/summary/staying.htm

Brown, H.D. (2004). *Language Assessment: Principles and Classroom Practices*. London: Longman.

Burden, R.L. & Burdett, J.G.W. (2005). Factors associated with successful learning in pupils with dyslexia: a motivational analysis. *British Journal of Special Education*, 32, 100–104.

Burgoine, E. & Wing, L. (1983). Identical triplets with Asperger's syndrome. *British Journal of Psychiatry*, 143, 261–265.

Bynner, J. & Parsons, S. (1997). *Does Numeracy Matter?* London: The Basic Skills Agency.

Camara, W., Copeland, T. & Rothchild, B. (1998). *Effects of extended time on the SAT I: Reasoning Test: Score growth for students with learning disabilities*. College Board Research Report 98–7, New York, NY: The College Board.

Canale, M. & Swain, M. (1980). Theoretical bases of communicative approaches to second language teaching and testing. *Applied Linguistics*, 1, 1–47.

Carroll, J. (1981). Twenty-five years of research on foreign language aptitude. In K. Diller (ed.), *Individual Differences in Language Learning Aptitude* (pp. 113–135). Rowley, Mass.: Newbury House.

Carroll, J. & Sapon, S. (1959). *Modern Language Aptitude Test (MLAT): Manual*. San Antonio, TX: Psychological Corp.

Chamot, A. (1987). Learning strategies of ESL students. In A. Wenden & J. Rubin (eds.), *Learner Strategies in Language Learning* (pp. 71–83). Englewood Cliffs, N. J.: Prentice Hall.

Chanock, K. (2007). How do we not communicate about dyslexia? –The discourses that distance scientists, disabilities staff, ALL advisers, students, and lecturers from one another. *Journal of Academic Language & Learning*, 1, 33–43.

Chinn S.J., McDonnagh, D., van Elswijk, R., Harmsen, H., Kay, J., McPhillips, T., Power, A. & Skidmore, L. (2001). Classroom studies into cognitive style in mathematics for pupils with dyslexia in special education in the Netherlands, Ireland and the UK. *British Journal of Special Education*, 28, 80–85.

Chow, B.W.Y., McBride-Chang, C., & Burgess, S. (2005). Phonological processing skills and early reading abilities in Hong Kong Chinese kindergarteners learning to read English as a second language. *Journal of Educational Psychology*, 97(1), 81-87.

Clough, P. & Corbett, J. (eds.) (2000). *Theories of Inclusive Education: A Student's Guide*. London: Sage Publications.

Combley, M. (1977) (ed.). *The Hickey Multisensory Language Course*. London: Whurr.

Connor, D.C. (2006). Stimulants. In R.A. Barkley (ed.), *Attention-Deficit Hyperactivity Disorder: A Handbook for Diagnosis and Treatment* (pp. 608–647). New York: Guilford.

Corbett, J. (1996). *Badmouthing: the Language of Special Needs*. London: Falmer Press.

Cottrell, S. (2001). *Teaching Study Skills and Supporting Learning*. Basingstoke: Palgrave Macmillan.

Council of Europe (2001). *Common European Framework of Reference for Languages: Learning, Teaching, Assessment*. Cambridge: Cambridge University Press.

Cowan, N. (1999). An embedded process model of working memory. In A. Miyake & P. Shah (eds.), *Models of Working Memory* (pp. 62–101). Cambridge: Cambridge University Press.

Craik, F. (2002). Levels of processing: Past, present . . . and future? *Memory*, 10, 305–318.

Crombie, M. (2000). Dyslexia and the learning of a foreign language in school: Where are we going? *Dyslexia*, 6, 112–123.

Csizér, K., Kormos, J. & Sarkadi, Á. (2010). The dynamics of language learning attitudes and motivation: lessons from an interview study with dyslexic language learners. *Modern Language Journal*, 97, 470–487.

文　献

Dehaene, S., Piazza, M., Pinel, P. & Cohen, L. (2003). Three parietal circuits for number processing. *Cognitive Neuropsychology*, 20, 487–506.

Denckla, M.B., & Rudel, R.G. (1976). Naming of objects by dyslexicand other learning- disabled children. *Brain and Language*, 3, 1–15.

Department for Education and Science (DES) (1981). *Education Act*. London: HMSO.

Department of Education and Science (2001). *Guidance to Support Pupils with Dyslexia and Dyscalculia*. (No. DfES 0512/2001) London: HMSO.

Department for Education and Skills (DfES) (2001). Special Educational Needs (SEN) Code of Practice. London: the Stationery Office.

Department of Trade and Industry (DTI) (1995). Disability Discrimination Act. London: HMSO.

Deponio, P., Landon, J. & Reid, G. (2000). Dyslexia and bilingualism - implications for assessment, teaching and learning. In L. Peer & G. Reid (eds.), *Multilingualism, Literacy and Dyslexia. A challenge for educators* (pp.52–60). London: David Fulton.

Dixon, G. & Addy, L.M. (2004). *Making Inclusion Work for Children with Dyspraxia: Practical Strategies for Teachers*. London: Routledge.

Dowman, M. (2007). Explaining Color Term Typology With an Evolutionary Model. *Cognitive Science*, 31, 99–132.

Downey, D., Snyder, L. & Hill, B. (2000). College students with dyslexia: Persistent linguistic deficits and foreign language learning. *Dyslexia*, 6, 101–111.

Dörnyei, Z. (2001). *Teaching and Researching Motivation*. London: Longman.

Dörnyei, Z. (2005). *The Psychology of the Language Learner: Individual Differences in Second Language Acquisition*. Mahwah, NJ: Lawrence Erlbaum.

Dunn, R.J., Beaudry, S. & Klavas, A. (1989). Survey of Research on Learning Styles. *Educational Leadership*, 46 (6), 50–58.

Dyson, A. (2001). Special needs in the twenty-first century: where we've been and where we're going. *British Journal of Special Education*, 28, 24–29.

Ehlers, S. and Gillberg, C. (1993). The epidemiology of Asperger's syndrome. A total population study. *Journal of Child Psychology and Psychiatry*, 34, 1327–1350.

Ehrman, M.E. & Oxford, R.L. (1995). Cognition plus: Correlates of language learning success. *Modern Language Journal*, 79, 67–89.

Elliott, S.N., Kratochwill, T.R. & McKevitt, B.C. (2001). Experimental analysis of the effects of testing accommodations on the scores of students with and without disabilities. *Journal of School Psychology*, 39, 3–24.

Elliott, T. & Wilson, C. (2008). The perceptions of students with hidden disabilities of their experience during transition to higher education. *Aim Higher: East of England Research Report*. Accessed 23 July 2010. http://www.impact-associates.co.uk/docs/transition_to_he-feb08.pdf

Ellis, A.W. (1993). *Reading, Writing and Dyslexia: A Cognitive analysis* (2nd edition). Hove: Lawrence Erlbaum Associates Ltd.

Ellis, N.C. (1996). Sequencing in SLA: Phonological memory, chunking, and points of order. *Studies in Second Language Acquisition*, 18, 91–126.

ELT well (2011). Cognitive Assessments for Multilingual Learners. Available from www.ELTwell.co.uk

Engle, R.W., Kane, M.J. & Tuholski, S.W. (1999). Individual differences in working memory capacity and what they tell us about controlled attention, general fluid intelligence, and functions of the prefrontal cortex. In A. Miyake & P. Shah (eds.) *Models of Working Memory* (pp. 102–134). Cambridge: Cambridge University Press.

Evangelou, M., Taggart, B., Sylva, K., Melhuish, E., Sammons, P. & Siraj-Blatchford, I. (2008). *What makes a successful transition from primary to secondary school?* London: University of London Institute of Education/ Department for Children, Schools and Families. Accessed 27 October 2011. https://www.education.gov.uk/publications//eOrderingDownload/DCSF-RR019.pdf

Everatt, J., Smythe, I., Adams, E. & Ocampo, D. (2000). Dyslexia Screening Measures and Bilingualism. *Dyslexia*, 6, 42–56.

Eysenck, M.W. & Calvo, M.G. (1992). Anxiety and performance: The processing efficiency theory. *Cognition and Emotion*, 6, 409–434.

Fairclough, N. & Wodak, R. (1997). Critical Discourse Analysis. In van Dijk, T. (ed.), *Discourse as Social Interaction* (pp. 258–84). London: Sage.

Faraone S.V., Sergeant J., Gillberg, C. & Biederman, J. (2003). The worldwide prevalence of ADHD: Is it an American condition? *World Psychiatry*, 2, 104–113.

Farrell, P. (2001). Special Education in the last twenty years: have things really got better? *British Journal of Special Education*, 28, 3–9.

Feuerstein, R. (1980). *Instrumental Enrichment*. Baltimore, MD: University Park Press.

Fletcher, J.M., Lyon, G.R., Fuchs, L.S. & Barnes, M.A. (2007). *Learning Disabilities: From Identification to Intervention*. New York: Guilford.

Fletcher, J.M., Morris, R.D. & Lyon, G.R. (2004). Classification and definition of

文 献

learning disabilities: An integrative perspective. In H.L. Swanson, K.R. Harris & S. Graham (eds.), *Handbook of Learning Disabilities* (pp. 30–56). New York: Guilford.

Florian, L., Rouse, M., Black-Hawkins, K. & Jull, S. (2004). What can national data sets tell us about inclusion and pupil achievement? *British Journal of Special Education*, 31, 115–121.

Frederikson, N. & Cline, T. (2002). *Special Educational Needs, Inclusion and Diversity*. Oxford: Oxford University Press.

Frick, P.J., Kamphaus, R.W., Lahey, B.B., Loeber, R., Christ, M., Hart, E. & Tannenbaum, L.E. (1991). Academic underachievement and the disruptive behavior disorder. *Journal of Consulting and Clinical Psychology*, 59, 289–294.

Frith, U. (1986). Beneath the surface of developmental dyslexia. In K. Patterson, M. Coltheart & J. Marshall (eds.), *Surface Dyslexia: Neuropsychological and Cognitive Studies of Phonological Reading* (pp. 301–330). Mahwah, NJ: Lawrence Erlbaum.

Frith, U. (1999). Paradoxes in the definition of dyslexia. *Dyslexia*, 5, 192–214.

Frith, U. & Frith, C.D. (1980). Relationships between reading and spelling. In J.F. Kavanagh & R.L. Venezky (eds.), *Orthography, Reading and Dyslexia*. Baltimore, MD: University Park Press.

Frost, R. (1998). Toward a strong phonological theory of visual word recognition: True issues and false trails. *Psychological Bulletin*, 123, 71–99.

Fuchs, L.S. & Fuchs, D. (1998). Treatment validity: A simplifying concept for reconceptualizing the identification of learning disabilities. *Learning Disabilities: Research and Practice*, 4, 204–219.

Fuller, M., Healy, M., Bradley, A. & Hall, T. (2004). Barriers to learning: a systematic study of the experience of disabled students in one university. *Studies in Higher Education*, 29 (3), 303–318.

Ganschow, L., Sparks, R.L. & Javorsky, J. (1998). Foreign language learning difficulties: An historical perspective. *Journal of Learning Disabilities*, 31, 248–258.

Gathercole, S.E. (1999). Cognitive approaches to the development of short-term memory. *Trends in Cognitive Sciences*, 3, 410–419.

Gathercole, S.E., Hitch, G.J., Service, E. & Martin, A.J. (1997). Phonological short-term memory and new word learning in children. *Developmental Psychology*, 33, 966–979.

Gayán J. & Olson R.K. (1999). Reading disability: Evidence for a genetic etiology.

European Child and Adolescent Psychiatry, 8, 52–55.

Geary, D.C. (1990). A componential analysis of an early learning deficit in mathematics. *Journal of Experimental Child Psychology*, 49, 363–383.

Geary, D.C. (2004). Mathematics and learning disabilities. *Journal of Learning Disabilities*, 37, 4–15.

Genesee, F. & Upshur, J.A. (1996). *Classroom-Based Evaluation in Second Language Education*. Cambridge: Cambridge University Press.

Gerber, P.J., Price, L.A., Mulligan, R. & Shessel, I. (2004). Beyond Transition: A Comparison of the Employment Experiences of American and Canadian Adults with LD. *Journal of Learning Disabilities*, 37 (4), 283–291.

Gertner, B., Rice, M. & Hadley, P. (1994). The influence of communicative competence on peer preferences in a preschool classroom. *Journal of Speech and Hearing Research*, 37, 913–923.

Geva, E. (2000). Issues in the Assessment of Reading Disabilities in L2 Children—Beliefs and Research Evidence. *Dyslexia*, 6, 13–28.

Ghaziuddin, M. (2005). *Mental Health Aspects of Autism and Asperger Syndrome*. London: Jessica Kingsley Publishers.

Gillberg, C. (1989). Asperger's syndrome in 23 Swedish children. *Developmental Medicine and Child Neurology*, 31, 520–531.

Gillingham, A. & Stillman, B.W. (1960). *The Gillingham Manual: Remedial Training for Children with Specific Disability in Reading, Spelling and Penmanship*. Cambridge, MA: Educators Publishing Service.

Gilroy, D. & Miles, T. (1986). *Dyslexia at College*. London; Routledge.

Ginsburg, H.P. (1997). Mathematics learning disabilities: A view from a developmental psychology. *Journal of Learning Disabilities*, 30, 20–33.

Goffman, E. (1963). *Stigma: Notes on the Management of Spoiled Identity*. New York: Penguin Books.

Goldberg, R., Higgins, E., Raskind, M. & Herman, K. (2003). Predictors of success in individuals with learning disabilities: A qualitative analysis of a 20-year longitudinal study. *Learning Disabilities Research & Practice*, 18 (4), 222–236.

Goswami, U. & Bryant, P.E. (1990). *Phonological Skills and Learning to Read*. Hillsdale, NJ: Lawrence Erlbaum.

Grabe, W. (2009). *Reading in a Second language: Moving from Theory to Practice*. Cambridge: Cambridge University Press.

Grabe, W. & Kaplan, R.B. (1996). *Theory and Practice of Writing*. London: Longman.

文　献

Grant, D. (2005). *That's the Way I Think: Dyslexia, Dyspraxia and ADHD Explained.* London: Routledge.

Gray, P. (2001). *Developing Support for More Inclusive Schooling* (Research Brief RBX 2/01). London: DfEE.

Great Britain. Equality Act 2010: Elizabeth II. London: The Stationery Office.

Grigorenko, E.L., Sternberg, R.J. & Ehrman, M.E. (2000). A theory based approach to the measurement of foreign language learning ability: The Canal-F theory and test. *Modern Language Journal*, 84, 390–405.

Gross-Tsur, V., Manor, O. & Shalev, R.S. (1996). Developmental dyscalculia: Prevalence and demographic features. *Developmental Medicine and Child Neurology*, 38, 25–33.

Gutman, S.A. & Szczepanski, M. (2005). Adults with Attention Deficit Hyperactivity Disorder: Implications for Occupational Therapy Intervention. *Occupational Therapy in Mental Health*, 21 (2), 13–38.

Hage, P. (1999). Marking Universals and the Structure and Evolution of Kinship Terminologies: Evidence from Salish. *Journal of the Royal Anthropological Institute*, 5, 423–441.

Hale, G.A. & Lewis, M. (eds.) (1979). *Attention and the Developments of Cognitive Skills*. New York: Plenum Press.

Hallahan, D.P. & Mercer C.D. (2005). Learning Disabilities Summit: Building a Foundation for the Future White Papers. Accessed 27 October 2007. http://www. nrcld.org/resources/ldsummit/

Halliday, M.A.K. (1993). Towards a language-based theory of learning. *Linguistics and Education*, 5, 93–116.

Hamre, B. & Oyler, C. (2004). Preparing Teachers for Inclusive Classrooms. *Journal of Teacher Education*, 55, 154–163.

Hansen, E.G., Mislevy, R.J., Steinberg, L.S., Lee, M.J. & Forer, D.C. (2005). Accessibility of tests for individuals with disabilities within a validity framework. *System*, 33, 107–133.

Hasnat, M.J. & Graves, P. (2000). Disclosure of developmental disability: A study of parent satisfaction and the determinants of satisfaction. *Journal of Paediatric Child Health*, 36, 32–35.

Helland, T. & Kaasa, R. (2005). Dyslexia in English as a second language. *Dyslexia*, 11, 41–60.

Helwig, R. & Tindal, G. (2003). An experimental analysis of accommodation decisions on large-scale mathematics tests. *Exceptional Children*, 69, 211–225.

Henning, G. (1987). *A guide to Language testing: Development, Evaluation, Research.* Boston, MA: Heinle and Heinle.

Ho, C.S-H. & Fong, K.M. (2005). Do Chinese dyslexic children have difficulties learning English as a second language? *Journal of Psycholinguistic Research*, 34, 603–618.

Holec, H. (1981). *Autonomy and Foreign Language Learning*. Oxford: Pergamon.

Hollenbeck, K., Tindal, G. & Almond, P. (1998). Teachers' knowledge of accommodations as a validity issue in high-stakes testing. *Journal of Special Education*, 32, 175–183.

Hornsby, B., Shear, F. & Pool, J. (1999). *Alpha to Omega. The A-Z of Teaching Reading, Writing and Spelling*. Oxford: Heinemann Educational.

Horwitz, E.K., Horwitz, M. & Cope, J.A. (1986). Foreign language classroom anxiety. *Modern Language Journal*, 70, 125–132.

Hulstijn, J.H. (2003). Incidental and intentional learning. In C.J. Doughty & M.H. Long (eds.), *Handbook of Second Language Acquisition* (pp. 349–381). Malden, MA: Blackwell.

Hulstijn, J.H. (1997). Mnemonic methods in foreign language vocabulary learning. In J. Coady & T. Huckin (eds.), *Second Language Vocabulary Acquisition* (pp. 203–224). Cambridge: Cambridge University Press.

Hutchinson, J.M., Whitely, H.E., Smith, C.D. & Connors, L. (2004). The Early Identification of Dyslexia: Children with English as an Additional Language. *Dyslexia*, 10, 179–195.

Huws, J.C. & Jones, R.S.P. (2008). Diagnosis, disclosure, and having autism: An interpretative phenomenological analysis of the perceptions of young people with autism. *Journal of Intellectual and Developmental Disability*, 33, 99–107.

International Dyslexia Association (2002). *Definition of Dyslexia (fact sheet)*. Baltimore, MD: International Dyslexia Association.

Jeffries, S. & Everatt, J. (2004). Working memory: Its role in dyslexia and other specific learning difficulties. *Dyslexia*, 10, 196–214.

Joanisse, M.F., Manis, F.R., Keating, P. & Seidenberg, M.S. (2000). Language deficits in dyslexic children: speech perception, phonology and morphology. *Journal of Experimental Child Psychology*, 77, 30–60.

Joffe, L. (1990). The mathematical aspects of dyslexia: a recap of general issues and some implications from teaching. *Links*, 15, 7–10.

文　献

Johnston, J. (1991). Questions about cognition in children with specific language impairment. In J. Miller (ed.), *Research on Child Language Disorders* (pp. 299–307). Austin, TX: Pro-Ed.

Kamhi, A.G. & Catts, H.W. (1986). Toward an understanding of developmental language and reading disorders. *Journal of Speech and Hearing Disorders*, 51, 337–347.

Kintsch, W. (1998). *Comprehension: A Paradigm for Cognition*. Cambridge, UK: Cambridge University Press.

Kirby, A. & Kaplan, B.J. (2003). *Specific learning Difficulties*. Oxford: Health Press.

Klein, C. (1993). *Diagnosing Dyslexia*. London: ALBSU.

Kormos, J. (2006). *Speech production and L2 acquisition*. Mahwah, N.J.: Lawrence Erlbaum.

Kormos, J. & Csizér, K. (2010). A comparison of the foreign language learning motivation of Hungarian dyslexic and non-dyslexic students. *International Journal of Applied Linguistics*, 20, 232–250.

Kormos, J., Csizér, K. & Sarkadi, Á. (2009). The language learning experiences of students with dyslexia: lessons from an interview study. *Innovation in Language Learning and Teaching*, 3, 115–130.

Kormos J. & Kontra, H.E. (2008). Hungarian teachers' perceptions of dyslexic language learners. In J. Kormos and E.H Kontra (eds.), *Language Learners with Special needs: An International Perspective* (pp. 189–213). Bristol: Multilingual Matters.

Kormos J. & Kontra, H.E. (2009). Módszerek és ajánlások a diszlexiás nyelvtanulók eredményes tanításához [Methods and recommendations in teaching language learners with dyslexia]. *Új Pedagógiai Szemle*, 58, 14–30.

Kormos, J. and Mikó, A. (2010). Diszlexia és az idegen-nyelvtanulás folyamata [Dyslexia and the process of second language acquisition]. In J. Kormos & K. Csizér (eds.), *Rész-képességzavarok és idegen nyelvtanulás*. [Learning Disabilities and Foreign Language Acquisition] (pp. 49–76). Budapest: Eötvös Kiado.

Kormos, J., Orosz, V. & Szatzker, O. (2010). Megfigyelesek a diszlexias nyelvtanulók idegennyelv tanulásarol: A terepmunka tanulságai. [Observations on teaching foreign languages to dyslexic students: Lessons from a field-study]. In J. Kormos & K. Csizér (eds.), *Rész-képességzavarok és idegen nyelvtanulás*. [Learning Disabilities and Foreign Language Acquisition]. (pp. 185–211). Budapest: Eötvös Kiadó.

Kormos, J. & Sáfár, A. (2008). Phonological short-termmemory, working memory and foreign language performance in intensive language learning. *Bilingualism: Language and Cognition*, 11, 261–271.

Kormos, J., Sarkadi, Á. & Kálmos, B. (2010). Részképesség-zavarok és nyelvvizsgáztatás. [Specific learning difficulties and language testing]. In J. Kormos & K. Csizér (eds.), *Rész-képességzavarok és idegen nyelvtanulás*. [Learning Disabilities and Foreign Language Acquisition]. (pp. 77–96). Budapest: Eötvös Kiadó.

Kosc, L. (1974). Developmental dyscalculia. *Journal of Learning Disabilities*, 7, 159–62.

Kunnan, A.J. (2000). Fairness and justice for all. In A.J. Kunnan (ed.), *Fairness and Validation in Language Assessment* (pp. 1–13). Cambridge, UK: Cambridge University Press.

Lam, M.S. & Pollard, A. (2006). A conceptual framework for understanding children as agents in the transition from home to kindergarten. *Early Years*, 26 (2), 123–141.

Leonard, L.B. (1998). *Children with Specific Language Impairment*. Cambridge, MA: MIT Press.

Levelt, W. J. M. (1989). *Speaking: From intention to articulation*. Cambridge, MA: MIT Press.

Lewis, M.E.B. (1993). *Thematic Methods and Strategies in Learning Disabilities*. San Diego: Singular Publishing Group.

Limbos, M.M. & Geva, E. (2001). Accuracy of teacher assessments of second-language students at risk for reading disability. *Journal of Learning Disabilities*, 34 (2), 136–151.

Lindsay, G. (2003). Inclusive Education: a critical perspective. *British Journal of Special Education*, 30 (1), 3–11.

Lingsom, S. (2008). Invisible Impairments: Dilemmas of Concealment and Disclosure. *Scandinavian Journal of Disability Research*, 10 (1), 2–16.

Livingstone, M.S., Rosen, G.D., Drislane, F.W. & Galaburda, A.M. (1991). Physiological and anatomical evidence for the magnucellular deficit in developmental dyslexia. *Proceedings of the National Academy of Sciences of the United States of America*, 88, 7943–7947.

Logan, G.D. (1988). Toward an instance theory of automatisation. *Psychological Review*, 95, 492–527.

Lovett, M.W., Steinbach, K.A. & Frijters, J.C. (2000). Remediating the core deficits of

文 献

developmental reading disability: A double-deficit perspective. *Journal of Learning Disabilities*, 33, 334–358.

Lucey, H. & Reay, D. (2000). Identities in Transition: anxiety and excitement in the move to secondary school. *Oxford Review of Education*, 26 (2), 191–205.

Lundberg, I. & Hoien, T. (2001). Dyslexia and phonology. In A.J. Fawcett (ed.) *Dyslexia: Theory and Good Practice* (pp. 109–140). London: Whurr Publishers.

MacIntyre, C. (2005). *Identifying Additional Learning Needs*. London: Routledge.

MacIntyre, P.D. (1995). How does anxiety affect second language learning? A reply to Sparks and Ganschow. MLJ Response Article. *Modern Language Journal*, 79, 90–99.

MacIntyre, P.D. & Gardner, R.C. (1994). The subtle effects of language anxiety on cognitive processing in the second language. *Language Learning*, 44, 283–305.

MacKay, D.G. (1982). The problems of flexibility, fluency and speed-accuracy trade-off in skilled behaviour. *Psychological Review*, 89, 483–506.

MacKay, G. (2002). The disappearance of disability? Thoughts on a changing culture. *British Journal of Special Education*, 29, 159–163.

MacKay, N. (2006). Dyslexia Friendly is Inclusion Friendly. Unpublished paper presented at BDA mini-conference: *Dyslexia Friendly – making it happen on Monday morning*. London, February 2006.

Madriaga, M. (2007). Enduring disablism: students with dyslexia and their pathways into UK higher education and beyond. *Disability & Society*, 22, 399–412.

Maras, P. & Aveling, E. (2006). Students with special educational needs: transitions from primary to secondary school. *British Journal of Special Education*, 33, 196–203.

Martin, D. (2009). *Language Disabilities in Cultural and Linguistic Diversity*. Bristol: Multilingual Matters.

Martin, J. & Lovegrove, W. (1987). Flicker contrast sensitivity in normal and specifically-disabled readers. *Perception*, 16, 215–221.

Matthews, N. (2009). Teaching the 'invisible' disabled students in the classroom: disclosure, inclusion and the social model of disability. *Teaching in Higher Education*, 14, 229–239.

McKay, P. (2006). *Assessing Young Language Learners*. Cambridge: Cambridge University Press.

McNulty, M. (2003). Dyslexia and the life course. *Journal of Learning Disabilities*, 36, 363–381.

Mellard, D.F. & Woods, K.L. (2007). Adult Life with Dyslexia. *Perspectives on Language and Literacy*. The International Dyslexia Association, (Fall 2007).

Mental Health Act 1959 (7, Elizabeth 2).

Miles, E. (1989). *The Bangor Dyslexia Teaching System*. London: Whurr.

Miles, T.R. (1993). *Dyslexia: the Pattern of Difficulties* (2nd edition). London: Whurr.

Miles, T.R. & Haslum, M.N. (1986). Dyslexia: anomaly or normal variation. *Annals of Dyslexia*, 36, 103–117.

Miles, T.R. & Miles, E. (1999). *Dyslexia: a hundred years on* (2nd edition). Buckingham: Oxford University Press.

Miller Guron, L. & Lundberg, I. (2003). Identifying Dyslexia in Multilingual Students: can phonological awareness be assessed in the majority language? *Journal of Research in Reading*, 26, 69–82.

Montgomery, D. (2007). *Spelling, Handwriting and Dyslexia*. London: Routledge.

Mortimore, T. (2008). *Dyslexia and Learning Style: A Practitioner's Handbook* (2nd edition). Chichester: John Wiley and Sons.

Mulcahy, F. (2005). DPI Position Paper on the Definition of Disability. Accessed 4 August 2006. http://v1.dpi.org/lang-en/resources/topics_detail?page=74.

Murphy, K.R. & Barkley, R.A. (1996). Biological parents of ADHD children: Psychological impairment and attentional performance. *American Journal of Orthopsychiatry*, 66, 93–102.

Murray, H. (1998). The Development of Professional Discourse and Language Awareness in EFL Teacher Training. *IATEFL TT SIG Newsletter*, 21: 3–7.

Nation, I.S.P. (1990). *Teaching and Learning Vocabulary*. New York: Newbury House.

Ndlovu, K. & Geva, E. (2008). Writing abilities in first and second language learners with and without reading disabilities. In J. Kormos & E.H. Kontra (eds.), *Language Learners with Special Needs: An International Perspective* (pp. 36–62). Bristol: Multilingual Matters.

Nicolson, R.I., & Fawcett, A.J. (1990). Automaticity: a new framework for dyslexia research? *Cognition*, 35, 159–82.

Nicolson, R.I. & Fawcett, A.J. (2000). Long-term learning in dyslexic children. *European Journal of Cognitive Psychology*, 12, 357–393.

Nicolson, R.I. & Fawcett, A.J. (2008). *Dyslexia, Learning, and the Brain*. Cambridge, MA: MIT Press.

Nijakowska, J. (2008). An experiment with direct multisensory instruction in teaching word reading and spelling to Polish dyslexic learners of English. In J. Kormos & E.H.

文　献

Kontra (eds.), *Language Learners with Special Needs: An International Perspective* (pp. 130–158). Bristol: Multilingual Matters.

Nijakowska, J. (2010). *Dyslexia in the Foreign Language Classroom*. Bristol: Multilingual Matters.

Norton, B. (2000). *Identity and language learning: gender, ethnicity and educational change*. Harlow: Pearson Education.

Norwich, B. (1990). Decision-making about Special Educational Needs. In P. Evans and V. Varma (eds.). *Special Education: Past, Present and Future* (pp. 34–49). London: Falmer Press.

O'Brien, I., Segalowitz, N., Collentine, J. & Freed, B. (2006). Phonological memory and lexical narrative, and grammatical skills in second language oral production by adult learners. *Applied Psycholinguistics*, 27, 377–402.

Oliver, M. (1990). *The Politics of Disablement*. Basingstoke: Macmillan Education Ltd.

O'Malley, J.M. (1987). The effects of training in the use of learning strategies on acquiring English as a second language. In A. Wenden & J. Rubin (eds.), *Learning Strategies in Language Learning* (pp. 133–144). London: Cambridge University Press.

O'Malley, J. & Chamot, A. (1990). *Learning Strategies in Second Language Acquisition*. Cambridge: Cambridge University Press.

Oscarsson, M. (1989). Self-assessment of language proficiency: Rationale and applications. *Language Testing*, 6, 1–13.

Ott, P. (1997). *How to Detect and Mange Dyslexia*. Oxford: Heinemann Educational Publishers.

Papagno, C. & Vallar, G. (1995). Verbal short-term memory and vocabulary learning in polyglots. *Quarterly Journal of Experimental Psychology*, 48A, 98–107.

Pauc, R. (2005). Comorbidity of dyslexia, dyspraxia, attention deficit disorder (ADD), attention deficit hyperactive disorder (ADHD), obsessive compulsive disorder (OCD) and Tourette's syndrome in children: A prospective epidemiological study. *Clinical Chiropractic*, 8, 189–198.

Paulesu, E., Demonet, J.-F., Fazio, F., McCrory, E., Chanoine, V., Brunswick, N. *et al.* (2001). Dyslexia: Cultural Diversity and Biological Unity. *Science*, 291, 2165–2167.

Pembrey, M. (1992). Genetics and language disorder. In P. Fletcher & D. Hall. (eds.), *Specific Speech and Language Disorders in Children* (pp. 51–62). London: Whurr.

Pennington, B.F., Cardoso-Martins, C., Green, P.A. & Lefly, D.L. (2001). Comparing the phonological and double deficit hypotheses for dyslexia. *Reading and Writing*, 14, 707–755.

Perfetti, C. (2007). Reading ability: Lexical quality to comprehension. *Scientific Studies of Reading*, 8, 293–304.

Piechurska-Kuciel, E. (2008). Input, processing and output anxiety in students with symptoms of developmental dyslexia. In J.Kormos & E.H. Kontra (eds.), *Language Learners with Special Needs. An International Perspective* (pp. 86–109). Bristol: Multilingual Matters.

Pfiffner, L.J., Barkley, R.A. & DuPaul, G.J. (2006). Treatment of ADHD in school settings. In R.A. Barkley (ed.), *Attention-Deficit Hyperactivity Disorder* (pp. 453–479). New York: Guilford Press.

Phillips, S.E. (1994). High-stakes testing accommodations: Validity versus disabled rights. *Applied Measurement in Education*, 7, 93–120.

Pitoniak, M.J. & Royer, J.M. (2001). Testing accommodations for examinees with disabilities: A review of psychometric, legal, and social policy issues. *Review of Educational Research*, 71, 53–104.

Plomin, R. & Kovas, Y. (2005). Generalist genes and learning disabilities. *Psychological Bulletin*, 131, 592–617.

Pollack, J. & Waller, E. (1994). *Day-to-Day Dyslexia in the Classroom*. London: Routledge.

Polychroni, F., Koukoura, K. & Anagnostou, I. (2006). Academic self-concept, reading attitudes and approaches to learning of children with dyslexia: do they differ from their peers? *European Journal of Special Needs Education*, 21 (4), 415–30.

Portwood, M. (1999). *Developmental Dyspraxia, Identification and Intervention*. London: David Fulton.

Pressley, M. (2006). *Reading Instruction that Works* (3rd edition). New York: Guilford Press.

Ramus, F. (2004). Neurobiology of dyslexia: A reinterpretation of the data. *Trends in Neurosciences*, 27, 720–726.

Ramus, F., Pidgeon, E. & Frith, U. (2003). The relationship between motor control and phonology in dyslexic children. *Journal of Child Psychology and Psychiatry*, 44, 712–722.

Ranschburg, P. (1939). *Az Emberi Tévedések Törvényszerűségei [The Rules of Human Errors]*. Budapest: Novák Rudolf és Társa.

文 献

Reid, G. (1998). *Dyslexia: a practitioner's handbook* (2nd edition). Chichester: John Wiley and Sons.

Riddick, B., Sterling, C., Farmer, M. & Morgan, S. (1999). Self-esteem and anxiety in the educational histories of adult dyslexic students. *Dyslexia*, 5, 227–248.

Ripley K., Daines, B. & Barrett, J. (2000). *Dyspraxia: A Guide for Teachers and Parents*. London: David Fulton.

Roberts, L.L. & Macan, T.H. (2006). Disability Disclosure Effects on Employment Interview Ratings of Applicants With Nonvisible Disabilities. *Rehabilitation Psychology*, 51 (3), 239–246.

Robinson-Tait, C. (2003). Dyslexia and modern language teaching. *Dyslexia Online Magazine*. Accessed 7 January 2010. www.dyslexia-parent.com/mag46.html

Rocco, T.S. (2001). Helping Adult Educators Understand Disability Disclosure. *Adult Learning*, 12 (2), 10–12.

Rogers, R. (1980). *Crowther to Warnock: How Fourteen Reports Tried to Change Children's Lives*. London: Heinemann Educational Books.

Rosenthal, R. & Jacobson, L. (1968). *Pygmalion in the Classroom*. New York: Holt, Rinehart & Winston.

Ross, D.M. & Ross, S.A. (1976). *Hyperactivity: Research, Theory, and Action*. New York: Wiley.

Sarkadi A. (2008). Vocabulary learning in dyslexia – The case of a Hungarian learner. In J. Kormos & E.H. Kontra (eds.), *Language Learners with Special Needs: An International Perspective* (pp. 110–129). Bristol: Multilingual Matters.

Sassoon, R. (1995). *The Acquisition of a Second Writing System*. Bristol: Intellect Books.

Sawyer, M. & Ranta, L. (2001). Aptitude, individual differences, and instructional design. In P. Robinson (ed.), *Cognition and Second Language Instruction* (pp. 319–353). Cambridge: Cambridge University Press.

Scarborough, H.S. (1990). Very early language deficits in dyslexic children. *Child Development*, 61, 1728–1743.

Scarborough, H.S. (1991). Early syntactic development of dyslexic children. *Annals of Dyslexia*, 41, 207–220.

Schneider, E. & Crombie, M. (2003). *Dyslexia and Foreign Language Learning*. London: David Fulton.

Schneider, E. & Evers, T. (2009). Linguistic intervention techniques for at-risk English language learners. *Foreign Language Annals*, 42, 55–76.

Schneider, E. & Ganschow, L. (2000). Dynamic assessment and instructional strategies for learners who struggle to learn a foreign language. *Dyslexia*, 6, 72–82.

Schneider, W. & Shiffrin, R.M. (1977). Controlled and automatic human information processing I. Detection, search and attention. *Psychological Review*, 84, 1–66.

Schoonen, R., Hulstijn, J. & Bossers, B. (1998). Metacognitive and language-specific knowledge in native and foreign language reading comprehension: An empirical study among Dutch students in grades 6, 8, and 10. *Language Learning*, 48, 71–106.

Schoonen, R., Snellings, P., Stevenson, M. & van Gelderen, A. (2009). Towards a blueprint of the foreign language writer: The linguistic and cognitive demands of foreign language writing. In R.M. Manchon (ed.), *Writing in Foreign Language Contexts: Learning, Teaching and Research* (pp. 77–101). Bristol: Multilingual Matters.

Segal, S.S. (1967). *No Child is Ineducable: Special Education Provision and Trends*. Oxford: Pergamon Press.

Service, E. (1992). Phonology, working memory and foreign language learning. *Quarterly Journal of Experimental Psychology*, 45A, 21–50.

Service, E. & Kohonen, V. (1995). Is the relation between phonological memory and foreign language learning accounted for by vocabulary acquisition? *Applied Psycholinguistics*, 16, 155–172.

Shalev, R.S., Manor, O., Kerem, B., Ayali, M., Badichi, N., Friedlander, Y., *et al.* (2001). Developmental dyscalculia is a family learning disability. *Journal of Learning Disabilities*, 34, 59–65.

Shaywitz, S. (2003). *Overcoming Dyslexia: A New and Complete Science-based Program for Reading Problems at Any Level*. New York: Alfred Knopf.

Shiffrin, R.M. & Schneider, W. (1977). Controlled and automatic human information processing II. Perceptual learning, automatic attending, and a general theory. *Psychological Review*, 84, 127–190.

Shuter, R. (2005). Extending examination access to students with particular requirements. In Marsh, D. (ed.), *Insights and Innovations: Special Educational Needs in Europe. The Teaching and Learning of Foreign Languages*. (pp. 92–95). Accessed 20 March 2010, http://ec.europa.eu/education/policies/lang/doc/special_en.pdf

Silva, T. (1993). Toward an understanding of the distinct nature of L2 writing: The ESL research and its implications. *TESOL Quarterly*, 27, 657–77.

文 献

Singleton, C. (ed.) (1994). *Computers and Dyslexia*. Hull: Dyslexia Computer Resource Centre, University of Hull.

Sireci S.G., Li, S. & Scarpati, S. (2003). *The effects of test accommodation on test performance: A review of the literature* (Research Report No. 485). Amherst, MA: University of Massachusetts Amherst, Center for Educational Assessment. Accessed March 9 2010 http://www.education.umn.edu/NCEO/OnlinePubs/ TestAccommLitReview.pdf

Skehan, P. (2002). Theorising and updating aptitude. In P. Robinson (ed.), *Cognition and Second Language Instruction* (pp. 69–93). Cambridge: Cambridge University Press.

Slobin, D.I. (2003). Language and thought online: Cognitive consequences of linguistic relativity. In D. Gentner & S. Goldin-Meadow (eds.), *Language in Mind: Advances in The Study Of Language And Thought* (pp. 157–192). Cambridge, MA: MIT Press.

Smith, A.M. (2008). Teachers' and trainers' perceptions of inclusive education within TEFL certificate courses in Britain. In J. Kormos & E. Kontra (eds.), *Language learners with special needs: An international perspective* (pp. 214–233). Bristol: Multilingual Matters.

Smythe, I. (2005). The individual, defining factors and language learning case: dyslexia. In Marsh, D. (ed.), *Insights and Innovations: Special Educational Needs in Europe. The Teaching and Learning of Foreign Languages.* (pp. 61–68). Accessed 20 March 2010 http://ec.europa.eu/education/policies/lang/doc/special_en.pdf

Snowling, M.J. (2000). *Dyslexia* (2nd Edition). Blackwell: Oxford.

Snowling, M.J. (2008). Specific disorders and broader phenotypes: The case of dyslexia. The *Quarterly Journal of Experimental Psychology*, 61, 142–156.

Sparks, R.L. & Ganschow, L. (1991). Foreign language learning differences: Affective or native language aptitude differences? *Modern Language Journal*, 75, 3–16.

Sparks, R. & Ganschow, L. (1993). The impact of native language learning problems on foreign language learning: Case study illustrations of the linguistic coding deficit hypothesis. *Modern Language Journal*, 77, 58–74.

Sparks, R., Javorsky, J. & Philips, L. (2005). Comparison of the performance of college students classified as ADHD, LD, and LD/ADHD in foreign language courses. *Language Learning*, 55, 151–177.

Sparks, R., Ganschow, L., Pohlman, J., Skinner, S. & és Artzer, M. (1992). The effects of a multisensory, structured language approach on the native and foreign language aptitude skills of at-risk foreign language learners. *Annals of Dyslexia*, 42, 25–53.

Special Connections. (2005a). Choosing and using accommodations: IEP team considerations. Lawrence, KS: Special Connections, University of Kansas. Accessed March 10, 2010 http://www.specialconnections.ku.edu/cgi-bin/cgiwrap/ specconn/main.php?cat=instruction&section=main&subsection=ia/choosing

Speciale, G., Ellis, N.C. & Bywater, T. (2004). Phonological sequence learning and short-term store capacity determine second language vocabulary acquisition. *Applied Psycholinguistics*, 25, 293–321.

Spencer, L.H. & Hanley R.H. (2003). Effects of orthographic transparency on reading and phoneme awareness in children learning to read in Wales. *British Journal of Psychology*, 94, 1–28.

SpLD Working Group (2005). *DfES Guidelines*. Accessed 27 October 2011, http:// www.patossdyslexia.org/downloads/SpLD%20Working%20Group%202005%20 -%20DfES%20Guidelines.pdf

Spolsky, B. (1989). *Conditions for Second Language Learning*. Oxford: Oxford University Press.

Stanovich, K.E. (1988). Explaining the differences between the dyslexic and the garden-variety poor reader: The phonological-core variable-difference model. *Journal of Learning Disabilities*, 21, 590–604.

Sunderland, H., Klein, C., Savinson, R. & Partridge, T. (1997). *Dyslexia and the Bilingual Learner*. London: LLU Unit.

Szatmari, P. (1992). The epidemiology of attention-deficit hyperactivity disorders. In G. Weiss (ed.), *Child and Adolescent Psychiatric Clinics of North America: Attention-Deficit Hyperactivity Disorder* (pp. 361–372). Philadelphia: Saunders.

Tallal, P., Curtiss, S. & Kaplan, R. (1988). The San Diego longitudinal study: Evaluating the outcomes of preschool impairments in language development. In S.G. Gerber Mencher (ed.), *International Perspectives on Communication Disorders* (pp. 86–126). Washington, DC: Gallaudet University Press.

Taylor. M., Baskett, M. & Wren, C. (2010). Managing the transition to university for disabled students. *Education and Training*, 52 (2), 165–175.

The Guardian. (1991). Mad Dogs and Englishmen. 23 January 1991

Thompson, M. (1984). *Developmental Dyslexia*. London: Edward Arnold.

Thompson, S., Blount, A. & Thurlow, M. (2002). *A summary of research on the effects of test accommodations: 1999 through 2001* (Tech. Rep. 34) Minneapolis: University of Minnesota, National Center on Educational Outcomes. Accessed 8

文 献

March 2010. http://education.umn.edu/NCEO/OnlinePubs/Technical34.htm

Tobias, S. & Everson, H.T. (1997). Studying the relationship between affective and metacognitive variables. *Anxiety, Stress, and Coping*, 10, 59–81.

Tomblin, J.B. (1996). Genetic and environmental contributions to the risk for specific language impairment. In M. Rice (ed.), *Toward a Genetics of Language* (pp. 191–210). Hillsdale NJ: Lawrence Erlbaum.

Tulving, E. (1972). Episodic and semantic memory. In E. Tulving & W. Donaldson (eds.), *Organization of Memory* (pp. 381–403). New York, NY: Academic Press.

Turner, E. (2001). Dyslexia and English. In L. Peer & G. Reid (eds.), *Dyslexia-Successful Inclusion in the Secondary School* (pp. 64–71). London: David Fulton.

Ullman, M.T. (2004). Contributions of memory circuits to language: The declarative/procedural model. *Cognition*, 92, 231–270.

United Nations. (2006). *Convention on the Rights of Persons with Disabilities* [Online] accessed 20 October 2010. http://www.un.org/disabilities/documents/convention/convoptprot-e.pdf

van Gelderen, A., Schoonen, R., De Glopper, K., Hulstijn, J., Simis, A., Snellings, P., & Stevenson, M. (2004). Linguistic knowledge, processing speed, and metacognitive knowledge in first-and second-Language reading comprehension: A componential Analysis. *Journal of Educational Psychology*, 96(1), 19-30.

Van Orden, G.C. (1987). A rows is a rose: Spelling, sound and reading. *Memory and Cognition*, 15, 181–198.

Vellutino, F.R. (1979). *Dyslexia: Theory and Research*. Cambridge, MA: MIT Press.

Vellutino, F.R., Fletcher, J.M., Snowling, M.J. & Scanlon, D.M. (2004). Specific reading disability (dyslexia): What have we learned in the past four decades? *Journal of Child Psychology and Psychiatry*, 45, 2–40.

Verhoeven, L. (2000). Components in early second language reading and spelling. *Scientific Studies of Reading*, 4, 313–330.

Wagner, R. (1973). Rudolf Berlin: Originator of the Term dyslexia. *Annals of Dyslexia*, 23 (1), 57–63.

Wakefield, J.C. (1999). Evolutionary versus prototype analyses of the concept of disorder. *Journal of Abnormal Psychology*, 108, 374–399.

Wall, D. (2000). The impact of high stakes testing on teaching and learning: can this be predicted or controlled? *System*, 28, 499–509.

Weedon, E. & Riddell, S. (2007). Transitions into and out of higher education: the experiences of 'disabled' students. *Proceedings of the 4th international conference of the Centre for Research in Lifelong Learning*, 22–24 June 2007.

Willcutt, E.G. & Pennington, B.F. (2000). Comorbidity of reading disability and Attention-Deficit/Hyperactivity Disorder: Differences by gender and subtype. *Journal of Learning Disabilities*, 33, 179–191.

Willey (2009). Celebrating Individuality! Accessed 13 December 2009. http://www.aspie.com/index.aspx

Willows, D.M. (1998). Visual processes in learning disabilities. In B.Y L. Wong (ed.), *Learning about Learning Disabilities* (pp. 163–193). San Diego, CA: Academic Press.

Wing, L. (1981). Asperger's syndrome: A clinical account. *Psychological Medicine*, 11, 115–130.

Winzer, M.A. (1993). *The History of Special Education: From Isolation to Integration.* Washington D.C: Gallaudet University Press.

Wolf, M. (1991). Naming speed and reading: the contribution of the cognitive neurosciences. *Reading Research Quarterly*, 26, 123–140.

Wolf, M. & Bowers, P.G. (1999). The double deficit hypothesis for the developmental dyslexias. *Journal of Educational Psychology*, 91, 1–24.

World Health Organization. (1994). *International Classification of Diseases* (10th rev.). Geneva, Switzerland: Author.

Zametkin, A.J., Nordahl, T.E., Gross, M., King, A.C., Semple, W.E., Rumsey, J. *et al.* (1990). Cerebral glucose metabolism in adults with hyperactivity of childhood onset. *New England Journal of Medicine*, 323, 1361–1366.

Ziegler, J. & Goswami, U. (2006). Becoming literate in different languages: Similar problems, different solutions. *Developmental Science*, 9, 426–453.

文 献

監修者・訳者紹介（＊は監修者）

竹田契一＊（たけだ けいいち）大阪医科大学 LD センター顧問、大阪教育大学名誉教授

『図説 LD 児の言語・コミュニケーション障害の理解と指導』（共著、文化科学社、2007 年）、『高機能広汎性発達障害の教育的支援』（明治図書、2008 年）、『特別支援教育の理論と実践 I、II、III』（金剛出版社、2012 年）など著書多数。

飯島睦美（いいじま むつみ）群馬大学准教授（第 1・2 章）

「英語学習における特異な困難と指導法」（共著、『LD 研究』第 25 巻第 2 号、2016 年）、「特別支援教育に学ぶ英語の指導技術［5］「書くこと」の指導」（共著、『英語教育』8 月号、大修館書店、2015 年）など。

村田美和（むらた みわ）高崎健康福祉大学人間発達学部子ども教育学科講師（第 3 章）

『学校での ICT 利用による読み書き支援──合理的配慮のための具体的な実践』（分担執筆、金子書房、2016 年）、『脳科学と学習・教育』（分担執筆、明石書店、2010 年）など。

大谷みどり（おおたに みどり）島根大学教職大学院教授（第 4・5 章）

「英語の読み書きの指導」日本 LD 学会編『発達障害事典』（分担執筆、丸善出版、2017 年）、「英語学習における特異な困難と指導法」（共著、LD 研究第 25 巻第 2 号、2016 年）、「社会のグローバル化と外国語教育」『学習指導要領改訂のポイント──通常学級の特別支援教育』（明治図書、2017 年）など。

築道和明（ついどう かずあき）広島大学大学院教育学研究科教授

（第6・7章、補遺）

『教師教育講座　第 16 巻　中等英語教育』（共著、協同出版、2014 年）、『英語授業を豊かにする教育技術の探求』（編著、明治図書、2001 年）、『Vivid English Communication I New Edition』（代表著者、第一学習社、2016）など。

村上加代子（むらかみ かよこ）甲南女子大学准教授（第8章）

『シリーズ・新時代の学びを創る 外国語活動・英語科授業の理論と実践』（分担執筆、あいり出版、2015 年）、「英語の学習初期における読み書き指導の在り方の検討——基礎的な力としてのデコーディングと音韻意識スキル獲得の必要性について」（『神戸山手短期大学紀要』（58）、2015 年）、「特別支援教育の現場から——チャレンジ教室の子どもたち」（連載）（『英語教育』大修館書店、2015 年）など。

川合紀宗（かわい のりむね）広島大学大学院教育学研究科教授（第9章）

『シリーズきこえとことばの発達と支援——特別支援教育における吃音・流暢性障害のある子どもの理解と支援』（編著、学苑社、2013 年）、『特別支援教育総論——インクルーシブ時代の理論と実践』（編著、北大路書房、2016 年）、『地域共生社会の実現とインクルーシブ教育システムの構築——これからの特別支援教育の役割』（編著、あいり出版、2017 年）など。

著者紹介

Judit Kormos　（ジュディット・コーモス）英国ランカスター大学　言語学・英語学部教授

　通信制大学院修士課程（外国語としての英語教育）の長を務める傍ら、自らも第二言語習得や教師教育のモジュールを担当している。Language Learners with Special Needs: An International Perspective 編集委員。ハンガリーにおけるディスレクシアと聴覚障がい者への言語教育に関わる教師のための研修主担当者。第二言語教育や特別支援の観点からの言語教育に関する著書多数。

Anne Margaret Smith　（アン・マーガレット・スミス）英国カンブリア大学上級講師

　25年間にわたり、英国国内はもとよりケニヤ、ドイツ、スウェーデンで英語を教える。この15年間は、ディスレクシア専門家と評価者として活躍している。カンブリア大学では、第二言語としての英語教育を担当し、ディスレクシア講義を含む第二言語としての英語教育のクラスを担当している。

学習障がいのある児童・生徒のための外国語教育
その基本概念、指導方法、アセスメント、関連機関との連携

2017 年 10 月 20 日　初版第 1 刷発行
2019 年 11 月 25 日　初版第 2 刷発行

著　者　ジュディット・コーモス
　　　　アン・マーガレット・スミス
監修者　竹　田　契　一
訳　者　飯島睦美　大谷みどり　川合紀宗
　　　　築道和明　村上加代子　村田美和
発行者　大　江　道　雅
発行所　株式会社 明石書店
〒 101-0021 東京都千代田区外神田 6-9-5
電　話　03-5818-1171
Ｆ Ａ Ｘ　03-5818-1174
振　替　00100-7-24505
http://www.akashi.co.jp/
装幀　明石書店デザイン室
印刷・製本　モリモト印刷株式会社

（定価はカバーに記してあります）　　　　ISBN978-4-7503-4577-2